本书系2018年国家社会科学基金一般项目结项成果。项目名称：共建共治共享视阈下市场主体信用监管改革研究（项目编号：18BGL213）

编译
文库

经
济

曹向 等著

共建共治共享视阈下
市场主体信用监管改革研究

Reforming the Credit Supervision Framework
for Market Entities: A Collaborative, Participatory,
and Shared-Benefits Approach

图书在版编目（CIP）数据

共建共治共享视阈下市场主体信用监管改革研究 / 曹向等著. —北京：中央编译出版社，2023.8（2025.1 重印）
ISBN 978-7-5117-4499-9

Ⅰ.①共⋯ Ⅱ.①曹⋯ Ⅲ.①市场管理—研究—中国 Ⅳ.① F723

中国国家版本馆 CIP 数据核字（2023）第 161746 号

共建共治共享视阈下市场主体信用监管改革研究

责任编辑：	张　科
责任印制：	李　颖
出版发行：	中央编译出版社
地　　址：	北京海淀区北四环西路 69 号（100080）
电　　话：	（010）55627391（总编室）　（010）55627312（编辑室）
	（010）55627320（发行部）　（010）55627377（新技术部）
经　　销：	全国新华书店
印　　刷：	三河市华东印刷有限公司
开　　本：	710 毫米×1000 毫米　1/16
字　　数：	266 千字
印　　张：	16
版　　次：	2023 年 8 月第 1 版
印　　次：	2025 年 1 月第 2 次印刷
定　　价：	95.00 元

新浪微博：@ 中央编译出版社　　　　微　信：中央编译出版社（ID：cctphome）
淘宝店铺：中央编译出版社直销店（http://shop108367160.taobao.com）（010）55626985

本社常年法律顾问：北京市吴栾赵阎律师事务所律师　　闫军　梁勤
凡有印装质量问题，本社负责调换，电话：（010）55626985

内容提要

构建以信用为基础的新型市场监管机制是党中央、国务院深化商事制度改革的重要内容，是深入推进"放管服"改革、加强社会信用体系建设的重要制度保障，对加快经济结构优化升级、满足人民群众对美好生活的向往、提升政府治理能力、促进对外交往具有重要现实意义。党的十九大报告提出，要"深化商事制度改革""推进诚信建设""完善市场监管体制"，2019年更是将"信用监管"首次写入《政府工作报告》，为加快推进市场主体信用监管改革指明了方向。近年来，我国市场主体信用监管改革取得了一定的成绩，但是监管主体各自为政、监管方式碎片化、监管成果利益分化，市场主体信用监管水平仍长期滞后于经济社会发展，已成为经济社会高质量发展的重大瓶颈制约。因此，市场主体信用监管改革依然任重道远。

党的十九大报告强调，"加强和创新社会治理，打造共建共治共享的社会治理格局"，成为我国推进国家治理体系和治理能力现代化的重要指导原则，也给市场主体信用监管改革提出了新目标和新要求。市场主体信用监管作为新型社会治理手段，从理论、实践到目标都应与社会治理的共建共治共享理念高度契合。但是现有的研究偏重于从社会治理视角进行宏大阐释，而基于共建共治共享视阈下市场主体信用监管的理论体系、实践总结和效果评价相关研究尚未开展。鉴于此，本书试图构建共建共治共享视阈下市场主体信用监管的理论架构，构建周密设计效果评价指标体系并进行综合评价分析，深入探究共建共治共享目标下市场主体信用监管改革的对策，以期为破解失信困局、提升监管效能提供新思路、新方法与新范式。

本书以"习近平新时代中国特色社会主义思想"为指导，聚焦"市场主体信用监管改革"，按照党中央、国务院以及国家有关部委关于市场主体信用监管改革的任务要求和工作部署，主张市场主体信用监管改革应明确党委、政府的主导地位，同时强调从制度上更好地发挥市场作用。一方面，党的十八大以来，党中央高度重视信用监管工作，从战略高度加强了社会信用体系建设，进一步发挥信用在创新监管机制、提高监管水平方面的基础性作用，并密集推出了一系列顶层设计与工作部署。另一方面，目前，我国尽管已经采取了应对措施，但是失信行为仍然不同程度存在，传统的监管方式已经无法适应经济社会发展的需要，而通过市场的资源配置作用促进社会信用秩序的建立成了市场主体信用监管改革的必由之路。因此，构建以信用为基础的新型市场监管机制，不仅要充分发挥市场在资源配置中的决定性作用，同时也要明确政府在市场主体信用监管中的监管权责，实现市场与政府的有机融合。

基于上述基本思路，本书共包括七个章节的内容：

第一章绪论。本章首先从研究背景入手，旨在论证市场主体信用监管改革的必要性，以"共建共治共享"为理念，创新治理机制，破解市场主体失信的现实难题，促进社会主义市场经济有序发展，提升新形势下市场监管的能力和效率，同时，阐述了本书的理论意义和现实意义。接着，对全书的总体思路和主要内容进行了系统说明，并对研究方法和创新之处做了简单介绍。

第二章理论基础与文献综述。本章首先对马克思信用理论、西方其他学科信用理论（西方经济学、哲学、社会学、心理学、生物学）等相关文献进行了梳理。其次，从信用的内涵及产生的社会基础、其他学科信用理论（经济学、法学、社会学、伦理学）对国内信用理论进行了文献梳理。接着，分别对国内外信用监管的实践与理论进行了文献梳理。最后是综述部分，承认国内外研究已经取得了一些成绩，但是仍然缺乏在中国语境下，以习近平新时代中国特色社会主义思想为指导，基于共建共治共享的视角，结合中国市场主体信用监管实践的理论创新、机制构建与实证研究方法进行综述。

第三章市场主体信用监管：实践总结。首先，全面梳理我国市场主体信用监管的三个发展历程（萌芽阶段、发展阶段、深化阶段）。其次，重点阐述改革开放以来我国市场主体信用监管的主要成就：政府监管效能显著提升、营商环境持续优化、信用奖惩效应明显增强、社会信用体系初步形成。接着，通过大量文件解读与文献研究，结合实地调研结果，深入分析我国市场主体信用状况以及信用缺失现状、特征、危害。再次，剖析我国市场主体信用缺失的原因：社会诚信意识与道德规范缺失、信用相关法律体系不完善、失信惩戒机制不健全、信用服务市场供需不足。最后，基于推动经济高质量发展、构建新型市场监管机制、加快社会信用体系建设、创新社会治理模式、推进商事制度改革的大背景下，提炼总结加强市场主体信用监管的必要性和可行性。

第四章共建共治共享视阈与市场主体信用监管：理论构建。该章节是本书的重点章节。首先，重点阐述了我国市场主体信用监管的趋势性变化：从单一建设主体到多元主体协同共建；从部门监管逐步转变为全社会参与的综合治理；从实现政府工作目标到践行以人民为中心的发展思想。其次，对共建共治共享社会治理与市场主体信用监管进行了理论阐释，重点分析了共建共治共享与市场主体信用监管的内在契合，即共同推进新型信用监管体系建设，契合了社会治理的共建理念；打造多维信用监管大格局，契合社会治理的共治方式；坚持以人民为中心的发展思想，契合社会治理的共享目标。最后，分析了新时代我国市场主体信用监管面临的三个深层次挑战：监管主体各自为政、监管方式碎片化、监管成果利益分化。

第五章共建共治共享视阈下市场主体信用监管效果：综合评价。该章节是本书的重点，也是难点。本章首先阐述了共建共治共享视阈下市场主体信用监管效果评价的理论依据，并重点分析了效果评价的重要意义：以评促建，加快社会信用体系建设；以评促优，优化市场主体信用监管机制；以评提治，推动社会治理现代化。其次，界定了效果评价的范围和对象。再次，从评价指标体系设置原则、评价指标体系设计、综合评价方法三个方面构建具体的指标体系。最后，着重从共建共治共享三个维度构建了涵盖3个一级指标、9个二级指标、18个三级指标的共建共治共享视阈下市场主体信用监管效果评价体系，并评估各地市场主体信用监管实践是否充分实现各方合力共建、全社会协同共治以及成果全民共享。

第六章共建共治共享视阈下预付式消费领域信用监管：案例分析。首先，针对预付式消费领域严重的失信问题，引出对市场主体信用监管实践的探讨。其次，通过文献研究和实地调研结果，深入分析我国预付式消费领域信用状况以及失信现状、原因。再次，全面归纳了北京、上海、浙江、广东、湖南、广西各地开展预付式消费信用监管的实践。最后，总结了预付式消费领域信用监管的内在生成逻辑，即探索以市场主体信用监管为主线的预付式消费治理路径；形成基于"大智移云区"技术的预付式消费治理方案；倡导共建共治共享的预付式消费治理模式。

第七章共建共治共享目标下市场主体信用监管改革：对策研究。首先，阐述了共建共治共享目标下市场主体信用监管改革的总体思路和基本原则。其次，重点阐述了我国市场主体信用监管的总体目标：围绕协同共建，推动新型信用监管体系建设；创新多元共治，构建多维信用监管大格局；实现全民共享，践行以人民为中心的发展思想。再次，提出新时代共建共治共享的市场主体信用监管改革，必须沿着社会化、法治化、智能化、专业化的路径推进。最后，从加强组织领导、加大政策支撑、强化协调沟通、凝聚社会共识四个方面提出了具体的保障措施。

关键词：市场主体信用监管；共建共治共享；理论架构；评价；对策

目 录
CONTENTS

第一章 绪 论 ·· 1
  第一节 研究背景和研究意义 ·· 1
  第二节 研究思路和研究方法 ·· 10

第二章 理论基础与文献综述 ·· 19
  第一节 国外信用理论的相关研究 ·· 19
  第二节 国内信用理论的相关研究 ·· 28
  第三节 国外信用监管的实践与理论 ··· 37
  第四节 国内信用监管的实践与理论 ··· 42
  第五节 共建共治共享的理论阐释 ·· 57
  第六节 研究综述 ·· 67

第三章 市场主体信用监管：实践总结 ····································· 69
  第一节 我国市场主体信用监管的发展历程 ································ 69
  第二节 我国市场主体信用监管的发展成效 ································ 81
  第三节 市场主体信用现状及问题 ·· 87
  第四节 新时代加强市场主体信用监管的现实需求 ······················ 96

第四章 共建共治共享视阈与市场主体信用监管：理论构建 ········ 101
  第一节 趋势性变化 ·· 102
  第二节 内在契合分析 ··· 126

第三节 现实困境 ……………………………………………… 130

第五章 共建共治共享视阈下市场主体信用监管效果：综合评价 …… 138
第一节 综合评价的依据和意义 ……………………………… 138
第二节 综合效果评价的对象和范围 ………………………… 143
第三节 综合效果评价指标体系构建 ………………………… 145
第四节 综合评价方法及模型设计 …………………………… 151
第五节 实证结果分析 ………………………………………… 155

第六章 共建共治共享视阈下预付式消费领域信用监管：案例分析 … 168
第一节 问题的提出 …………………………………………… 168
第二节 预付式消费领域信用状况 …………………………… 169
第三节 各地实践 ……………………………………………… 180
第四节 经验总结 ……………………………………………… 195

第七章 共建共治共享目标下市场主体信用监管改革：对策研究 …… 201
第一节 总体思路与基本原则 ………………………………… 202
第二节 总体目标 ……………………………………………… 203
第三节 实施路径 ……………………………………………… 208
第四节 保障措施 ……………………………………………… 218

参考文献 ………………………………………………………… 222
后　记 …………………………………………………………… 244

第一章

绪 论

第一节 研究背景和研究意义

一、研究背景

党的十八大以来，以习近平同志为核心的党中央提出了一系列治国理政新理念、新思想和新战略，将简政放权、放管结合、优化服务作为全面深化改革的重要内容。推进商事制度改革[①]，构建以信用为基础的新型监管机制，是党中央、国务院做出的一项重要改革部署。各级部门把这项改革作为全局性工作，针对现实问题，主动简政放权，勇于自我革命，服务发展大局，激发了市场经济的内在活力，促进了"大众创业、万众创新"，为经济社会发展提供了有力支撑。近年来，各级市场监管部门以改革市场主体登记为切入点和催化剂，积极推进简政放权，实施"先照后证"，削减和取消工商登记前置审批事项，全面实施"三证合一、一照一码""五证合一""六证合一"改革，大力缩减市场主体开办时间，降低市场准入门槛，以"宽进"为目标的市场准入制度改革取得了显著成效，对提升市场监管效能、激发市场活力、服务经济社会

---

① 商事制度是社会主义市场经济体系中的重要组成部分。我国的商事登记制度脱胎于计划经济体制，带有浓厚的计划经济色彩，阻碍了市场经济的顺畅运行。中国共产党第十八届中央委员会第三次全体会议决定对商事登记制度进行改革，由注册资本实缴登记制改为注册资本认缴登记制，取消了原有对公司注册资本、出资方式、出资额、出资时间等硬性规定，取消了经营范围的登记和审批，从以往的"重审批、轻监管"转变为"轻审批、重监管"。

高质量发展发挥着重要作用。

商事制度改革在完善市场经济体制改革与行政审批制度改革的过程中取得优异的成绩，市场主体数量逐年递增，市场活力逐步释放，体现了商事制度改革必不可少的重要地位。但是当前的改革仍处于初级阶段，一些问题也随着改革的推进逐步凸显，在商事制度改革和宽松的市场政策背景下，虽然市场主体数量呈现"井喷式"增长，但是很大程度上加剧了社会治理的失序，尤其是经济领域商业欺诈、制假售假、偷逃骗税等失信行为，严重影响市场经济有序发展，使市场监管任务日益艰巨。因此，如何在"执法负荷繁重与公共执法资源不足的双重约束"下有效地整合多方主体的市场监管力量[1]，建立一个以信用为基础的新型市场监管体制，积极推动社会力量参与、充分发挥社会共治作用、践行以人民为中心的发展理念，实现从"严进宽管"到"宽进严管"的转变，以解决市场经济中的信息不对称等问题，破除"劣币驱逐良币"等失信困境，是新时代市场监管面临的新考验。

市场经济首先是信用经济。[2] 通过强化市场主体信用信息公开和共享机制，依法依规采取信用约束激励手段，构建"一处失信、处处受限"的联合惩戒大格局，可以促进市场主体自觉守法、诚信经营，进而维护市场正常秩序，营造良好社会氛围。近年来，我国采取"中央规划、地方试点"的模式，积极构建以信息化为手段、以信用监管为核心的市场监管新机制，将市场主体信用监管作为一种新型社会治理工具，已初步形成了包括"红、黑名单制度"、"双随机、一公开"监管和市场主体信用归集等联合信用奖惩机制。虽然各地积极开展市场主体信用监管实践，有效整合了各政府部门、中央与地方以及政府与市场、社会等多方主体的力量，极大提升了信用监管效率[3]，但是我国监管主体各自为政、监管方式碎片化、监管成果利益分化，导致传统失信问题仍然屡见迭出，新的失信问题又接踵而至，并有愈演愈烈之势。相关数据显示，2013年至2020年，我国新增失信被执行人共1578万（2013—2015年，每年新增失信

---

[1] 吴元元：《信息基础、声誉机制与执法优化——食品安全治理的新视野》，载《中国社会科学》，2012年第6期，第115~133页、第207~208页。

[2] 中国政府网：《李克强主持召开国务院常务会议》，http：//www.gov.cn/guowuyuan/cwhy/20201125c39/mobile.htm（访问时间：2020年11月25日）。

[3] 陈丽君、杨宇：《构建多元信用监管模式的思考》，载《宏观经济管理》，2018年第12期，第45~54页。

被执行人数量为 200 万人以内，但是 2016—2020 年，每年新增数量均超过 200 万人，其中，2019 年新增最多，数量接近 300 万人）①。这些现象暴露了在实践过程中，市场主体信用监管机制与新时代我国经济社会高质量发展不适应、不协调、不匹配的矛盾依然存在，以"严管"为目标的市场主体信用监管改革依然任重道远。因此，加快推进市场主体信用监管改革，是应对当前监管考验的可行之策。

市场主体信用监管是在社会变迁中，由"诚实信用"演化生成的新型社会治理手段和治理工具，其承袭了"诚实信用"中传统道德蕴含和法律原则的要求，旨在以可量化、可评价、可分类的信用信息为基础，超越传统监管手段相对封闭的衔接结构，重塑政府治理过程，回应了社会发展对创新社会治理的现实需求②，其最终目的是生成市场经济秩序和社会秩序。因此，社会治理模式为市场主体信用监管提供了理想的理论范式，市场主体信用监管也在社会治理模式下展开了富有成效的实践探索。党的十九大报告强调，"加强和创新社会治理，打造共建共治共享的社会治理格局"③，党的十九届五中全会进一步提出："完善共建共治共享的社会治理制度。"④ 这是以习近平同志为核心的党中央站在社会发展的历史方位，着眼全局和长远发展进行的社会治理谋划，标志着我国在"两个一百年"奋斗目标接续推进中进入了一个新的历史阶段。这为我国新时代市场主体信用监管工作提供了重要遵循，也对市场主体信用监管改革提出了新目标、新要求。本书旨在在分析市场主体信用监管发展历程的基础上，论证市场主体信用监管改革的必要性，构建共建共治共享视阈下市场主体信用监管的理论架构，周密设计效果评价指标体系并进行综合评价分析，以"共建共治共享"为理念，创新监管机制，以期为破解失信困局、提升监管效能、促进社会主义市场经济有序发展提供新思路、新方法与新范式。同时，希望研究成果能助推市场主体信用监管改革，以进一步激发市场活力，规范市场

---

① 数据来源于国家企业信用信息公示系统。
② 袁文瀚：《信用监管的行政法解读》，载《行政法学研究》，2019 年第 1 期，第 18~31 页。
③ 习近平：《决胜全面建成小康社会　夺取新时代中国特色社会主义伟大胜利》，北京：人民出版社 2017 年版。
④ 中华人民共和国中央人民政府：《中国共产党第十九届中央委员会第五次全体会议公报》，http://www.gov.cn/xinwen/2020－10/29/content＿5555877.htm（访问时间：2020 年 10 月 29 日）。

秩序，更好地满足人民日益增长的美好生活需求。

二、研究意义

党的十八大以来，我国市场主体信用监管取得了举世瞩目的历史性成就。各级政府监管部门针对经济社会转型发展的现实问题与制约瓶颈，积极推进市场监管重心由传统的事前审批向事中事后监管转变，进一步发挥信用监管在创新监管机制、提升监管效能方面的作用，为新时代市场监管助推经济高质量发展做出了重要贡献。

信用问题是经济社会发展的战略问题，市场主体信用监管则是社会信用体系建设的关键环节，因此，我们需要立足新的历史方位和时代坐标，把加快推进市场主体信用监管改革、规范市场秩序、营造诚信社会氛围作为推动经济体系优化升级、构建新发展格局、促进高质量发展的基础性保障。但是在推进市场主体信用监管改革的过程中，也面临一些现实困境和发展障碍。在外部冲击和挑战方面，我国履约践诺的社会诚信氛围尚未形成，信用立法相对滞后，新一轮技术变革和产业变革等颠覆性创新给监管模式带来了深层次挑战；在自身问题和矛盾方面，由于缺乏联动和协同，市场主体信用监管仍存在建设主体单一、监管方式碎片化、利益分配不均衡等问题，在一定程度上影响了市场监管效能的充分释放。市场主体信用监管改革政策性强、涉及面广、关联度高，是一项需要全面贯彻落实的长期性、系统性、艰巨性工程，从顺应新时代的发展要求来看，改革市场监管体制，就是要从过去直接干预经济、完成工作目标转变为规范市场秩序、营造诚实守信的社会环境上来，以满足人民群众对美好生活的向往。单纯寄希望于通过照搬西方模式，一劳永逸地解决目前市场主体信用监管面临的问题，可能对我国市场监管改革、社会信用体系建设乃至其他重要领域改革产生一定的负面影响。因此，建立系统完整、逻辑清晰的中国特色新型市场主体信用监管机制，认真落实各项工作任务，是现阶段面临的新任务、新考验。

早在2017年1月，国务院发布的《"十三五"市场监管规划》就将市场主体信用监管工作纳入国家中长期战略部署[①]；随后，党的十九大提出，要"深

---

① 中华人民共和国中央人民政府：《国务院关于印发"十三五"市场监管规划的通知》，http://www.gov.cn/zhengce/content/2017-01/23/content_5162572.htm（访问时间：2017年1月22日）。

化商事制度改革""推进诚信建设""完善市场监管体制"①；2019年，将"信用监管"首次写入《政府工作报告》②；党的十九届四中全会进一步提出，要"严格市场监管""完善诚信建设，加强失信惩戒"③；党的十九届五中全会通过的《中共中央关于制定国民经济和社会发展第十四个五年规划和二〇三五年远景目标的建议》，明确提出要"弘扬诚信文化，推进诚信建设"④；《中华人民共和国国民经济和社会发展第十四个五年规划和二〇三五年远景目标纲要》提出，"弘扬诚信文化，建设诚信社会"⑤，这些标志着我国市场主体信用监管进入新的阶段。但是当前社会化大分工日益复杂、市场规模不断扩大、交易方式越来越多元，也对传统的市场监管（尤其是市场主体信用监管）形成了巨大挑战，因此，构建与新时代相适应的市场主体信用监管新机制，需要围绕推进国家治理体系和治理能力现代化的要求，创新监管体系、监管方式和监管理念。党的十九大报告提出的"加强和创新社会治理，打造共建共治共享的社会治理格局"是推进我国国家治理体系和治理能力现代化的重要指导原则，同时对市场主体信用监管改革提出了新目标和新要求。但是现有研究偏重于从社会治理视角进行宏观阐释，而基于共建共治共享视阈下市场主体信用监管的理论体系、实践总结和效果评价相关研究尚未开展。鉴于此，全面了解我国市场主体的信用现状，科学剖析市场主体信用监管的现存问题，深刻认识共建共治共享的市场主体信用监管理论内涵，周密设计共建共治共享视阈下市场主体信用监管效果的测度方法，深入探究共建共治共享目标下市场主体信用监管改革的对策建议，具有重要的理论意义和实践意义。

---

① 《中国共产党第十九次全国代表大会文件汇编》，北京：人民出版社2017年版。
② 中华人民共和国中央人民政府：《政府工作报告——2019年3月5日在第十三届全国人民代表大会第二次会议上》，http://www.gov.cn/premier/2019-03/16/content_5374314.htm（访问时间：2019年3月16日）。
③ 中华人民共和国中央人民政府：《中国共产党第十九届中央委员会第四次全体会议公报》，http://www.gov.cn/xinwen/2019-10/31/content_5447245.htm（访问时间：2019年10月31日）。
④ 《中共中央关于制定国民经济和社会发展第十四个五年规划和二〇三五年远景目标的建议》，北京：人民出版社2020年版。
⑤ 《中华人民共和国国民经济和社会发展第十四个五年规划和二〇三五年远景目标纲要》，北京：人民出版社2021年版。

(一) 理论意义

1. 创建适用中国情境的市场主体信用监管理论框架

我国的市场主体信用监管制度与西方市场主体信用监管制度既有共同之处，又有显著区别。西方发达国家经历了一个多世纪的实践，形成了以发挥市场机制为核心的美国模式、注重政府推动的欧洲模式以及依靠行业协会驱动的日本模式等信用监管模式，其中，完备的信用法律体系、发达的信用服务市场、完善的信用监管机制、完整的征信数据库是这些国家最明显的特征。以此为基础，西方的专家学者从西方经济学、管理学、哲学、社会学等多个角度对市场主体信用监管进行研究，并取得了一定的成绩。国内市场主体信用监管的研究是伴随着社会主义市场经济体制改革过程中出现信用缺失问题而开始的[①]，我国市场主体信用缺失问题已经引起了经济学、管理学、哲学、社会学等领域学术界的广泛重视，学者从不同视角研究了市场主体信用现状、问题、对策等，相关政府部门也已经着手对市场主体信用监管改革进行总体规划和布局，部分地区更是在"共建共治共享"社会治理模式下开始了试点探索且取得了一定成绩。比如，加快建设市场监管职能统一的信用信息共享交换平台，积极推进年检验照制度改为年报和市场主体信息归集公示制度，逐步推出"红黑名单"和"双随机、一公开"抽查等联合信用奖惩机制，以信用信息归集为基础、以信息化为手段、以信用监管为核心的市场监管新机制已初步形成。近年来，以信用为基础的市场监管改革取得了一定的成效，对提升市场监管效能、推动经济社会高质量发展、满足人民日益增长的美好生活需求发挥着重要作用。但是缺乏在中国语境下，结合中国市场主体信用监管伟大实践的理论创新与机制构建。本书基于缺乏中国理论体系指导我国市场主体信用监管政策和实践的现实状况，充分结合中国社会信用体系建设、市场监管改革和社会治理实践依托的特色制度背景，通过融合管理学、经济学、社会学、信息学、统计学、法学等学科知识，以习近平新时代中国特色社会主义思想为指导，把市场主体信用监管理论、方法及技术研究与"共建共治共享"理念研究结合起来，构建一套适用于中国情境的逻辑严密、内在一致、具有普遍适用性的市场主体信用监管理论框架体系，并科学设计立体化、全局性的机制，为后续相关研究

---

① 王淑芹：《社会诚信建设的现代转型——由传统德性诚信到现代制度诚信》，载《哲学动态》，2015年第12期，第77~82页。

提供一种新的思路。

2. 构建共建共治共享视阈下市场主体信用监管效果评价指标体系

长期以来，受政治经济学、社会学、法学等定性分析的影响，我国市场主体信用监管的理论研究仅满足于概念的界定、范畴的探讨、西方理论体系的引入，与客观实际和现实需要联系并不紧密。西方学者以定量分析和模型分析为主，通过集成评价、模拟和管理来解决失信问题的研究范式。近年来，为改变我国研究较为空乏、无力的现状，国内学者采用定性或定量分析的方法，主要从深化商事制度改革、优化营商环境和推进社会信用体系建设三个方面评价信用监管成效，并取得了一定的成绩，但是现有研究多为简单套用模型和评价方法，或者定性分析市场主体信用监管成效，尚缺乏中国理论下，科学、合理的市场主体信用监管效果评价指标与一致可比的量化方法。改革开放以来，我国市场主体信用监管呈现出三个趋势性变化：从单一主体建设到多元主体协同共建；从部门监管逐步转变为全社会参与的综合治理；从实现政府工作目标到践行以人民为中心的发展思想，即共建共治共享。共建共治共享视阈下的市场主体信用监管是习近平新时代中国特色社会主义理论体系指导下市场监管和社会治理的耦合创新，是在实践中逐步演化并渐进渐优的结果，构建科学、合理的共建共治共享视阈下的市场主体信用监管评价体系，不仅能综合反映市场主体信用监管在共建共治共享社会治理理论体系中的融合、发展、实践效果，更能通过综合评价，为持续推进市场主体信用监管改革提供改革思路和具体路径。因此，本书构建了共建共治共享视阈下市场主体信用监管效果评价指标体系和模型，以期能综合反映各地市场主体信用监管成效。

3. 推动信用监管与共建共治共享社会治理研究的共同发展

建立健全以信用为核心的新型监管机制是推动我国经济社会高质量发展、实现国家治理能力和治理体系现代化、营造良好的市场竞争秩序的重要抓手，对于提升市场监管效能、激发市场活力和社会创造力具有重要的现实意义。改革开放以来，我国社会经济领域取得了长足的进步，但是信用问题长期被忽视，市场主体信用监管机制相对滞后于社会经济发展水平。一方面，随着全球化时代的不断发展，我国经济与世界各经济体之间的联系日益加强，但是各个国家和地区间的政治、经济、文化、法律等方面存在较大差距，因此，有必要建立既与国际规则相衔接，又有中国特色的市场主体信用监管机制。另一方面，国家高度重视市场主体信用监管改革，并出台了多项指导措施，各地积极推进市场主体信用监管与社会治理各项工作全方位、全流程、全环节深度融合，并希望通过改革从根本上扭转失信问题高发态势。但是传统失信问题仍然屡禁不止，一些新的失信问题又接踵而至，这些现象暴露了在实践过程中，市场主体信用监管与我国经济社会转型不适应、不协调、不匹配的问题。市场主体信用监管是新型社会治理手段，影响经济社会发展的方方面面，不仅包括实体上的共同建设、行动上的共同治理，还包括成果上的共同享有，传统的信用监管手段的作用已经日渐式微，以信用为核心的社会治理实践全国各地积极开展①。本书以习近平新时代中国特色社会主义思想为指导，基于共建共治共享视阈，结合中国市场主体信用监管伟大实践，提出了更加清晰和完整的市场主体信用监管理论架构的制度框架，以期从根本上扭转市场主体失信的混乱状况，以形成"守信者处处受益，失信者寸步难行"②的诚信氛围。信用监管和社会治理都是我国实现高质量发展的重要研究领域，"共建共治共享"理念既是对社会治理已有经验的总结，也是对新时代中国特色社会主义各项事业开展做出的崭新谋划，"共建共治共享"社会治理模式为市场主体信用监管提供了理想的理论范式，市场主体信用监管也在"共建共治共享"社会治理模式下展开了丰富而卓有成效的实践探索。因此，本书推动了信用监管与共建共治共享社会治理研究的共同发展。

（二）现实意义

1. 探索市场主体信用监管改革的对策

当前，我国已经加快推进市场主体信用监管改革，并取得了初步成绩，但严重侵犯消费者权益、扰乱正常市场秩序的失信事件屡有发生。由于一直缺乏有效的事前预防、事中管控、事后惩戒的市场主体信用监管机制，且没有发挥有效市场和有为政府的作用，往往有法难依、违法难究，市场主体的失信行为并不会被追究。市场主体信用监管能力与经济社会发展不协调、不匹配的矛盾较为突出，失信乱象丛生，成为经济社会高质量发展的一大掣肘。传统的监管手段已经难以满足监管需求，如何开展市场主体信用监管执法工作显得尤为迫切。本书紧扣习近平新时代中国特色社会主义思想和《社会信用体系建设规划

---

① 袁文瀚：《信用监管的行政法解读》，载《行政法学研究》，2019年第1期，第18~31页。
② 《社会信用体系建设规划纲要（2014—2020年）》，北京：人民出版社2014年版。

纲要（2014—2020年）》①、《关于加快推进社会信用体系建设构建以信用为基础的新型监管机制的指导意见》② 等文件精神，认为市场主体信用监管围绕国家治理体系和治理能力现代化的要求，构建与社会信用体系和市场监管体制相适应、相配套的新型信用监管机制，找准抓实"共建共治共享"三个着力点，践行以人民为中心的发展理念，创新监管体系、监管方式和监管理念，切实发挥信用在创新监管机制、提升监管效能等方面的基础性作用，有效整合现有市场监管资源，建立健全贯穿事前、事中、事后全监管链条的新型市场主体信用监管机制，实现市场主体信用监管线上、线下无缝衔接，提升市场主体信用监管数字化、智能化水平；同时，通过推动行业协会、信用中介机构、新闻媒体、社会公众等多元力量参与市场主体信用监管，以便更好地发挥市场在资源配置中的决定性作用以及政府的监督作用，有效推动"看不见的手"与"看得见的手"相结合。本书在总结以往市场主体信用监管和社会治理经验的基础上，认为新时代共建共治共享视阈下的市场主体信用监管改革，必须沿着社会化、法治化、智能化、专业化的路径推进；同时，从加强组织领导、加大政策支撑、强化协调沟通、凝聚社会共识等方面提出具体保障措施。总体来看，以共建共治共享为导向加快市场主体信用监管改革，是国民经济和社会高质量发展的内在要求，是规范市场秩序的治本之策，是大势所趋并成为全社会的普遍共识，本书为市场主体信用监管改革提供了政策参考。

2. 对我国市场主体信用监管效应做一个科学客观测度

我国市场主体信用监管已经取得了一定成绩，但是与深化商事制度改革、优化营商环境、推进社会信用体系建设的要求还有差距。尤其是国内有关市场主体信用监管改革成效方面的评估大多是对相关工作的陈述和总结，而围绕改革目标，以数据、事实为依据，定量分析改革前后制度变化情况以及通过制度变化评估对实际工作影响的改革成效研究较少。指标体系是整体反映事物状态

---

① 中华人民共和国中央人民政府：《国务院印发〈社会信用体系建设规划纲要（2014—2020年）〉》，http：//www.gov.cn/xinwen/2014-06/27/content_2708964.htm（访问时间：2014年6月27日）。
② 中华人民共和国中央人民政府：《国务院办公厅关于加快推进社会信用体系建设构建以信用为基础的新型监管机制的指导意见》（国办发〔2019〕35号），http：//www.gov.cn/zhengce/content/2019-07/16/content_5410120.htm（访问时间：2019年7月16日）。

的基本要素及其标准意义的标准值体系，其意义在于对事物有了全面把握、整体了解和基本认识的基础上，通过对构成事物的基本要素进行科学提取和归纳，并对其进行分量赋值（量化）或细化意义（质化），以实现对事物认识的深化、具体化、清晰化，同时发挥出引导、评测功能①。市场主体信用监管是技术与制度的耦合创新，是在实践中渐进改进、内生演化的结果，随着科学监管时代的来临，构建一套科学合理且具有前瞻性的指标体系并进行综合评价已成为改革急需。基于市场主体信用监管的理论内涵和改革实践，结合"共建共治共享"理念，遵循全面性、代表性、可操作性原则，本书构建了涵盖3个一级指标、9个二级指标、18个三级指标的共建共治共享视阈下市场主体信用监管效果评价体系，并以此进行综合评价分析，不仅有助于市场主体信用监管实现具象化和发展前瞻性的认识，而且能推动市场主体信用监管从经验传统走向科学现代。同时，基于共建共治共享目标，创新指标体系，依据宏观数据（统计数据）与微观数据（问卷调查数据）的多层面论证，对市场主体信用监管的效果做一个科学、客观评价，也可以避免单一层面研究结论的局限性。

第二节 研究思路和研究方法

一、研究思路

（一）总体思路

构建以信用为基础的新型市场监管机制是党中央、国务院深化商事制度改革的重要内容，是深入推进"放管服"改革、加强社会信用体系建设的重要制度保障，对加快经济结构优化升级、满足人民群众对美好生活的向往、提升政府治理能力、促进对外交往具有重要现实意义。近年来，虽然我国市场主体信用监管改革取得了一定的成绩，但是监管主体各自为政、监管方式碎片化、监管成果利益分化，市场主体信用监管水平仍长期滞后于经济社会发展，已成为经济社会高质量发展的重大瓶颈制约。

---

① 张国山、刘智勇、闫志刚：《我国市场监管现代化指标体系探索》，载《中国行政管理》，2019年第1期，第41~46页。

本书以习近平新时代中国特色社会主义思想为指导，聚焦"市场主体信用监管改革"，按照党中央、国务院以及国家有关部委关于市场主体信用监管改革的任务要求和工作部署，主张市场主体信用监管改革应明确党委、政府的主导地位，同时强调从制度上更好地发挥市场作用。一方面，党的十八大以来，党中央高度重视信用监管工作，从战略高度加强了社会信用体系建设，进一步发挥信用在创新监管机制、提高监管水平方面的基础性作用，并密集推出了一系列顶层设计与工作部署。另一方面，目前，我国尽管已经采取了应对措施，但是失信行为仍然不同程度存在，传统的监管方式已经无法适应经济社会发展的需要，而通过市场的资源配置作用促进社会信用秩序的建立成了市场主体信用监管改革的必由之路。因此，构建以信用为基础的新型市场监管机制，不仅要充分发挥市场在资源配置中的决定性作用，也要明确政府在市场主体信用监管中的监管权责，实现市场与政府的有机融合。

基于上述基本思路，本书聚焦"市场主体信用监管改革"，通过"共建共治共享的市场主体信用监管"的理论路径与研究视角，提炼"市场主体信用监管的理论创新"，总结"国内外市场主体信用监管的经验"，测度"市场主体信用监管的效果"，设计"共建共治共享目标下的市场主体信用监管对策"，构建"既契合中国国情又符合国际趋势"的市场主体信用监管理论、方法与政策，促进"失信者寸步难行，守信者一路畅通"的共建共治共享市场主体信用监管格局形成。

（二）主要内容

本书共包括七个章节的内容：

第一章绪论。本章首先从研究背景入手，旨在论证市场主体信用监管改革的必要性，以"共建共治共享"为理念，创新治理机制，破解市场主体失信的现实难题，促进社会主义市场经济有序发展，提升新形势下市场监管的能力和效率，同时阐述了本书的理论意义和现实意义；其次对全书的总体思路和主要内容进行了系统说明，并对研究方法和创新之处做了简单介绍。

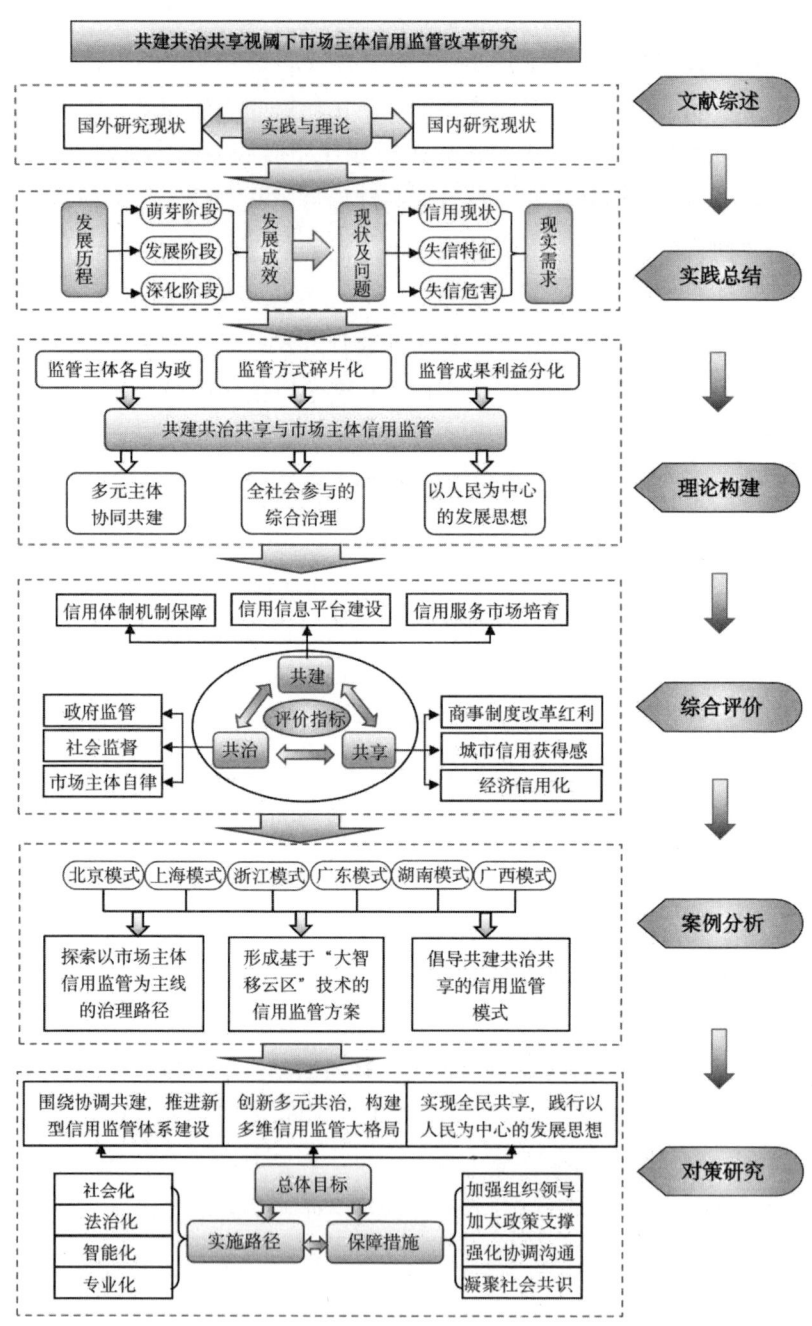

图1-1 本书总体思路

第二章理论基础与文献综述。本章首先从马克思信用理论、西方其他学科信用理论（西方经济学、哲学、社会学、心理学、生物学）进行了文献梳理；其次从信用的内涵及产生的社会基础、其他学科信用理论（经济学、法学、社会学、伦理学）对国内信用理论进行了文献梳理；再次分别对国内外信用监管的实践与理论进行了文献梳理；最后是综述部分，认为国内外研究虽然已经取得了一些成绩，但是仍然缺乏在中国语境下，以习近平新时代中国特色社会主义思想为指导，基于共建共治共享视角，结合中国市场主体信用监管实践的理论创新、机制构建与实证研究方法。

第三章市场主体信用监管：实践总结。本章全面梳理我国市场主体信用监管的三个发展历程（萌芽阶段、发展阶段、深化阶段）；重点阐述了改革开放以来我国市场主体信用监管的主要成就——政府监管效能显著提升、营商环境持续优化、信用奖惩效应明显增强、社会信用体系初步形成；通过大量文件解读与文献研究，结合实地调研结果，深入分析我国市场主体信用状况以及信用缺失现状、特征、危害；剖析我国市场主体信用缺失的原因为社会诚信意识与道德规范缺失、信用相关法律体系不完善、失信惩戒机制不健全、信用服务市场供需不足；基于推动经济高质量发展、构建新型市场监管机制、加快社会信用体系建设、创新社会治理模式、推进商事制度改革的大背景下，提炼总结加强市场主体信用监管的必要性和可行性。

第四章共建共治共享视阈与市场主体信用监管：理论构建。本章是本书的重点内容。首先，重点阐述了我国市场主体信用监管的趋势性变化：从单一主体建设到多元主体协同共建；从部门监管逐步转变为全社会参与的综合治理；从实现政府工作目标到践行以人民为中心的发展思想。其次，对共建共治共享社会治理与市场主体信用监管进行了理论阐释，重点分析了共建共治共享社会治理与市场主体信用监管的内在契合，即共同推进新型市场监管体系建设，契合了社会治理的共建理念；构建多维市场监管大格局，契合了社会治理的共治方式；坚持以人民为中心的发展思想，契合了社会治理的共享目标。最后，分析了新时代我国市场主体信用监管面临的三个深层次挑战：监管主体各自为政、监管方式碎片化、监管成果利益分化。

第五章共建共治共享视阈下市场主体信用监管效果：综合评价。本章是本书的重点部分，也是难点部分。本章首先阐述了共建共治共享视阈下市场主体信用监管效果评价的理论依据，并重点分析了效果评价的重要意义：以评促建,加快社会信用体系建设;以评促优,优化市场主体信用监管机制;以评提治,推动社会治理现代化。其次,界定了效果评价的范围和对象。再次,从评价指标体系设置原则、评价指标体系设计、综合评价方法三个方面构建具体的指标体系。最后,着重从共建、共治、共享三个维度,构建了涵盖3个一级指标、9个二级指标、18个三级指标的共建共治共享视阈下市场主体信用监管效果评价体系,并评估各地市场主体信用监管实践是否充分实现各方合力共建、全社会协同共治以及成果全民共享。

第六章共建共治共享视阈下预付式消费领域信用监管:案例分析。首先,针对预付式消费领域严重的失信问题,引出对市场主体信用监管实践的探讨。其次,通过文献研究和实地调研结果,深入分析我国预付式消费领域信用状况以及失信现状、原因。再次,全面归纳了北京、上海、浙江、广东、湖南、广西各地开展预付式消费信用监管的实践。最后,总结了预付式消费领域信用监管的内在生成逻辑,即探索以市场主体信用监管为主线的预付式消费治理路径,形成基于"大智移云区"技术的预付式消费治理方案,倡导共建共治共享的预付式消费治理模式。

第七章共建共治共享目标下市场主体信用监管改革:对策研究。首先,阐述了共建共治共享目标下市场主体信用监管改革的总体思路和基本原则。其次,重点阐述了我国市场主体信用监管的总体目标:围绕协同共建,推动新型信用监管体系建设;创新多元共治,构建多维信用监管大格局;实现全民共享,践行以人民为中心的发展思想。再次,提出新时代共建共治共享的市场主体信用监管改革,必须沿着社会化、法治化、智能化、专业化的路径推进。最后,从加强组织领导、加大政策支撑、强化协调沟通、凝聚社会共识四个方面提出了具体的保障措施。

二、研究方法

(一)归纳法与演绎法相结合

从历史、唯物的视角,以习近平新时代中国特色社会主义思想为指导,全面梳理市场主体信用监管改革的演进历程、理论依据、政策沿革、实施机制,揭示制度变迁的内外机理;提炼分析"共建共治共享"的理念内涵,诠释市场主体信用监管的科学内涵;凝练总结构建新时代中国特色社会主义市场主体信用监管机制的逻辑起点和学理基础;结合社会主义市场经济发展、传统市场监管方式转型、社会信用体系建设、社会治理、商事制度改革的大背景下,开展新时代共建共治共享视阈下加强市场主体信用监管的必要性和可行性分析。

(二) 综合咨询法与实地调研法相结合

课题组成员在北京、上海、广州、深圳、重庆、武汉、南昌、贵阳、遵义、安顺、昆明、大理、长沙、常德、益阳、湘西州、南宁、柳州、桂林、梧州、贵港、北海、防城港、钦州、玉林、百色等地展开实地调研,通过深入研究,分析我国市场主体信用监管在国家企业信用信息公示系统建设、信用信息归集和公示制度、异常名录和"红黑名单"制度、"双随机"抽查机制、失信联合惩戒和守信联合激励机制、互联网企业信用管理模式等方面的成功经验和存在问题,分析由此可能对经济、社会等各方面带来的风险和隐患。同时,课题组多次与发展改革委、市场监管局、中国人民银行、商务局等政府部门的处室负责人以及相关企业、金融机构、社会组织负责人进行深入座谈,并邀请中国社会科学院、武汉大学、中南大学、湖南大学、西南财经大学、广西大学、江西财经大学、北京工商大学、湖南工商大学、江西科技师范大学、广西民族大学、南宁师范大学、桂林旅游学院等高校的相关领域专家莅临指导,通过咨询会议、意见征询等多种方式进行多视角、多维度征询,再反复进行研讨论证,探寻我国市场主体信用监管的发展历程、现有政策、存在问题的深层次原因,探讨解决方案。

(三) 文献研究法与案例研究法相结合

本书利用图书馆资源,对国内外关于信用监管的相关研究进行了文献梳理,并针对本书的研究目标进行了评述;同时,通过认真学习、全面贯彻《习近平新时代中国特色社会主义思想学习纲要》等重要书籍,党的十九大和十九届二中、三中、四中、五中、六中全会精神以及《社会信用体系建设规划纲要(2014—2020年)》[1]《国务院办公厅关于加快推进社会信用体系建设 构建以

---

[1] 中华人民共和国中央人民政府:《国务院印发〈社会信用体系建设规划纲要(2014—2020年)〉》,http://www.gov.cn/xinwen/2014-06/27/content_ 2708964.htm(访问时间:2014年6月27日)。

信用为基础的新型监管机制的指导意见》①等系列文件，深刻理解精神实质和具体要求。全面收集、系统整理全国关于市场主体信用监管的实践情况，深入分析全国各省市具有代表性的先进模式，并采用案例分析法对国内先进省份的改革模式和典型案例进行持续追踪调查，总结概括其典型做法、突出特征和具体成效等，分析其利弊及经验教训。

（四）数据收集与实证分析相结合

为借鉴专家专业意见，本书拟设计有关评价指标，采取专家打分法，了解市场监管规则制定者、执行者和参与者的主观认知、实施情况与技术条件，为大样本分析提供数据，采用群决策的层次分析法计算指标主观权重。基本思想是设计评价指标体系后，运用专家打分法构建指标重要性对比判断矩阵，再计算各矩阵的最大特征根和特征向量，最后通过一致性检验确定各指标主观权重。同时，利用我国市监部门、统计部门公开发布和内部掌握的数据以及手工收集各地区和各企业的相关数据，针对本书的理论假设和政策建议，用大样本数据进行计量分析和统计验证。本书将在数据收集和规范研究的基础上，依托经济学、管理学、社会学等理论，采用计量经济学和统计学方法，结合研究内容构造相关的模型。基于市场主体信用监管的理论内涵和改革实践，结合共建共治共享理论内涵，遵循全面性、代表性、可操作性原则，本书构建了涵盖3个一级指标、9个二级指标、18个三级指标的共建共治共享视阈下市场主体信用监管效果评价体系，并进行综合评价。

三、创新之处

（一）研究切入点独特

从现有文献来看，在中国，如何构建以信用为核心的新型监管机制是一个极具挑战性的重要课题，尚缺乏深入研究和分析。本书以市场主体信用监管作为研究对象，将共建共治共享的内涵运用到市场主体信用监管的相关研究中，阐明新时代市场主体信用监管的学理基础，科学设计行之有效的对策和效果评

---

① 中华人民共和国中央人民政府：《国务院办公厅关于加快推进社会信用体系建设 构建以信用为基础的新型监管机制的指导意见》（国办发〔2019〕35号），http://www.gov.cn/zhengce/content/2019-07/16/content_5410120.htm（访问时间：2019年7月16日）。

价方法，研究切入点独特新颖，契合新时代"共建共治共享"的发展主题，彰显了社会主义价值理念，可为探究我国社会治理、社会信用体系建设、市场监管等领域的改革提供参考。

（二）提出了符合新时代观的独特性见解

本书在准确把握新时代我国信用监管阶段性特征和现实性问题的基础上，认为我国市场主体信用监管存在监管主体各自为政、监管方式碎片化、监管成果利益分化等问题，并提出打造共建共治共享的市场主体信用监管新格局，需要共同建设信用体系、共同参与信用治理、共同享有监管成果。同时，本书认为，市场主体信用监管改革需要围绕推进国家治理体系和治理能力现代化的要求，找准抓实共建、共治、共享三个着力点，依托"大智移云区"等新业态、新模式、新技术，创新监管体系、监管方式和监管理念，切实发挥信用在创新监管机制、提升监管效能等方面的基础性作用，以期破解传统模式下监管主体各自为政、监管信息碎片化、监管效率低下的难题。本书提出了符合新时代观的独特性见解，为我国市场主体信用监管改革提供了重要的理论支撑。

（三）研究方法有独到之处

本书基于市场主体信用监管和共建共治共享的理论内涵与改革实践，遵循全面性、代表性、可操作性原则，从共建、共治、共享三个维度构建市场主体信用监管效果测度指标，形成了涵盖3个一级指标、9个二级指标、18个三级指标的共建共治共享视阈下市场主体信用监管效果评价体系，采用主客观赋权法相结合的组合赋权方式，首先运用改进后的功效系数法进行无量纲化，其次采用层次分析法和熵权法进行主客观赋权，最后使用等权重加权平均法确定综合权重并计算综合得分，对不同阶段和不同地区的市场主体信用监管实践做一个科学、系统综合评价，为市场主体信用监管政策的调整提供科学依据，也将共建共治共享由理念上升到可制作、可测度的实践。因此，本书在研究方法上有独到之处。

（四）对策建议可行度高

在充分借鉴国外可复制经验的基础上，围绕我国已有的现实问题开展深入研究，市场主体信用监管改革的总体目标：围绕协同共建，推动新型信用监管体系建设；创新多元共治，构建多维信用监管大格局；实现全民共享，践行以人民为中心的发展思想；提出新时代共建共治共享的市场主体信用监管改革，必须沿着社会化、法治化、智能化、专业化的路径推进；同时，从加强组织领导、加大政策支撑、强化协调沟通、凝聚社会共识等方面提出了具体保障措施。本书"以共建共治共享"为目标导向，适应中国情境、逻辑严谨的市场主体信用监管改革对策，对策建议切合实际、可操作性强。

第二章

理论基础与文献综述

第一节 国外信用理论的相关研究

信用作为一种社会观念、规范和运行系统，根植于一定的社会基础和思想基础。从有关守信、诚信的意识、理念到日益完善的信用理论和监管制度，信用的内涵及外延思想也随着社会生产关系的发展而不断延伸。从实质上来说，信用理论及监管实践属于上层建筑，是处理生产关系中交换主体之间经济利益相关的各类利益归属问题。但是由于东西方不同的经济社会文化背景以及不同学科对信用概念理解的差异，信用理论经历着不同的发展演变路径。信用理论发展根植于社会实践的基础土壤，又通过信用监管反作用于社会实践，对推进社会信用体系建设，构建新型信用监管机制具有重要的作用和深远的意义。

一、马克思信用理论

马克思主义是马克思、恩格斯在批判和吸收人类自然科学、思维科学和社会科学优秀成果的基础上创立的，其理论体系主要涵盖马克思主义哲学、政治经济学和科学社会主义理论三个部分。这些理论随着社会实践的发展而不断丰富、完善，对引导人类社会、经济等理论思想和指导人类社会实践都具有十分重要的价值和意义①。马克思信用理论是马克思目睹了大工业时代资本主义社会中"波兰犹太人式的狡猾欺骗手段"和"德国人以次充好"等有悖于社会

---

① 王丽颖：《马克思恩格斯社会革命思想及其现实启示》，载《马克思主义研究》，2020年第4期，第105~116页。

信用伦理现象后，基于社会伦理层面提出的信用思想；同时，马克思政治经济学对信用理论进行了发展和完善，形成了内容丰富、结构完善的马克思主义信用理论①。

（一）马克思关于信用的阐释

马克思信用理论对信用内涵的阐释首先发端于经济领域。马克思和恩格斯基于19世纪英国工业革命期间经济领域的信用制度，对信用的内涵和实质进行了全面而完备的概括，认为信用在经济层面表现为一种借贷关系，这种关系是伴随着商品生产和资本运动产生，直接体现在资本家生产剩余价值的过程中；而从精神层面来讲，这种借贷关系是由于人与人之间的相互信任而形成的②。马克思和恩格斯进一步研究认为，随着工业革命的扩大和加速发展，这种借贷关系逐步通过银行资本、生息资本、商业信用和资本主义发展等方式加以扩展，信用行为已不再局限于商品交易过程，货币的支付手段（信用货币）也列入信用内涵概念，使整个资本主义社会被纳入看似"物—物"之间的关系中，从而掩盖了人与人之间的真正关系③。除此之外，马克思还从伦理层面对信用内涵进行了阐释，认为以货币借贷、有息资本为特征的资本主义信用实质上是对人本性的异化和控制④。

（二）马克思信用理论

马克思信用理论的雏形产生于19世纪40年代初期，以资本主义从发展到壮大的过程为背景，以产业工人被严苛剥削等社会现象为基础，在《资本论》中，通过研究信用的产生、信用的表现形式、信用的作用等问题，逐步发展成为一个科学的理论体系⑤。郑天涯、田侃利用中文"马克思主义文库"，全面搜集有关"信用"的内容后发现，马克思主义的信用理论是其政治经济学的重

---

① 罗云、万斌：《论马克思主义信用思想与社会主义和谐社会的构建》，载《学术论坛》，2013年第36卷第8期，第1~6页。

② 马克思：《资本论》，北京：人民出版社2004年版。

③ 马克思、恩格斯：《马克思恩格斯全集》（第46卷）（下册），北京：人民出版社1975年版。

④ 靳永茂：《资本论》语境中信用与货币的逻辑关系演进——兼论虚拟经济同实体经济动态发展的历史生成》，载《内蒙古社会科学》，2020年第41卷第2期，第117~126页。

⑤ 马克思、恩格斯：《马克思恩格斯全集》，北京：人民出版社2016年版。

要组成部分,着力点在经济学领域①。

马克思以生产关系为研究视角,对自由资本主义和垄断资本主义两个阶段中的社会关系以及国家信用进行了系统研究,发现在不同阶段尽管信用的表现方式、实现途径、凭借载体等不同,但都代表一种债权债务关系②。因此,信用是货币出现和货币运动的必然结果,是随着资本主义生产方式的不断发展而逐渐形成的③。马克思主义政治经济学以商品经济作为研究起点,认为随着经济高度发展,信用的内容也最终走向灭亡,其在《资本论》中,按照信用发展历史水平,分别研究了简单信用、商业信用、银行资本信用和国家信用四种信用,其中,简单信用主要是用于探讨资本主义社会之前的高利贷还款风险;商业信用、银行信用主要是来研究资本主义时期以借贷关系为基础的资本主义生产关系,包括信任建立、偿付、借贷、履约等多层内涵;国家信用则是以国家为主体实施的信用活动,常见的国家信用包括公债、国库券、专项债券以及财政透支等形式④。马克思认为,信用在经济生产中具有双重作用:一方面,信用在促进利润率平均化、减少流通费用、加速资本积聚、推动股份公司成立等方面具有积极的正向效果。另一方面,信用会助长过度投机行为并加速经济危机的爆发⑤。

(三)马克思信用理论研究的目标与方法

马克思信用理论在经济学中的体现是把信用放置于特定的经济范畴来加以探究,重点分析信用反映的经济关系。因此,马克思信用理论不论是从微观层面的市场主体视角,还是从宏观层面的社会生产关系、生产方式视角,其研究的最终目的都是揭示资本主义生产关系从产生、发展到最终走向灭亡的一般社

---

① 郑天涯、田侃:《马克思信用理论及其当代价值》,载《福建论坛》(人文社会科学版),2020 年第 8 期,第 13~24 页。
② [德] 马克思:《资本论》(第 3 卷),北京:人民出版社 2004 年版。
③ 冯艳红:《马克思信用理论及实践意义》,载《河北理工大学学报》(社会科学版),2010 年第 10 卷第 2 期,第 5~7 页。
④ 马克思、恩格斯:《马克思恩格斯全集》(第 46 卷)(下册),北京:人民出版社 1975 年版。
⑤ 马克思、恩格斯:《马克思恩格斯全集》(第 46 卷)(下册),北京:人民出版社 1975 年版。

会规律①。列宁的信用理论在继承和发展了马克思信用理论的基础上,进一步研究了社会主义生产关系是如何依托信用有效地发展商品经济、解放生产力并服务于广大无产阶级大众的②。

在研究方法上,马克思通过比较研究对古典经济学、庸俗经济学的信用思想理论进行了批判,认为信用制度的基础不仅在于货币具备流通和交换职能,更在于具有为资本家创造剩余价值的职能,从而揭示了资本家的生产秘密③。马克思信用理论除了在经济学方面获得巨大成就外,还采用社会伦理学的研究方法对资本主义信用危机进行了分析,认为资本家在功利主义的刺激下,丧失了基本的信用伦理④。除此之外,马克思信用理论坚持历史唯物主义和辩证唯物主义观点,在探究信用规律的过程中,始终坚持从具体(无产阶级劳动、资本家剥削等)到抽象(资本主义生产)进行推导,再从社会实践中检验这些推导的规律,并不断修正、发展信用理论⑤。但由于认识、概念、技术的局限性,马克思信用理论缺乏系统的定量分析内容。

(四) 马克思信用理论的发展创新

马克思主义具有与时俱进的科学性,因此,能不断结合不同阶段的社会实践进行完善和补充,获取新的理论成果⑥。马克思信用理论从研究经济借贷行为,货币执行流通职能而产生的资本主义生产关系,经恩格斯、列宁补充和发展(从社会主义国家实践),再到中国情境下的信用理论创新,在不断批判和吸收其他理论成果的同时,马克思信用理论在实践活动中不断发展和完善⑦。马克思侧重于揭示资本主义经济社会运行的一般规律,认为信用体系及运行机

---

① 朱国英:《马克思政治经济学视角下的信用关系研究》,中国政法大学硕士学位论文,2019年。
② 比尔·卢卡雷利、周亚霆:《马克思关于货币、信用和危机的理论》,载《国外理论动态》,2011年第2期,第32~40页。
③ 黄慧微、沈涛:《马克思信用理论及当代价值探析》,载《河北经贸大学学报》,2019年第40卷第2期,第7~12、72页。
④ 祝健、张传良:《我国村镇银行信用风险防范对策分析——马克思金融风险理论的视角》,载《当代经济研究》,2010年第12期,第7~11页。
⑤ 吴建树、何炼成:《马克思主义经济学与西方经济学信用理论比较》,载《人文杂志》,2013年第4期,第40~44页。
⑥ 胡贵勇、王婷婷:《论"与时俱进"作为马克思主义理论品质的科学性》,载《遵义师范学院学报》,2003年第3期,第4~5页。
⑦ 赵爱玲:《马克思信用理论初探》,载《齐鲁学刊》,2007年第5期,第117~121页。

制是配合资本主义生产方式和生产关系实施的,因此,它会伴随着资本主义经历产生、发展到最终走向覆灭的过程;信用是一定社会生产方式和经济关系的反映,具有典型的两重属性,不仅满足资本家加速资本运动与周转、追逐剩余价值,而且具有危害性,可能诱发资本主义严重的经济危机,成为社会最大的欺骗工具①。马克思信用理论对资本主义经济关系发展、化解经济风险等社会实践具有重要价值②。宋朝龙、吴迪曼利用马克思信用理论研究发现,美国金融资本利用了商业信用、资本信用、资本市场(股票)发行、政权及美元货币信用等多种并列或叠加形式滥用信用,从而坠入了信用危机的深渊③。同时,马克思信用理论对指导当前我国的社会主义信用体系建设和市场主体信用监管改革具有重要的理论价值和实践意义④,尤其是为化解社会信用建设中的难题、强化市场主体信用监管机制创新,进而完善中国特色社会主义市场经济体制等方面提供了原则、框架、方法等基础保障⑤。

二、西方其他学科信用理论

与马克思信用理论形成鲜明对比的是,西方经济学包括哲学、社会学、心理学等相关学科,以不同的研究视角、方法和范式对资本主义社会的信用关系进行独立深入或跨学科综合研究,形成了较为完整的信用理论体系。

(一)西方经济学的信用理论

按照西方经济学的发展历史及阶段定义,本书将分别从古典西方经济学、现代西方经济学和当代西方经济学三个阶段阐述西方经济学中信用理论有关的研究和实践成果。经济学家阿尔文·哈维·汉森从纸币与信用关系视角对信用体系进行了论述,认为信用理论实质上等同于银行信贷理论,只要保证货币

---

① 马超:《马克思信用理论再辨析》,载《云南社会科学》,2008年第S1期,第197~198页。
② 郑天涯、田侃:《马克思信用理论及其当代价值》,载《福建论坛》(人文社会科学版),2020年第8期,第13~24页。
③ 宋朝龙、吴迪曼:《美国金融资本帝国的信用及其危机——基于马克思主义政治经济学的分析视角》,载《江苏大学学报》(社会科学版),2020年第22卷第6期,第1~11页。
④ 冯艳红:《马克思信用理论及实践意义》,载《河北理工大学学报》(社会科学版),2010年第10卷第2期,第5~7页。
⑤ 郑天涯、田侃:《马克思信用理论及其当代价值》,载《福建论坛》(人文社会科学版),2020年第8期,第13~24页。

（纸币）供应充足，就能促进经济发展，该理论被用于指导法国经济改革，虽然改革最终以失败告终，但为后来古典经济学派重新定义信用提供了理论借鉴。① 古典经济学理论体系创始人亚当·斯密敏锐地发现，日常生活中的商品交换应建立在交易各方平等、自愿的前提下，交易者的私人利益只能以"光明正大"的竞争方式获得，任何阶段的市场经济运行只有依托交易各方共享经济伦理观念（如守信用、履约承诺等）时才能正常运转，否则会引发经济危机。② 随后，经济学家约翰·穆勒对信用与物价、货币发行进行了深入研究，认为信用并不是生产力（不能直接创造物质生产资料），而是一种"购买力"（能促进社会资本的有效运用），信用的影响主要体现在信贷货币的配给和利率传导机制上。③ 英国经济学霍曲莱基于现代西方经济学提出了信用调节理论，认为资本主义不同经济周期阶段的变动主要是受信用规模的扩展或收缩影响，利率变动对银行贷款行为非常敏感，从而改变信贷资金的配置数量。④ 除此以外，约瑟夫·熊彼特的非常信用论认为，非常信用是企业家借助信用工具实现生产力的有效组合。⑤ 当代西方经济学在已有理论基础上不断增加了新的研究内容，其中，保罗·萨缪尔森提出了著名的信用调节理论，主张通过货币政策和财政政策协同调节宏观经济，同时发现市场交易过程中的信息不对称是导致失信行为发生，进而酿成信用危机的根源⑥。

（二）西方哲学的信用理论

西方哲学有关信用、诚信等领域的研究源远流长，在信用理论的建构与发展方面具有重要指导价值和意义。西方哲学认为，在追求货币、获得财富的过程中，必须合乎德行和自然，货币的产生必须基于交易平等的原则，朴素地体

---

① [美]阿尔文·H.汉森：《货币理论与财政政策》，李凤圣、李树人、张骏生译，太原：山西经济出版社1972年版。
② [英]亚当·斯密：《国民财富的性质和原因的研究》，富强译，北京：北京联合出版公司2014年版。
③ [英]约翰·穆勒：《政治经济学原理及其在社会哲学上的若干应用（下卷）》，朱泱、赵荣潜、桑炳彦译，北京：商务印书馆1997年版。
④ [英]霍曲莱：《中央银行经营论》，谭寿清译，上海：世界书局1947年版。
⑤ [美]约瑟夫·熊彼特：《经济发展理论》，王永胜译，上海：立信会计出版社2017年版。
⑥ [美]保罗·萨缪尔森、威廉·诺德豪斯：《经济学》（第16版），萧琛译，北京：华夏出版社2002年版。

现诚实守信理念。① 大卫·休谟以独特的情感主义道德为基础建立了正义的哲学伦理观，他认为经济行为的"正义"必须满足交易双方的互利性，互利就是关注社会公共福利，只有公民相互守信才能实现社会福利最大化，"正义"不属于"自然之德"，而是"人为之德"。② 德国古典哲学创始人伊曼努尔·康德认为，人与人之间的诚信行为必须是无条件的、神圣的、不容违背的，经济交往过程中容不得一点虚假、欺诈行为。③ 古典经济学鼻祖亚当·斯密在《国民财富的性质和原因研究（上）》中指出，鼓励个人通过竞争手段获取个人私利最大化，但市场交易双方必须具备自爱、诚实及公平等公共的道德要求，既要做"经济人"，更要做"道德人"。④ 弗朗西斯·福山认为，"社会资本是由社会或社会的一部分普遍信任所产生的一种力量"，而社会资本规范必须建立在遵守诺言、履行义务及互惠互利等传统美德之上才能促进群体内社会合作。⑤ 区别于经济学家，西方哲学家更多地从个人、共同体和人类社会等层面对信用的起源、实质、功能等进行阐述，这有利于市场主体形成更全面的信用观念。

（三）西方社会学的信用理论

社会学的信用理论主要研究的是"信任"。著名的社会学家格奥尔格·齐美尔首次从社会学的视角，研究了货币在社会生活中的功能与地位，他在《货币哲学》一书中指出"信用是一种综合力量"，社会运动首先从人与人之间互动开始，互动促进了交换、交流的发展，而货币经济的交换具有基础性作用，信任或信用在这个过程中充当了交换的媒介功能。⑥ 彼得·布劳认为，社会生活中的交换活动是人类的自然行为，但这种交换必须基于"平等""信任"等

---

① 余源培：《对"信用"的经济哲学分析》，载《江南社会学院学报》，2010年第12卷第2期，第6~8页。
② ［英］大卫·休谟：《人性论（下）》，关文运译，北京：商务印书馆1980年版。
③ ［德］伊曼努尔·康德：《道德形而上学原理》，苗力田译，上海：上海人民出版社2002年版。
④ ［英］亚当·斯密：《国民财富的性质和原因的研究》，富强译，北京：北京联合出版公司2014年版。
⑤ ［美］弗朗西斯·福山：《信任：社会美德与创造经济繁荣》，彭志华译，海口：海南出版社2001年版。
⑥ ［德］格奥尔格·齐美尔：《货币哲学》，朱桂琴译，北京：金城出版社2020年版。

社会条件,因此,信用对维护人与人、人与社会和谐发展具有重要意义。① 尼克拉斯·卢曼认为,人类社会是一个极其复杂的系统,而信任则是人类处理复杂社会的简化机制,这种机制通过重复性运行带来稳定的回报,使人类实现了由信任向信用的转化;同时,卢曼的信用理论还对信任和信用结构特征、运行特征进行了差异化对比。② 詹姆斯·科尔曼的社会资本理论认为,在复杂的人类系统中,基于功利主义的需求,人类建立了各种各样的社会关系,以此实现对各种资源的获取或占用、扩大交往范围等目的,而在这个过程中最典型的特征就是建立信任关系。③ 马克·格兰诺维特认为,经济行为都是镶嵌于社会关系中的,因此,作为经济生活中重要的信任关系,也要归因于社会关系而不是制度安排或普遍道德。④ 除此之外,部分社会学家还从信任来源及形成机制进行探索,弗朗西斯·福山认为信任是一种文化积淀,是基于"某一群体成员对共同文化、习俗和制度规范认同的共同基础上,成员之间对彼此常态化、诚实合作行为的期待"。⑤ 涂尔干认为,信任只可能来自家族血缘关系。⑥ 安东尼·吉登斯基于建构主义认为,人们之间的信任不是预先给定的,而是基于各种复杂功能建构起来的。⑦ 综上所述,可以发现社会学家对信用的研究虽然各有侧重,但从方法论的角度看,都强调了信用的建立(信任的维系)不仅取决于个人,还取决于个人与群体的环境适应性。

(四)西方心理学、生物学的信用理论

心理学学科典型的特征就是以微观个人心理行为及表现为切入点,对经济、社会生活等各方面现象进行解释,因此,信用的产生、发展自然而然也成

---

① [美]彼得·布劳:《社会生活中的交换与权力》,李国武译,北京:商务印书馆 2008 年版。
② [德]尼克拉斯·卢曼:《信任:一个社会复杂性的简化机制》,瞿铁鹏、李强译,上海:上海人民出版社 2005 年版。
③ [美]詹姆斯·科尔曼:《社会理论的基础》,邓方译,北京:社会科学文献出版社 1992 年版。
④ [美]马克·格兰诺维特:《镶嵌:社会网与经济行动》,罗家德译,北京:社会科学文献出版社 2007 年版。
⑤ [美]弗朗西斯·福山:《信任:社会美德与创造经济繁荣》,彭志华译,海口:海南出版社 2001 年版。
⑥ [法]涂尔干:《社会分工论》,渠东译,上海:上海三联书店 2017 年版。
⑦ [英]安东尼·吉登斯:《超越左与右——激进政治的未来》,李惠斌、杨雪冬译,北京:社会科学文献出版社 2000 年版。

为心理学研究的对象。美国社会心理学家 Deutsch 运用心理分析、博弈论等方法测量"囚徒困境"情况下的人际信任，研究发现信任是个人对外界刺激做出的反应，当这种反应与预测期望一致时，信任便产生；进一步研究发现，人际间信任的产生，主要受心理因素的影响。① 卢曼认为，信任产生的前提是规则约定或制度约束。② 杜加克斯和赖茨曼重点研究授信者个人性质和信念对被受信人的影响后发现，信任是个体拥有对交易方善意和诚实等特质的信念。③ 霍布斯提出，信任是预期对方采取有益行为的情感表达，这种情感能减少个体对对方的疑虑。④

生物学也研究了信用的产生。从达尔文的进化论可以看出，人类首先在适应性环境中生存，其次随着进化而扩大交往，最后增进了群体间的信任。⑤ 伯特·范登·波斯等研究发现，大脑中的前扣带皮层和右侧前额皮质起到了调节受托人在互惠性信任中的风险认知作用。⑥

从本部分内容来看，西方诸如经济学、社会学、哲学、心理学等学科都对信用理论进行了系统研究，并已经取得了较为丰富的成果。梳理分析发现，这些研究对象尽管都是"信用（或信任）"，但在基础理论、研究内容、研究视角、研究目的、研究方法以及最终研究结论上存在一些差异。譬如，在研究视角上，西方经济学着重从个体角度研究受约束条件下微观实体追求利益最大化的信用问题，并认为信用关系是人类历史平等交换的基础，不依附于任何生产方式和生产关系，从而掩盖了资本主义信用具体运行的机制，也在一定程度上掩盖了资本主义剥削的实质，是为维护资本主义生产关系服务的；西方社会学更关注信用在解决社会矛盾及微观层面解决方案；而西方心理学则偏重于期望、心理测量等；西方生物学甚至涉及生物进化、生理与神经解剖等研究领

---

① M. Deutsch, "Trust and suspicion", *Journal of conflict resolution*, Vol. 2, No. 4, 1958, pp. 265-279.
② N. Luhmann, *Trust and power*. UK: Wiley, 1979.
③ ［美］K. 杜加克斯、L. S. 赖茨曼：《八十年代社会心理学》，矫佩民译，北京：生活·读书·新知三联书店 1988 年版。
④ ［英］霍布斯：《利维坦》，黎思复、黎廷弼译，北京：商务印书馆 1985 年版。
⑤ ［英］达尔文：《人类的由来及性选择》，叶笃庄、杨习之译，北京：北京大学出版社 2009 年版。
⑥ W. Van den Bos, E. van Dijk, M. Westenberg, S. A. Rombouts, and E. A. Crone, "What Motivates Repayment? Neural Correlates of Reciprocity in the Trust Game", *Social Cognitive and Affective Neuroscience*, 2009, Vol. 4, No. 3, pp. 294-304.

域。在分析工具上，西方经济学、社会学和心理学等学科比较注重借助现代分析工具，擅长采用定量分析方法来探索信用的内涵、形成机制等内容，甚至试图建立一整套信用评价指标体系。

第二节 国内信用理论的相关研究

一、信用的内涵及产生的社会基础

中国的诚信文化博大精深，源远流长，涵盖了许多有关的信用理论与实践的智慧结晶。本部分着重以信用的本土解释、信用产生的社会基础以及各学科对信用内涵的界定为研究脉络，分析不同时期信用内涵、具体生产关系变革及历史变迁对信用内涵的影响。

（一）信用的本土解释

中华诚信文化源远流长，相关理论思想早在《尚书》《周礼》中就有描述[①]。

从百家争鸣、百花齐放的春秋战国时期，到经济高度繁荣的唐宋时期，再到资本主义萌芽的近现代，直至中国特色社会主义建设阶段，不同阶段下对信用的内涵释义彼此各异。春秋战国时期，信用理论中最典型的是儒家的诚信思想。以孔子、孟子为代表的儒家思想体系十分重视道德在信用治理中的作用，认为诚信道德的建立能为国家治理提供良好的社会基础。[②] 孔子的信用释义具有以"道德"为核心的对称信用结构典型特征，这种信用结构又分为人伦和政事两方面，其中，人伦方面对"信""义""忠""孝"等传统道德非常重视，政事方面强调对"名正""言顺""事成"等社会信用的遵守。[③] 概括来说，孔子的信用内涵主要包括三个方面：一是所有信用内涵、行动、目的的基础是道德，"道之以德""为政以德"等关键论述频繁见诸孔子及其弟子的论著中；

[①] 在《尚书》这部经典文献中，一共出现了七处"信"。
[②] 肖磊：《中国传统信用文化对当今信用状况的影响》，载《生产力研究》，2004年第11期，第94~96页。
[③] 刘驰：《中国古代的信用与"信"》，载《中华文史论丛》，2007年第4期，第323~347、367页。

二是孔子的信用内涵涵盖社会各个方面,认为社会信用是一个闭合的对称性体系,任何人在社会中(因角色不同)承担的道德信用水平各有差异;三是地位越高的领导人,其承担的道德信用水平也应该越高,因此,领导人对整个诚信社会的形成具有示范引领作用。[①] 孟子继承了孔子的社会信用结构思想,认为社会信用是对称性的,但孟子比较重视社会信用中的"仁义"这一核心要义,并在社会信用中丰富了许多内容,相比孔子以道德为核心的社会信用,孟子的信用思想具有更强的社会实践性。[②] 总的来说,孔子、孟子以"道德""仁义"为核心构建的社会信用思想,强调并重视社会统治阶层的道德示范作用,认为通过"上行下效"的方式可以实现整个社会信用水平的提升。但是由于过分重视"道德""仁义"在信用治理方面的作用,高估了人类道德、信用的实际水平,忽视了法律、惩戒等作用,且受制于社会关系发展滞后等因素影响,最终使这种信用思想缺乏实际效果。[③] 除了儒家的信用理论外,春秋战国时期另一个典型代表是法家的信用理论,法家学说的代表人物韩非子认为,以孔子、孟子的仁义道德为核心的社会信用思想已经失去社会基础,新的信用思想应建立在"刑德"基础之上,韩非子提倡"法治"的社会信用结构,但是认为信用并不是一个对称性的结构,君王不受约束,可以凌驾于普通百姓之上,因此,在相当长的时间内很难获得社会认可。[④]

在经济领域,信用主要体现在金融领域。早在春秋战国时期就出现了"赊贷"现象,只有"贷"才具备收取利息的行为,而"赊"是不带利息的消费行为,春秋战国时期最重要的信用方式就是放贷;[⑤] 魏晋南北朝时期,最常见

[①] 赵静:《古代诚信观对构建市场经济信用体系的启示》,载《黑龙江对外经贸》,2008年第4期,第95~96页。
[②] 唐贤秋:《论孟子的诚信思想及其对当代社会的影响》,载《石油大学学报》(社会科学版),2004年第5期,第69~73页。
[③] 袁名松、贾华格:《孟子诚信思想及其新诚信观建设的现实意义》,载《世纪桥》,2007年第7期,第92~93页。
[④] 万君宝、王仁培:《中国古代信用观与当代企业管理之借鉴》,载《财经研究》,2001年第4期,第57~64页。
[⑤] 根据《周礼》中的记载:"泉府,掌以市之征布,敛市之不售,货之滞于民用者,以其贾买之……凡赊者,祭祀无过旬日,丧纪无过三月;凡民之贷者,与其有司辨而授之,以国服为之息。"

的信用模式就是信用贷款,出现了中国最高的信用中介机构——质库①,实质就是当铺的前身;唐代经济高度发展,甚至出现了货币汇兑的专门信用机构,从而减少了经济活动中货币运输流转的成本;五代时期,信用进一步发展,信用贷款和抵押贷款规模扩大,发放贷款的机构除了民营机构以外,还有政府机构;到了宋代,商业高度发达,尤其是海外贸易获得较大发展,市场主体采取商业信用等延期付款方式进行市场交易②;王安石变法之后,纸币的新形式——交子的出现,标志着政府信用能力的形成和信用的社会化扩展③;到明清时期,随着资本主义萌芽的产生,社会孕育产生了新的信用中介机构,包括钱铺、账局、钱庄和银号等④。

除此以外,当代学者也对信用进行了解释。如《辞海》中关于"信用"的解释为,"信任使用""遵守诺言,实践成约""价值运动的特殊形式"⑤,《辞海》中关于信用的阐释,基本等同于诚信。⑥ 也有许多学者认为信用即承诺的可期性,或者说信用即委托(方)与受托(方)之间的责任承诺,从而取得别人对他的信任。⑦ 还有学者对信用广义、狭义的内涵进行了定义,认为前者泛指一切活动诚实、守信、不欺以及遵守诺言,后者特指经济领域的信用内涵等。⑧ 对于"信用"的定义,中央层面的各类规范性文件的表述都有些闪烁其词,反而是 2017 年颁布的《上海市社会信用条例》第二条予以正面解读——社会信用是信息主体在社会和经济活动中遵守法定义务或者履行约定义

---

① 中国古代进行押物、放款、收息的商铺,也称"质舍""解库""解典铺""解典库"等,在南朝时僧寺经营的质库已见于文献记载。
② 石俊志:《中国古代的信用货币与货币政策》,载《清华金融评论》,2014 年第 3 期,第 77~79 页。
③ 焦国成:《中国社会信用体系建设的理论与实践》,北京:中国人民大学出版社 2009 年版。
④ 李东雷:《中国古代信用和信用机构的发展轨迹》,载《河海大学常州分校学报》,2001 年第 4 期,第 61~65 页。
⑤ 根据 2009 年版《辞海》,信用包括三层含义:一是信任使用;二是遵守诺言,实践成约,从而获得的信任;三是以偿还为条件的价值运动的特殊形式,多产生于货币借贷和商品交易的赊销或预付之中。
⑥ 韩家平:《社会信用体系的内涵与外延》,载《经济日报》,2014 年 7 月 12 日,第 4 版。
⑦ 王建红:《信用的内部特性研究——信用基础理论研究系列之三》,载《商业时代》,2012 年第 12 期,第 18~19 页。
⑧ 万俊人:《信用伦理及其现代解释》,载《孔子研究》,2002 年第 5 期,第 4~10 页。

务的状态①。此后，各地区、各部门出台的相关条例都延续了该条例对社会信用的定义。②

（二）信用产生的社会基础

关于信用的本质内涵及界定，本书采用狭义的信用定义，即仅研究经济领域的信用问题。经济领域错综复杂，包含各类资金借贷行为，实现资金扩张的目的，必然离不开资金的借贷与偿还契约。中国特色社会主义市场经济建设需要借助银行信贷、资本、货币等多种涉及信用综合管理交易的方式或载体，在建设过程中，伴随着货币的发行、经济的发展，也出现了信贷违约、市场欺诈等行为，给整个国家经济的健康发展带来了巨大的影响。③ 随着互联网经济、共享经济等新兴经济形式的发展，先消费、后还款的支付方式将日常生活带入了一个全新的场景——信用依赖场景，由此信用关系已成为人与人之间最重要、最基本的关系。④

信用发端于道德层面，目的是服务于社会治理、国家治理，针对经济领域，则是促进交易的顺利进行、延长付款日期、扩大交易等。自孔孟的"道德""仁义"的信用体系，到法家韩非子的"刑德"信用，再到唐宋明清时代经济领域的货币经营、赊销、商业信用等信用方式，⑤ 直至当前的中国特色社会主义市场经济，都体现出信用的发展必须具备一定的社会基础。⑥ 具体来说，信用的发展必须以生产力发展水平为基础，同时信用的确立、发展与更新必须具备一定条件，否则无法发挥其应有作用。这些条件具体包括以下四个方面的内容：第一，全社会必须具备多种形式的信用授受形式，并以便捷的方式

---

① 上海市人民代表大会常务委员会：《上海市社会信用条例》，http：//www.spcsc.sh.cn/n1939/n2440/n3898/u1ai153301.html（访问时间：2017 年 8 月 17 日）。
② 秦前红、陈芳瑾：《地方信用立法的探索模式研究》，载《法治社会》，2021 年第 4 期，第 81~90 页。
③ 张丽丽：《由组织信任到平台信任：平台经济中的信用制度研究——基于广义信用内涵分析的视角》，载《企业经济》，2020 年第 39 卷第 10 期，第 51~57 页。
④ 洪志生、薛澜、周源：《以"共享"理念驱动产业创新和经济转型》，载《光明日报》，2016 年 5 月 11 日，第 10 版。
⑤ 吴昊、赵静：《古代诚信观对构建市场经济信用体系的启示》，载《黑龙江对外经贸》，2008 年第 5 期，第 95~96、113 页。
⑥ 邱德生：《如何理解马克思提出的"信用制度的二重性质"》，载《东岳论丛》，1998 年第 4 期，第 62~64 页。

向经济活动参与者提供信用服务，使人与人之间形成对信用必备、依赖的基本社会关系；第二，经济活动参与者要养成日常性活动中的信用理念和信用管理习惯，全社会要通过舆论引导等方式，加强诚信宣传，营造良好的公民诚实守信氛围；第三，全社会配置高效的信用规则和强有力的惩戒执行措施，使信用起到自动调节和管理经济社会活动的作用；第四，全社会要构建立体化、规模化的信用服务职能框架，包括信用中介部门、信用服务机构等，并保证这些信用机构能独立、客观、公正地开展对信用信息的调查、评估、授权、使用、记载、失信及恢复信用系统操作等。①

中华民族自古就有诚实守信的传统美德，但是长期以来，中国处于自给自足的小农经济，商品经济发展缓慢，严重阻碍了经济信用形式的发展。② 新中国成立后，我国实施高度集权的计划经济体制，市场中各类信用机构和信用形式被取消，市场信用被高度集权于银行机构，变成了一种稀缺资源。③ 改革开放后，我国经济取得空前发展，社会生产力得到巨大释放，但是经济关系，尤其是信用制度建设滞后于经济发展，特别是市场中企业主体和个人主体信用建设问题十分突出，从而导致失信事件频发，这些事件暴露出的信用监管缺失或者不到位问题给经济社会造成巨大影响，因此，必须给予严厉打击，才能为中国特色社会主义市场经济信用建设奠定良好的社会基础。④ 信用建设需要一个漫长的过程，不能一蹴而就。从短期来看，政策方面的强力推进以及新闻舆论的宣传对提升全社会信用意识有促进作用；从长期来看，难以从根本上解决信用问题⑤。人类经历了商品经济社会、信用经济社会再到中国特色社会主义经济建设阶段，已经创造并形成了如企业之间信用、银行信用、政府信用以及个人之间信用等多种社会信用形式，这些信用形式满足不同市场、社会主体的需

---

① 赵平：《信用的产生与发展》，载《企业家天地》，2006年第3期，第112页。
② 焦国成：《中国社会信用体系建设的理论与实践》，北京：中国人民大学出版社2009年版。
③ 韩家平：《信用监管的演进、界定、主要挑战及政策建议》，载《征信》，2021年第39卷第5期，第1~8页。
④ 李健：《论加强社会信用的基础建设》，载《财贸经济》，2002年第5期，第35~39页。
⑤ 吕永刚：《政务公开是社会主义政治文明建设的基础性工程》，载《新疆社科论坛》，2005年第3期，第38、45~47页。

要，成为各市场主体立信于社会的主要方式，共同奠定了社会信用基础。①

除此以外，社会分工、产权变化以及信息发展等方面也构成了信用产生、发展的社会基础。社会分工可以促进社会财富积累，增加人类幸福感，但随着社会分工的深入，对资源的占用甚至是争夺会越来越激烈，有限的资源加剧了人类的激烈竞争。在这种社会情况下，信用为缓解社会分工与资源竞争间的矛盾提供了重要工具。② 随着私有制产权制度逐步确定，人类可以将资产用于交易、抵押以获取经济利益，如资产使用权、收益权和转让权，为确保资产权利得以顺利实现，需要交易方的信用规则来保证实施，也为信用提供了社会基础③。

二、各学科信用理论

国内学者立足于学科自身发展的需求，对信用内涵、概念等领域进行了阐释，形成了各学科的信用理论。④

（一）经济学的信用理论

经济学偏重于从社会资源配置、社会财富积累的角度研究信用问题。曾康霖和王长庚在著作《信用论》中系统阐述了信用学说，认为随着市场规模的不断扩大，市场主体之间必须相互签订契约（包括跨区域、跨期限的契约），以此来规避交易风险，并从经济学角度对信用进行了定义：信用是以协议或契约为保障的不同时间间隔下的经济交易行为。⑤ 许多经济学家把信用作为市场经济要素的主要组成部分，认为信用是一种重要的"社会资本"。朱荣恩和徐建新认为，信用资本是知识经济时代的三大重要社会资本之一，信用资本从形式上看不具有物质特征，是一种无形资本，对市场主体融取资金、维持客户关系、降低交易成本等方面具有重要的促进作用。⑥ 经济学家厉以宁认为，现代

---

① 王光华：《试论现代信用及其作用》，载《中山大学学报论丛》，2004年第2期，第73~75页。
② 石德生：《人性与社会自然的二重性及深刻意蕴——涂尔干社会学思想的核心问题之一》，载《南京社会科学》，2012年第4期，第83~89页。
③ 孙磊：《信用体系演化的经济学分析》，西南财经大学博士学位论文，2008年。
④ 周荣华、张明：《社会信用科学的发生逻辑与建构进路》，载《东吴学术》，2021年第2期，第63~73页。
⑤ 曾康霖、王长庚：《信用论》，北京：中国金融出版社1993年版。
⑥ 朱荣恩、徐建新：《现代企业信用分析》，上海：上海三联书店1995年版。

市场经济的生命线在于信用的维护和保证，一旦经济活动和信用承诺遭到破坏，就会导致交易双方关系紧张，从而加大维护信用的交易成本，甚至造成信用风险或经济危机。① 杨万东等认为，在完善社会主义市场经济体制过程中，信用与市场的发展程度密切相关，市场主体的经济活动建立在理性基础之上，信用则是消除交易障碍、提升市场活跃度和实现理性交易的重要保障，而信任是信用的基础，是市场主体建立商业模式的重要形式。② 宋丽红等认为，企业在不同生命周期阶段信用具备不同的表现形式，在成长初期或小规模期间，家族的血缘、婚姻关系成为确立信任的首要选择，是信用机制发挥作用的主要形式。③ 莫易娴认为，我国当前的市场经济发展是由计划经济转轨而来的，在这个过程中，计划、行政等手段对经济调控干预趋于弱化，市场、价格等市场化手段得以强化，但与之相配套的信用制度尚未及时有效制定，市场主体"搭便车"的投机行为时有发生，因此，我国经济制度转型过程中发生的"信用危机"最根本原因并非来自经济层面，而是来自信用制度不完善而导致的市场主体信用意识淡薄。④ 也有学者认为，市场主体间出现"信用危机"的根源在于交易双方地位上的差别，资产属性、交易信息量等因素差异导致优势一方对劣势一方实施差异化议价歧视，造成信任丧失。⑤ 还有经济学家从狭义角度对信用进行了研究，认为信用的实质是财产借贷或者财产跨时交易活动（财产权利借贷），将信用契约的范围限定在了借贷关系之内。⑥ 曾康霖和王长庚（2004）认为，从经济信用的演化进程来看，可以把经济学领域的信用形式依次划分为商业信用、政府信用、银行信用和股份信用四种主要形式，其中，商用信用在宋代时期得到广泛发展，对缓解物资周转具有重要的作用，也是后来马克思资本论中资本运动的特殊形式，并为银行信用的产生奠定重要作用。⑦

---

① 厉以宁：《厉以宁改革论集》，北京：中国发展出版社2008年版。
② 杨万东、李善民、李新春、储小平、张耀辉、罗必良：《信任、信誉与信用治理——与李善民等教授对话》，载《经济理论与经济管理》，2002年第9期，第36~40页。
③ 宋丽红，李新春，梁强：《创业成长意愿的制度约束及缓解机制》，载《管理学报》，2015年第12卷第9期，第1351~1360页。
④ 莫易娴：《信用的经济学分析述评》，载《重庆工商大学学报》（西部论坛），2005年第4期，第52~55、81页。
⑤ 臧豪杰：《信任危机根源探究及对策建议》，载《领导科学》，2012年第7期，第4~6页。
⑥ 张亦春：《中国社会信用问题研究》，北京：中国金融出版社2004年版。
⑦ 曾康霖、王长庚：《信用论》，北京：中国金融出版社1993年版。

(二) 法学的信用理论

诸多中国法学领域的学者对信用内涵进行了释义。江平和程合红认为，信用的含义从法学角度可理解为社会对民事主体的履约能力和履约意愿的评价，主要特征有：信用的主体为一般民事主体，特殊情况下还包括政府层面；信用评价是一种社会评价而非自我评价，具有客观层面意义；信用评价的主要内容指民事主体的履约能力和履约意愿两个方面，不涉及政治、道德等层面。[1] 我国法学层面的信用释义主要还是基于经济法律层面的释义，代表性的观点主要有信用与经济、社会相适应的评价；[2] 也有对交易当事人自我的评价，如信誉、声誉等；[3] 还有对履行债务能力的保证与评价，如财务、经营、履约态度等多种情况。[4] 巴劲松在对罗马法系和英美法系进行信用含义的比较法学分析后，认为信用是指民事主体具有的偿还债务的能力在社会上获得的信赖与评价。[5] 张俊浩认为，除了经济法层面释义外，在民法层面，对信用内涵的解释主要围绕民事主体双方履约能力及评价层面。[6] 法学界的普遍观点认为，在我国从计划经济体制向市场经济体制推进的过程中，仅仅依靠政府"有形之手"对经济社会中的失信行为进行打击治理已经不能满足社会信用需求，必须依靠强有力的法律作为保障[7][8]。

(三) 社会学、伦理学等学科的信用理论

较之其他学科，社会学和伦理学信用理论的研究范围更广泛。社会学和伦理学除了研究经济活动产生的信用问题外，主要研究人际交往中信用问题，如家庭成员之间、组织内部成员之间、政府与民众之间、社会各相关系统之间的

---

[1] 江平、程合红：《论信用——从古罗马法到现代社会》，载《东吴法学》，2000年第11期，第36~38页。
[2] 王利明：《民法·侵权行为法》，北京：中国人民大学出版社1993年版。
[3] 张俊浩：《民法学原理》，北京：中国政法大学出版社1997年版。
[4] 杨立新：《人身权法》，北京：中国检察出版社1996年版。
[5] 巴劲松：《信用涵义的经济解读和法律解读——一个比较的视角》，载《江西财经大学学报》，2003年第4期，第64~66、103页。
[6] 张俊浩：《民法学原理》，北京：中国政法大学出版社1997年版。
[7] 李泰：《失信惩戒制度的法理研究》，辽宁师范大学硕士学位论文，2017年。
[8] 卢代富、刘云亮：《诚实信用原则的经济法解读》，载《政法论丛》，2017年第5期，第30~37页。

信任①。社会学家把信用分为普通信用和特殊信用，前者依赖于正式的法律、契约等准则来强制保证信用的履约；后者是以非制度化的道德、意识、亲情、血缘，甚至老乡情结等典型特征形成了信任基础，并随着人类社会交往的扩大，特殊信任模式随之让渡于普通信任模式，最典型的方式就是货币②。从现有研究来看，社会学对信用的研究主要还是围绕传统思想道德、诚实守信等品质对信用进行阐释③，认为诚信是道德层面关系，信用是社会层面关系④，信用已经成为社会交往中一种关键资源，并能降低社会交易成本⑤。吴晶妹从社会学角度研究了信用的三个层面内涵，即信用主体、交易规则、契约履行。⑥在信用治理方面，社会学认为失信问题是社会结构发生变迁或者"断带"而引起的"示范"现象，失信行为屡禁不止，主要与自私人性、制度缺陷等社会现象密切相关⑦。伦理学信用理论的研究成果主要集中在对信用的基本含义、表现形式等方面⑧，譬如，李亮学阐述了信用在政治、经济与人际中的常见表现⑨，王淑芹基于美德塑造、人际关系重塑等方面对新时期信用的内涵进行了阐释⑩。应奇认为，信任是在不确定环境中，对他人行为结果的心理依赖程度，研究发现，违背信任带来的负面影响无法完全通过承认错误的机制获得修复。⑪

---

① 石新中：《论信用概念的历史演进》，载《北京大学学报》（哲学社会科学版），2007年第6期，第120~126页。
② 王润稼：《中国传统信任模式及其现代转化》，载《学习与实践》，2018年第5期，第121~127页。
③ 王鑫：《人际交往诚信问题研究》，华东师范大学博士学位论文，2014年。
④ 孙金阳、龚维斌：《中国社会信用体系建设40年》，载《社会治理》，2018年第11期，第31~37页。
⑤ 冯仕政：《信用问题的社会学视角》，载《世界知识》，2004年第22期，第53~55页。
⑥ 吴晶妹：《信用：资源配置与社会治理》，载《中国信用》，2017年第1期，第94~96页。
⑦ 翟学伟：《中国社会信用理论、实证与对策研究》，载《中国信用》，2018年第8期，第126页。
⑧ 周荣华、张明：《社会信用科学的发生逻辑与建构进路》，载《东吴学术》，2021年第2期，第63~73页。
⑨ 李亮学：《信用伦理研究》，湖南师范大学博士学位论文，2004年。
⑩ 王淑芹：《信用伦理研究》，北京：中央编译出版社2005年版。
⑪ 应奇：《论第三种自由概念》，载《哲学研究》，2004年第5期，第52~57页。

第三节 国外信用监管的实践与理论

一、西方信用监管的实践总结

西方学者从马克思主义、经济学、社会学、哲学、心理学等学科都对信用理论进行刻画与分析,是信用监管的基础。西方社会普遍认为,人类在充分利用信用带来便利的同时,要客观地看到在人类交往过程中,特别是在经济交往活动中不守信用带来的危害——无法实现全社会经济的帕累托最优状态。① 美国著名政治学家埃莉诺·奥斯特罗姆认为,当信用缺失出现时,就需要通过干预缓解失信危机,最常见的做法就是加强信用监管②。

从历史发展的脉络来看,18世纪初发生在英国的一起信用破产案——皮特金破产欺诈事件,在推动信用监管尤其是引入政府层面监管具有划时代的意义。众多债权人在丧失求偿权后请求议会对皮特金强制定罪,要求通过政府强制将债务人从荷兰引渡回伦敦接受法律制裁,最终,英国议会下院通过了《布雷伍德法案》,受此案的影响,英国议会随后颁布了其他法案对信用进行监管,开创了立法机构推动信用监管的先河③。随着工业革命的推进,为了降低信用风险,更好地促进商业活动开展,英国出现了贸易保护者协会(维护信用体系的重要组织力量),依托协会会员之间的信息交流,成立了信用咨询机构,创新设计了最早的信用评级系统,并通过信用评级系统向市场参与者提供必要的债务逾期、违约等信用记录,信用机构的成立大幅度减少了欺诈、违约等事件发生,开启了通过协会自律组织实施市场主体信用监管的新阶段④。美国比较

---

① Y. Hayashi, "Application of a Rule Extraction Algorithm Family Based on the Re-RX Algorithm to Financial Credit Risk Assessment From a Pareto Optimal Perspective", *Operations Research Perspectives*, Vol. 3, 2016, pp. 32-42.
② [美]埃莉诺·奥斯特罗姆:《公共事务的治理之道:集体行动制度的演进》,余逊达、陈旭东译,上海:上海译文出版社2012年版。
③ 袁跃华:《近代英国信用制度的构建与启示》,载《征信》,2020年第38卷第12期,第64~68页。
④ J. Weinberg, "Know Everything That Can Be Known about Everybody: The Birth of the Credit Report", *Vill. L. Rev.*, Vol. 63, 2018, pp. 431.

注重各方力量在信用监管中的作用,除了来自政府、司法层面的监管以外,还包括民间的信用管理协会、消费者数据协会以及由各类市场主体组成的自律组织①,美国信用监管制度比较健全,已经形成了以信用相关法律制度为保障,以征信、评信、授信为手段,以信用交易为核心,以信用中介机构为纽带的信用监管基本框架,其信用监管模式是一种典型的以市场为主导力量的监管模式②。例如,美国在推进医药市场综合监管过程中,把现代科技作为社会力量对市场进行信用治理,具体措施包括向多个平台公开收集信用信息,将信用信息汇总、分析后向外界传递,并引导社会各种力量(如邀请高等院校)参与对市场主体的信用监管,产生较好的实践效果。③ 德国在信用监管方面与美国存在较大差异,最本质的区别在于德国的信用监管模式是以政府为主导的模式,在具体运作方面,由联邦政府出资设立信用管理机构,中央银行履行信用机构的管理和运行职能,属于国有性质的信用管理机构,在具体运行管理过程中秉持非营利性特点,但随着经济的发展,市场主体交易日益频繁,以政府为主导的公共信用由于缺乏流动性和广泛性,难以满足市场需求,因此,德国政府逐步把个人信用等部分业务释放出来,授权给一些私营信用机构监管。④ 日本的信用监管与美国信用监管具有相似之处,但也有鲜明的特色,日本政府首先制定了完备的信用法律,如《贷金业法》《信息公开法》和《个人信息保护法》等法律文件;其次把本应由政府负责的信用监管业务交付给各行业协会,行业协会通过制定各自章程、规范等文件对企业或个人实施监管,而政府的监管作用相对较弱,日本是典型的"会员制"信用监管模式。⑤ 由此可见,全社会强烈的信用意识和发达的市场经济是美国市场主导型信用监管的基础,政府、司法等机构只起到"裁判员"的作用;德国的信用监管历经国有监管到国有和私

---

① 漆世濠:《多元化信用服务市场发展与信息主体权益保护的权衡——美国信用修复市场监管的矛盾与启示》,载《征信》,2018年第36卷第5期,第41~44页。
② 徐宪平:《关于美国信用体系的研究与思考》,载《管理世界》,2006年第5期,第1~9页。
③ 薛峰:《国外市场综合监管的发展及其启示——以美国食品药品市场监管为例》,载《上海行政学院学报》,2018年第19卷第5期,第52~60页。
④ 河南省市场主体信用评价体系构建及应用研究课题组、雷生云、邹丽、田文才、温荣斌、陆诗秦、史娟、谢海宝、孟祥斌:《国内外市场主体信用监管的主要模式研究》,载《中国市场监管研究》,2016年第1期,第39~42页。
⑤ 池凤彬、刘力臻:《日本征信业的历史沿革及运营机制分析》,载《现代日本经济》,2018年第37卷第5期,第81~94页。

有共同管理的发展历程；日本则依赖于历史悠久的行业协会市场地位来推动信用的市场监管发展，除此以外，日本对个人征信和公司征信是分开监管的，个人征信通过株式会社型 JICC、CIC 和行业协会三家机构进行，企业方面则是由日本帝国数据银行垄断经营。

需要特别说明的是，西方发达国家普遍重视事中、事后监管，尤其重视市场主体信用修复机制建设。① 美国、英国、韩国、德国等国家先后出台了信用修复相关法律，它们在事后信用监管层面异同如表 2-1 所示。

表 2-1　美英等国家信用事后监管层面异同对比

国别	信用修复法律	区别
美国	《公平信用报告法》《信用修复机构法》等	个人正面信息保存 10 年，负面信息视金额等不同情形区分；通过专业修复机构进行；设置了电话、邮件、在线申请等多种信用异议处理机制。
英国	《消费信用法》等	不良信息保留 6 年，监管机构指定信用记录机构修复；通过修复机构向信用记录机构申请修复。
韩国	《个人信息保护法》等	针对信息不良者负面信息保留 5 年，由独立性的信用委员会负责信息恢复。
德国	《联邦数据保护法》《通用数据保护条例》等	由征信机构记录可信的交易事件作为凭证，在买房、贷款甚至求职方面作为佐证材料。

二、西方信用监管的理论研究

西方信用体系历经了上百年建设，相对发达，因此，信用监管相关的研究也较成体系。世界银行首席经济学家 Miller 总结了西方主要发达国家的信用监管规律：一是通过立法推进对市场主体的信用监管；二是强调加强信息化支撑的作用②。世界银行《全球商业环境报告》也指出，影响信用秩序的外部环境主要包含两个方面：一是信用信息系统发展环境；二是法律权利保障环境。但根本理念是认为信

---

① 孔婷、刘莉：《欧盟信用评级机构最新监管草案研究及启示》，载《征信》，2019 年第 37 卷第 4 期，第 68~71 页。
② M. Miller, "Credit Reporting Systems Around the Globe: The State of Art in Public Credit Registers and Private Credit Reporting Firms", *Credit Reporting Systems and The International Economy*, 2003, pp. 25-80.

用监管应该注重发挥市场和社会的力量。① 同时，研究普遍认为，信用监管能够规范市场秩序，进而促进经济发展②。

虽然大量西方学者认为，在市场的竞争环境下，良好的信用秩序就可以形成③④⑤。但是近年来，部分西方学者对信用秩序维护的过度"自由化""市场化"表达了日渐加深的忧虑，开始探讨法律制度环境等因素在信用监管中的作用⑥⑦。Cooter 认为，即便在典型的自由主义范式之下，自发的市场守信行为规范也存在"失灵"问题，社会需要国家集中供给信用监管，因此，通过制定法律来弥补信用领域的市场自律失效就显得非常有必要。⑧ Goldman 认为，政府需要通过制定法律来规范政府、市场在信用监管的各自边界，避免出现因"政府失灵"和"市场失灵"而使政府监管部门、信用中介组织等在信用监管中未发挥效应。⑨ 在经历了次贷危机后，西方国家对信用监管进行了深刻反思，研究发现，多头监管导致竞争与既得利益者之间存在冲突，使被监管的市场主体可以利用多头监管之间的漏洞实施违反债务与契约甚至犯罪的行为，美国监管机构与被监管金融机构的利益关系，严重降低了信用监管的客观性和公平性。⑩ 澳大利亚证券和投资委员会（Australian Securities & Investment Commission，ASIC）的研究表明，只有对信用评级服务的信用中介机构进行授权服务许可和事

---

① The World Bank. Doing Business 2020［2019-10-24］. https：//www.doingbusiness.org/en/reports/global-reports/doing-business-2020.

② M. Pagano and T. Jappelli, "Information Sharing in Credit Markets", *The Journal of Finance*, Vol. 48, No. 5, 1993, pp. 1693-1718.

③ D. W. Diamond, "Reputation Acquisition in Debt Markets", *Journal of Political Economy*, Vol. 97, No. 4, 1989, pp. 828-862.

④ J. A. Vercammen, "Credit Bureau Policy and Sustainable Reputation Effects in Credit Markets", *Economica*, 1995, pp. 461-478.

⑤ J. Padilla and M. Pagano, Sharing Default Information As a Borrower Discipline Device, 1999.

⑥ T. B. A. Demirgüç-Kunt, and R. Levine, "Law and Firms' Access to Finance", *American Law and Economics Review*, Vol. 7, No. 1, 2005, pp. 211-252.

⑦ I. Love, and N. Mylenko, "Credit Reporting and Financing Constraints", *World Bank Publications*, Vol. 3142, 2003.

⑧ R. Cooter, "Normative Failure Theory of Law", Cornell L. Rev., Vol. 82, pp. 947.

⑨ E. Goldman, "Regulating Reputation", *The Reputation Society：How Online Opinions Are Reshaping the Offline World*, 2011, pp. 51-62.

⑩ O. Juurikkala, "Credit Default Swaps and the EU Short Selling Regulation：A Critical Analysis", *European Company and Financial Law Review*, Vol. 9, No. 3, 2012, pp. 307-341.

中事后监管（重点关注申请者的内部治理、透明度、信息安全等质量特征），才能确保信用中介机构能够高效、诚实、公平地开展业务，进而充分发挥信用中介机构在建立公平公正市场秩序方面的重要作用。① Zuboff 认为，近年来，随着互联网时代的发展，技术、资本与政治权力高度结合，使信用供给高度集中，信用秩序失衡，因此，需要法律来界定政府在信用监管的作用。②

早在 20 世纪 70 年代，西方学者就对信用信息系统这一监管制度进行了较为系统地研究。George 运用不完全信息博弈，对"非对称信息学"进行了开创性研究，即信息不对称情况下的市场"逆向选择"问题——优质商品被淘汰，而劣质商品占领市场，"柠檬市场"效应揭示了信用信息系统对规范市场秩序的重要性。③ Diamond 认为，征信等信用服务行业的发展能缓解市场上广泛存在的信息不对称问题。④ Klein 采用博弈论模型得出研究结论，信用信息系统及失信惩戒机制的建立，有助于降低市场失信行为发生的概率。⑤ Pagano 和 Jappelli 的研究认为，通过信用信息系统的信息分享可以减少由于信息不对称带来的信用缺失问题。⑥ Jappelli 和 Pagano 从信息经济学视角对信用监管进行理论研究来看，认为由于信息不对称导致逆向选择和道德风险，使市场活动中的失信行为屡禁不止，因此，需要通过加强征信数据库建设、推进信用信息的公开公示来完善信用监管机制⑦。世界银行首席经济学家 Miller 对全世界 73 个国家和地区进行了考察，发现越来越多的国家和地区重视信用信息系统建设，且信用信息系统与经济发展存在一定的正向关系。⑧ Jentzsch 基于世界银行的研究项目，对 100 多个国家和地区的征信机构进行样本分析，结果发现有 53

---

① ASIC. (2018): Surveillance of Credit Rating Agencies [R]. AU: ASIC.
② S. Zuboff, "The Age of Surveillance Capitalism: The Fight for A Human Future At the New Frontier of Power: Barack Obama's Books of 2019", Profile Books, 2019.
③ A. George, The Market for Lemons: Quality Uncertainty and the Market Mechanism, 1970.
④ D. W. Diamond, "Monitoring and Reputation: The Choice Between Bank Loans and Directly Placed Debt", *Journal of Political Economy*, Vol. 99, No. 4, 1991, pp. 689-721.
⑤ D. B. Klein, "Promise Keeping in the Great Society: A Model of Credit Information Sharing", *Economics and Politics*, Vol. 4, No. 2, 1992, pp. 117-136.
⑥ M. Pagano, and T. Jappelli, "Information Sharing in Credit Markets", *The Journal of Finance*, Vol. 48, No. 5, 1993, pp. 1693-1718.
⑦ T. Jappelli, and M. Pagano, "Information Sharing in Credit Markets: a Survey", CSEF working paper, Vol. 36, 2000.
⑧ M. J. Miller, "Credit Reporting Systems and the International Economy", Mit Press, 2003.

个国家和地区建立了公共征信机构，有 52 个国家和地区建立了私营征信机构；另外，约有 20 个发达国家和地区同时有公共和私营征信机构。[①] Brown 等（2006）认为，市场主体的信用信息自发通过公共信用信息平台或私立信用信息平台进行交换、共享才能避免市场中失信行为的发生。[②] Strahilevitz 认为，政府需要通过开放掌握的信用数据方式，充分发挥社会在信用监管过程中的作用。[③] Froomkin 认为，在互联网时代，通过采用现代信息技术，公民身份和网民身份逐渐合二为一，数字身份（Digital Identity）成为公民在对外活动中的主体形象，这为政府平台和商业平台联合进行信用监管奠定了坚实基础。[④] Levy 等认为，由于政府各监管机构、其他私营信用平台缺乏将各自信用数据库实现互联互通的动力，因此，西方国家在推行信用信息共享时，也照样面临监管主体间的集体行动困难，"数据孤岛"现象严重。[⑤]

由西方的信用监管实践和研究可知，西方的信用监管也面临着和我国类似的实践困境，即监管主体各自为政、监管方式碎片化、监管成果利益分化的问题。

第四节 国内信用监管的实践与理论

一、市场主体信用监管的理论依据

（一）相关概念的界定

本书重点围绕市场主体的信用监管展开研究，是一个广义上的信用综合监管体系，与传统仅依赖于行政力量为主体的信用监管体系存在本质上的差异。

[①] N. Jentzsch, "Best World Practices in Credit Reporting and Data Protection: Lessons for China", In International Workshop on Household Credit, January, 2005.
[②] M. Brown, T. Jappelli, and M. Pagano, "Information Sharing and Credit Market Performance: Firm-Level Evidence from Transition Countries", CEPR Working Paper, 2006.
[③] L. J. Strahilevitz, "How's My Driving-For Everyone (and Everything)", *NYUL Rev.*, Vol. 81, 2006, p. 1699.
[④] A. M. Froomkin, From Anonymity to Identification, 2015.
[⑤] R. E. Levy, and R. L. Glicksman, "Agency-Specific Precedents", *Tex. L. Rev.*, Vol. 89, 2010, p. 499.

因此，本部分首先对"市场主体""市场监管""信用监管"等相关概念进行界定，为本书写作界定研究边界。

市场主体是参与市场交易活动的组织或自然人，常见的包括进入市场的参与者、监护人等角色，既有营利性组织，也有非营利性组织；既有一般的个体工商户业主，也有公司法人组织，其最突出的特点就是参与市场运营。① 我国市场主体内涵与边界随着我国经济体制改革而逐渐扩大，涵盖的利益相关者范围越来越大，尤其是随着共享经济、网络经济等新时代、新经济的快速发展，网络交易更是前所未有地扩大了市场主体参与的范围。② 在传统计划经济体制下，市场是封闭僵化的，国家用指令性计划管理一切经济活动，限制商品货币关系，市场主体与政府是隶属关系，市场主体的生产、销售等活动受制于政府的指令或行政命令，市场主体几乎以国有企业、主管经济管理的政府部门和消费者为主，市场主体自由参与经济行为受到较大限制。③ 党的十二大报告提出了对计划经济体制进行改革，在经济领域，逐步放松计划管制，扩大市场范围。④ 而在党的十二大召开前，各地区也已经进行了颇有意义的尝试，如家庭联产责任承包制、城市企业放权让利等改革，市场主体边界扩大到企业内部参与者和广大农民等。⑤ 党的十三大进一步解放思想，认为社会主义商品经济离不开市场的发育和完善，市场经济不等于资本主义，这为社会主义市场经济制度的确定奠定了基础，市场主体参与人员、范围、规模、产权属性进一步扩大。⑥ 党的十四大正式确立社会主义市场经济制度，实施了分税制改革，颁布并实施了一系列经济、金融法律，进一步厘清了经济领域的计划和市场的范畴，市场主体前所未有壮大，随着"非公经济36条"出台，非公有制经济如

---

① 陈兴华：《市场主体信用承诺监管制度及其实施研究》，载《中州学刊》，2019年第5期，第53~60页。
② 邓龙安：《新发展格局的演进历程、内在要求与实现路径》，载《中国经贸导刊（中）》，2021年第12期，第4~6页。
③ 刘凝霜：《中国共产党领导政企关系百年建构：思想、实践与经验》，载《财经研究》，2021年第47卷第12期，第4~18页。
④ 共产党员网：《胡耀邦在中国共产党十二大上的报告》，https://fuwu.12371.cn/2012/09/27/ARTI1348712095996447.shtml（访问时间2012年9月27日）。
⑤ 中共中央文献研究室：《十二大以来重要文献选编》，北京：人民出版社1986年版。
⑥ 中共中央文献研究室：《改革开放三十年重要文献选编》，北京：中央文献出版社2008年版。

雨后春笋般涌现，获得巨大发展，市场主体规模和氛围呈进一步扩大的趋势。① 党的十八大以来，我国经济发展进入了新时期，发展方式逐步由要素驱动向创新驱动转变，并提出了供给侧结构性改革，因此，需要充分释放研发、技术等核心要素在市场中的实施效能，进一步激发和保护了市场主体活力。② 总体而言，我国市场主体是随着经济制度改革，尤其是确定中国特色社会主义市场经济体制后逐步发展、扩大起来的，市场主体主要指市场上从事经济活动的所有参与者，现有研究对市场主体界定分为广义和狭义两种：广义市场主体是指市场参与的实体组织和个人，主要包括各类企业、公司、个体户、农民专业合作社、中介服务机构、其他经济组织以及政府等；狭义的市场主体则是参与经济交易的实体。③

  我国民法典对市场监管的内涵与边界进行了明确的界定。④ 理解市场监管内涵与边界必须明确市场监管权和监管对象等问题。首先，需要深入理解市场监管权的内涵和外延。李昌麒认为，市场监管是在市场经济发展过程中，为规制和协调市场主体秩序，共同维护公平、自由竞争而对市场进行的必要干预，这种观点是传统意义上的市场监管，在这种语调下，"监管"更多地被理解为"规制""管制""调节"的意思。⑤ 顾功耘认为，随着市场经济范围进一步扩大，市场监管权力逐步下沉和微观化，如通过财政、税收、金融监督管理、央行、市场监管等经济管理机构对市场参与主体的经济活动进行规制和监察，也属于传统意义上依赖政府权力的监管。⑥ 还有学者基于市场竞争的角度认为市场监管的目的是"为维护市场竞争所必须具备的重要权力，促进市场经济发展"，这种定义真正揭示了市场监管的本质，切中市场监管的核心要义。⑦ 其

---

① 中共中央文献研究室：《十四大以来重要文献选编》，北京：人民出版社 2011 年版。
② 肖巍：《推动共同富裕的实质性进展》，载《思想理论教育》，2021 年第 11 期，第 4~11 页。
③ 夏丽杰：《商事制度改革背景下市场主体信用监管问题研究》，山东农业大学硕士学位论文，2017 年。
④ 《关于〈国家市场监督管理总局关于修改和废止部分规章的决定〉的解读》，载《中国市场监管报》，2021 年 1 月 6 日。
⑤ 李昌麒：《直面中国经济法学的贡献、不足与未来》，载《法学家》，2009 年第 5 期，第 25~27 页。
⑥ 顾功耘：《市场监管法律制度的改革与完善》，北京：北京大学出版社 2014 年版。
⑦ 邱本：《论市场监管法的基本问题》，载《社会科学研究》，2012 年第 3 期，第 70~76 页。

次，必须对市场监管的主体内涵及外延进行深刻而客观地理解。相关研究指出，市场监管是政府对市场中的各类主体及其市场活动进行的监督管理，监管权主体为"政府""国家机关""规制主体"或者"相关机构"；监管权客体是"市场各类主体的行为"；监管内容涉及"市场准入""依法经营监管""产品质量监管""消费者权利保障""市场退出""反垄断"等多项内容；在具体监管方式或手段上，主要有"法律手段""行政措施""限制手段"等；在实际操作层面，主要通过"规范""引导"及"监管"等递进逐严措施推进执行。① 刘洪波等认为，随着共享经济、网络经济的发展，市场参与者的规模呈现出空前壮大的态势，在时间、空间、地域的分布上存在较大差异，线上环节的市场监管也逐步增强。②

关于信用监管内涵与外延，当前的研究文献相对较少，相应的理论建构也较为薄弱。探究信用监管的内涵，首先要理解国务院 2014 年颁布的《社会信用体系建设规划纲要（2014—2020 年）》中提出的"信用承诺"概念③。市场主体首先提出信用承诺，依据自己承诺的内容来实施信用行为，一旦错误实施造成无法兑现"信用承诺"，就产生了失信行为，这就需要对信用承诺实施必要监管。④ 根据信用承诺主体不同，一般可以分为市场主体信用承诺、政府信用承诺和司法信用承诺，在实践工作中，发现市场主体信用实施频率和强度最大，在一定程度上反映出我国信用监管的本质要义，即通过信用承诺、监管实施进一步推进市场主体树立诚实守信的品质。⑤ 在实践执行层面，信用承诺尤其是政府信用承诺推进速度较快，特别是具有明确经济管理职能的政府部门，信用承诺实施推进较慢的领域主要集中在一些中介服务部门、企业诚信建

---

① 顾功耘：《市场监管法律制度的改革与完善》，北京：北京大学出版社 2014 年版。
② 刘洪波、安丽超、程宇翔：《时空融合的市场主体监管平台建设与实践》，载《地理空间信息》，2021 年第 19 卷第 5 期，第 6~9、4 页。
③ 中华人民共和国中央人民政府：《国务院印发〈社会信用体系建设规划纲要（2014—2020 年）〉》，http://www.gov.cn/xinwen/2014-06/27/content_2708964.htm（访问时间：2014 年 6 月 27 日）。
④ 卢超：《行政许可承诺制：程序再造与规制创新》，载《中国法学》，2021 年第 6 期，第 80~98 页。
⑤ 陈兴华：《浅析市场主体信用承诺的分类实施（上）》，载《中国信用》，2019 年第 3 期，第 115~117 页。

设、金融领域等。① 但从当前研究文献来看，大部分学者认为市场主体的信用监管不但必要，而且对规范市场秩序、促进经济高质量发展具有重大意义。②③④

商事制度包括原工商行政管理法律制度、商事登记管理、企业信用监管等各类法律法规和政策。⑤ 尤其是党的十八大以来，我国加快商事制度改革，进一步放权于市场，优化营商环境，积极推进"放管服"制度落地，成效显著。⑥ 商事制度改革的基调是"宽进严管"，其主要内容不仅包括以"宽进"为目标的市场准入制度改革，还包括以"严管"为主要目标的新型市场监管机制改革，而建立新型市场监管机制的关键就是市场主体信用监管成为商事制度改革的治本之策。⑦ 在市场主体信用监管方面，监管部门应该充分履行以下职责：一是对市场主体进行信用信息公示、归集及监督检查，二是实施企业经营异常名录管理和严重违法企业名单管理。⑧ 市场主体信用监管不仅仅在推进商事制度和"放管服"改革中起着基础性作用，也是推动国家治理能力和治理体系现代化的重要方式。⑨ 市场主体信用监管是推进商事制度改革的有力保障，是社会信用体系建设的重要部分。⑩

---

① 陈兴华：《市场主体信用承诺监管制度及其实施研究》，载《中州学刊》，2019 年第 5 期，第 53~60 页。

② 洪隽：《商事登记制度改革后的市场主体信用监管》，载《中国工商管理研究》，2014 年第 8 期，第 32~35 页。

③ 郭文波：《我国信用监管制度的构建与建议》，载《征信》，2021 年第 39 卷第 4 期，第 39~43 页。

④ 孔祥稳：《作为新型监管机制的信用监管：效能提升与合法性控制》，载《中共中央党校（国家行政学院）学报》，2021 年 12 月 30 日，第 1~19 页。

⑤ 李德洗、张晓波：《商事制度改革效应研究》，载《中国市场监管研究》，2017 年第 11 期，第 11~15 页。

⑥ 臧姗：《深化商事制度改革问题研究——基于"放管服"的视角》，载《长春工程学院学报》（社会科学版），2018 年第 19 卷第 3 期，第 18~22 页。

⑦ 王作全：《论我国的商事制度改革：宗旨、内容与法制化进程》，载《青海社会科学》，2017 年第 4 期，第 141~149 页。

⑧ 王湘军：《商事登记制度改革背景下我国市场监管根本转型探论》，载《政法论坛》，2018 年第 36 卷第 2 期，第 141~149 页。

⑨ 王伟：《信用监管的制度逻辑与运行机理——以国家治理现代化为视角》，载《科学社会主义》，2021 年第 1 期，第 152~161 页。

⑩ 章政、张丽丽：《商事制度改革与企业信用体系建设》，载《中国工商管理研究》，2015 年第 5 期，第 20~25 页。

（二）当代中国的信用监管理论

中国特色社会主义信用监管理论随着我国社会主义经济发展和社会信用体系建设而不断更新，具有鲜明的时代性。我国的市场经济脱胎于计划经济体制，逐步向社会主义市场经济体制转型，计划、管制手段趋于弱化，而与之相匹配的市场主体信用监管制度尚未健全，全社会仍存在合同违约、恶意拖欠、不良信贷等失信问题。因此，需要从监管框架、制度建设、政府诚信建设、诚信教育和文化建设等方面创新信用监管理论。① 林钧跃在《社会信用体系原理》中阐述了创新信用监管理论的必要性，指出当一个国家或地区人均 GDP 超越 2000 美元后，人类经济交易过程将转为以"信用经济"为主的发展阶段，因此，必须建立与之相适应的信用监管机制和社会信用体系。② 2020 年，我国人均 GDP 已达到 1.05 万美元③，远超人均 GDP2000 美元的临界标准，因此，我国亟待通过创新信用监管理论来助推市场主体信用监管改革。

国务院于 2014 年颁布了《社会信用体系建设规划纲要（2014—2020年）》，指出社会信用体系是我国市场经济体制和社会治理的重要组成部分。④ 由此可见，社会信用体系建设上升到市场经济制度建设层面，不仅是一种社会治理手段，也是重要的经济政策，还是信用监管改革的基础性工作。⑤ 党的十八大提出，社会信用体系建设的重点领域和突破口主要在于政务诚信、商务诚信、社会诚信、司法公信四个方面，这四个方面存在内在逻辑关系：政务诚信是社会信用体系建设的关键环节，对其他主体信用体系建设具有引导和示范作用；商务诚信是社会信用体系建设的重点，社会主义市场经济不仅仅是简单的商品交换经济，更是以信用为基础的市场经济，商务信用有利于促进市场交易、降低交易成本，特别是在生产、流通、金融、税务、价格与工程建设等领域具有重要意义；社会诚信形成良好的人际交往氛围，最终有利于实现司法公

---

① 郭文波：《我国信用监管制度的构建与建议》，载《征信》，2021 年第 39 卷第 4 期，第 39~43 页。
② 林钧跃：《社会信用体系原理》，北京：中国方正出版社 2003 年版。
③ 国家统计局：《中华人民共和国 2020 年国民经济和社会发展统计公报》，北京：中国统计出版社 2021 年版。
④ 《社会信用体系建设规划纲要（2014—2020 年）》，北京：人民出版社 2014 年版。
⑤ 蔡力坚：《社会信用体系建设规划纲要（2014—2020 年）》发布，中国翻译，2017 年第 38 卷第 6 期，第 105~106 页。

信。① 在社会信用体系运行机制方面，遵循奖惩机制为主导，突出"守信激励、失信惩罚"的运行机制，促使各类市场主体严格遵守信用制度。② 中国的市场主体信用监管改革已经逐步向"政府—市场—社会—司法"全方位覆盖的趋势发展，发展模式不再依靠单一政府主导，而是以政府主导、多元主体协同共治，这种治理模式覆盖全社会多领域、多层次，与美国和欧洲发达国家信用体系建设存在不同之处，具有鲜明的中国特色。③ 基于新时代社会信用体系建设推动视角，谢新水和吴芸提出，党的十八大以来，我国信用监管已经逐步从以政府为主导向法律层面转换。④

随着互联网等技术的发展，信用监管逐步延伸到网络层面，基于大数据、人工智能、移动互联、云计算背景下的信用监管成为我国新时期社会信用体系建设的重要任务。祝丽丽的研究发现，城市信用体系建设需要线上与线下结合，共同发展，建立信用网站和信用中心，发挥大数据、云计算等技术优势，以此作为新型城市治理、提供公共服务的重要支撑。⑤ 研究发现，在"大智移云"时代，加强信用信息共享，能有效识别各类市场主体经济情况、履约能力和商誉数据。⑥ 郭瑛琰和赫明刚基于大数据、人工智能、云计算视角研究了黑龙江农村信用体系建设路径，认为农村信用体系建设中的大数据现实基础包括信息基础设施建设、农民电子商务消费习惯养成、农村金融需求增长和金融科技赋能传统业务等，因此，在路径实施方面，必须加强金融科技和农业大数据深度融合，提高农村信用体系成果应用的市场价值，地方政府必须给予"农业大数据+金融科技"政策支持。⑦ 王静以组织内成员能力、声誉、产品和人员作为自变量，实证检验了其对供应商和企业关系（组织内信用体系）的影响，

---

① 吴弘：《诚信价值观融入信用立法研究》，载《东方法学》，2018年第1期，第81~90页。
② 闫佳铭：《关于对完善信用联合奖惩机制的研究》，载《信息系统工程》，2019年第12期，第117~119页。
③ 沈岿：《社会信用体系建设的法治之道》，载《中国法学》，2019年第5期，第25~46页。
④ 谢新水、吴芸：《新时代社会信用体系建设：从政府赋能走向法的赋能》，载《中国行政管理》，2019年第7期，第31~35页。
⑤ 祝丽丽：《社会信用体系建设的城市路径探索——以首批12个信用建设示范城市为例》，载《征信》，2019年第37卷第3期，第47~51页。
⑥ 李新庚：《社会信用体系运行机制研究》，载《中国信用》，2018年第9期，第128页。
⑦ 郭瑛琰、赫明刚：《应用农业大数据建设农村信用体系的路径探析——以黑龙江省为例》，载《征信》，2019年第11期，第69~72页。

研究发现信用体系产生的基础和前提来源于施信人和受信人相关变量的共同影响，任何企业自身特征与信用运行机制、作用无关，因此，组织信任机制才是社会信用体系建设的最根本保证。①

二、市场主体信用监管的具体内容

基于本书研究需求，有必要对市场主体信用监管的具体内容和相关概念进行阐述或厘定。由前面的研究可知，市场主体分为狭义和广义两种。基于此分类，市场主体信用的概念也分为狭义和广义两种。具体而言，狭义上的市场主体信用重点是基于交易行为的经济层面的信用行为，典型的就是借贷资金还款意愿和能力；广义上市场主体信用则基于广义市场主体范围考虑，既包括以广泛交易为主体的企业、公司等组织的公平交易信用、合同履约等情形，还包括政府参与主体（市场监管、税务、劳动）自我遵守监管法规、纪律等情形。②本书研究采用的是广义层面对市场主体信用的理解。

市场主体信用监管是指市场主体在市场准入、经营和退出过程中，市场监管部门依据参与者遵守市场管理法规、规章等履行情况给予客观评价，对遵守信用主体给予奖励、违反信用主体给予处罚并责令及时改正的监管制度。③ 党的十八大以来，我国进一步推进市场主体信用监管改革，明确提出加强"政务诚信、商务诚信、社会诚信和司法公信建设"的战略设计，构成了我国当前宏观层面市场主体信用监管的主要内容。④ 在这种顶层战略设计下，市场主体信用监管具体内容必须明确细分，才能切实有效地激励、约束市场参与者，做到"失信者寸步难行，守信者一路畅通"。⑤

从当前社会信用体系建设四大任务衍生出的信用监管事项来看，市场主体

---

① 王静：《组织信任机制与社会信用体系建设路径》，载《社会科学家》，2018 年第 12 期，第 50~55 页。
② 张丽丽、章政：《数字社会背景下我国公共信用制度的演进——由狭义信用向信息信用的制度变迁》，载《征信》，2020 年第 38 卷第 11 期，第 9~16 页。
③ 宋林霖、陈志超：《深化地方市场监管机构改革的目标与路径》，载《行政管理改革》，2019 年第 9 期，第 65~71 页。
④ 张丽丽、章政：《新时代社会信用体系建设：特色、问题与取向》，载《新视野》，2020 年第 4 期，第 62~67 页。
⑤ 陈丽君、杨宇：《构建多元信用监管模式的思考》，载《宏观经济管理》，2018 年第 12 期，第 45~54 页。

信用监管具体内容主要包括：政务诚信建设领域，市场主体信用监管涵盖从严治党、商事制度改革、政务公开推进、行政审批、资质认定、银行贷款、政府采购等具体内容；商务诚信建设层面是市场信用监管的核心部分，涵盖与市场有关的绝大部分交易行为和过程，事前、事中和事后的评估，商业信用的授予与监督、银行信贷资源的授信、定金与担保等方面的内容；社会诚信建设领域，市场主体信用监管的主要内容有，各行各业信用平台、数据的记载如实向社会公示，社会监管参与主体日益扩大；司法公信建设领域，则要求市场主体信用监管逐步以法律手段替代传统行政手段，进一步提高信用监管的法治化水平。① 从诚信体系建设来看，市场主体信用监管具体内容包括六个方面，分别是市场主体信用监管机构或平台建设、市场主体信用评价体系（信用信息监管的事项清单、市场主体信用评估预测模型等）、市场主体信用监管信息化（市场参与者交易前信用承诺与守约协议、交易过程中对交易主体信用的抽查与监督、市场主体信息变更及时性，基于交易完成信用信息的推送及报备工作）、市场主体信用监管执行机制（市场主体分类诚信监管划分依据、各类市场主体信用等级划分及升降调节机制、失信主体的抽查及信用恢复等）、市场主体信用监管协同机制（新、旧信用监管模式差异及处理等）以及市场主体信用监管实施的总评价内容（内部评价、第三方独立评价机制、风险预警体系等）。②陈丽君和杨宇基于市场主体多元化、复杂性特征，提出了构建多元市场主体信用监管机制的观点，认为市场主体信用监管需要政府（中央政府及各部门）、社会（中观服务机构）和市场（微观生态系统）共同利用信用信息并形成新型监管机制，目前已有深圳、上海、杭州等城市开展多元化联动信用监管体系，譬如，上海市基于数据、行为、应用"三清单"监管内容、"互联网+监管"、政府信息与社会监管信息的互通机制，深圳市借助应用软件"企信惠"、手机微信"摇一摇"等功能将各类市场主体信用信息推送给消费者，这些监管创新有效提升了信用监管水平。③

---

① 韩家平：《信用监管的演进、界定、主要挑战及政策建议》，载《征信》，2021年第39卷第5期，第1~8页。
② 宋立义：《信用监管的特点、意义及主要内容》，载《团结》，2019年第3期，第32~35页。
③ 陈丽君、杨宇：《构建多元信用监管模式的思考》，载《宏观经济管理》，2018年第12期，第45~54页。

学术界对市场主体信用监管内容的界定虽然尚未达成统一共识，但是都强调需要通过法律、行政、经济、技术，甚至是社会治理等手段来强化治理效果，同时认为要解决"监管为什么""谁来监管""监管什么"等问题。①

三、我国市场主体信用监管的现存问题

改革开放 40 多年来，我国市场经济迅速发展，有力推动了各类市场主体扩容、提质、增效。最新数据显示，截至 2021 年 11 月 1 日，全国市场主体②总量超 1.5 亿户，近 10 年净增 1 亿户③。然而，与之相对应的是，我国市场主体信用监管存在诸多问题，譬如，信用体系建设各自为政、存在"信息孤岛"、信息监管碎片化、无法形成有效监管合力等现象，这暴露出各方在市场主体信用监管方面存在越位、缺位、错位情况，既没有发挥有为政府的作用，也没有让市场起到其基础性作用④。

（一）协同监管机制缺失

在商事制度改革之前，工商、税务、食药监、银保监、证监、生产安全等多个职能部门对市场主体进行分类信用监管，这些部门涵盖了市场准入、信息公示、信用奖惩等信用监管职责，多头信用监管有利于各职能部门依据自己专业的特点，有针对性地对特定的市场主体实施信用监管，但是"上面千条线、下面一根针"，多头管理导致执行时无所适从，甚至是相互推诿，从总体监管效果来看并不理想。⑤ 党的十八大以来，我国改革和理顺市场监管体制，逐步推进工商、食药监、质监、知识产权局等部门监管职能优化整合，以有效解决

---

① 张季：《完善市场监管和执法体制（深入学习贯彻习近平新时代中国特色社会主义思想）》，http://opinion.people.com.cn/n1/2018/0522/c1003-30004057.html（访问时间：2018 年 5 月 22 日）。
② 除了国有经济主体以外，还产生包括个体经济、私营经济、外资经济等非公有制市场主体，与公有制经济形式一起构成了我国国民经济的主体。
③ 中华人民共和国中央人民政府：《近 10 年净增 1 亿户 全国市场主体总量超 1.5 亿户》，http://www.gov.cn/xinwen/2021-11/22/content_5652397.htm（访问时间：2021 年 11 月 22 日）。
④ 王琛伟：《增强市场主体活力必须解决三个核心问题》，载《中国经贸导刊》，2020 年第 9 期，第 25~28 页。
⑤ 王健、王鹏：《新一轮市场监管机构改革的特点、影响、挑战和建议》，载《行政管理改革》，2018 年第 7 期，第 24~29 页。

多头监管问题，但是从实际效果来看，仍然不够理想。①

（二）"信息孤岛"现象严重

以中国人民银行为主导的征信系统仅对个人或企业实体金融（主要是贷款）方面的信用进行记载和报告，其约束力仅限于对市场主体的贷款再融资业务，市场监管总局依赖于从各市场监管部门获取各类市场主体信用信息，其他监管部门也有相应的信用监管系统，但由于各职能部门获取信用信息数据的类型、方式、标准及格式存在差异，加上分段管理和部门利益驱使，很难实现信用信息的互联互通，只能依赖传统信用监管手段。陈丽君和杨宇的研究表明，以行政手段为基础建立的市场主体信用监管体系并没有从根本上打通各部门、各地区间的信息、交流共享通道，监管实践过程中"信息孤岛"现象严重，许多监管部门都有自己独立的信息系统，因为在监管实践中积累的信用信息（不论是守信激励信息，还是对失信主体的处罚信息）都分散于各监管机构，加上缺乏必要的协作、整合与分析机制，导致无法形成稳定长效的市场主体信用监管合力。② 因此，借助信息技术开展市场主体信用监管就显得尤为迫切。③

（三）监管方式"碎片化"

马建堂认为，我国社会信用体系发展相对滞后，信用信息采集、整合和共享等监管手段落后，信用服务市场发育不全，与建立高标准市场体系和构建新发展格局存在较大差距。④ 市场主体参与市场交易活动链条较长，包括市场准入、市场运行、市场退出等环节，每个环节包含着不同的信用实施节点和活动，然而在实施监管过程中，存在人为"分段管理"和"本位主义"现象，造成市场主体信用监管过程和方式碎片化。⑤ 造成我国市场主体信用监管碎片化的根本原因是当前信用监管法律法规存在一定程度上的缺位，与信用监管有

---

① 赵博：《企业信用监管机制现状分析及建设研究》，天津大学硕士学位论文，2018年，第21~25页。
② 陈丽君、杨宇：《构建多元信用监管模式的思考》，载《宏观经济管理》，2018年第12期，第45~54页。
③ 张琳：《市场主体信用监管问题与对策研究》，西南政法大学硕士学位论文，2019年，第24~28页。
④ 马建堂：《建设高标准市场体系与构建新发展格局》，载《管理世界》，2021年第37卷第5期，第1~10页。
⑤ 林钧跃：《论政府市场信用监管的创新方向》，载《中国信用》，2019年第29卷第5期，第116~118页。

关的法律主要有《公司法》《民法典》等法律，国务院和各行政部门颁布的42部法规、规章，各行政部门颁布的各项法规、规章，上海、湖北、河南等九省份颁布执行的地方性信用法规以及各行业协会制定的信用监督或内部监控制度等，这些与市场主体信用监管相关的法律虽然都在一定范围内约束了市场主体的行为，但是受立法层级的限制，导致监管部门的监管权限和监管尺度不统一，难以全面监管市场主体失信行为，使市场主体信用监管碎片化。① 市场主体诚信不只是借钱、还钱的事，也包括企业生产经营的各个方面，比如，是否按时足额缴税、是否经常拖欠员工工资、是否按时交水电费等。因此，无法将丰富多样的信用信息有效地整合起来，才是造成我国市场主体信用监管碎片化问题严重的根本原因。②

（四）计划经济色彩浓厚

在传统的计划经济体制下，中央通过设置多个职能部门对经济社会进行管理，并呈现出最典型的"重审批、轻管理"特征。③ 传统的市场监管是政府大包大揽式的管控机制，带有浓烈的计划经济管理色彩，采用行政直接干预的方式进行信用监管的现象还十分突出，以市场、法律、信息技术等新型方式实施信用监管尚未普及。④ 研究显示，我国市场主体信用监管的现代化进程缓慢，与国家治理体系和治理能力现代化的目标相比还存在诸多问题。⑤ 周佳怡认为，我国在市场主体信用等级划分管理方面存在只重视结果，不重视过程、时效、范围等环节的现象，同时，在失信程度、失信类型、被约束时效、范围以及信用修复方式等方面缺乏有效的指引和规范。⑥ 现有的《企业信用信息公示暂行条例》等法规虽然要求将市场主体的基本情况、行政许可、行政处罚等信

---

① 韩家平：《信用监管的演进、界定、主要挑战及政策建议》，载《征信》，2021年第39卷第5期，第1~8页。
② 欧阳洁：《让信用不再"碎片化"》，载《人民日报》，2014年11月10日，第18版。
③ 朱光磊、张梦时：《"放管服"改革背景下的审管关系演进逻辑》，载《南开学报》（哲学社会科学版），2021年第6期，第1~10页。
④ 谭笑：《Y市商事制度改革背景下的市场主体信用监管研究》，扬州大学硕士学位论文，2021年。
⑤ 林钧跃、方向军：《城市信用体系完善程度和运行效果的指数评测方法——中国城市商业信用环境指数（CEI）及其应用》，载《征信》，2013年第31卷第4期，第5~12页。
⑥ 周佳怡：《治理理论视角下行政审批事项事中事后监管研究》，华东师范大学硕士学位论文，2016年版。

息强制公开，但是在实际监管过程中，对高管个人违规、资产、税收及社保等相关信息也进行了非强制性公示。① 我国广大的行业协会、中介组织等在市场主体信用监管中并没有充分发挥作用，市场主体尚未形成对市场规范的理性自觉和自我约束，社会共治还存在较大提升空间。②

四、市场主体信用监管改革的政策建议

我国学者主要从加强制度建设、完善监管机制、强化信息化支撑、创新社会治理等方面对如何推进市场主体信用监管改革进行研究。

（一）加强制度建设

完善市场主体信用监管法律体系需要一部统一的信用法。③ 应明确各职能机构的法律地位、权力和职责，明确规定市场主体信用监管的目标、范围与手段，明确规定各领域市场主体信用监管的业务范围，明晰市场主体信用监管的法律程序和方法等。④ 要从根本上解决市场主体信用缺失的问题，关键是加快推进信用监管的法制化及规范化建设，尤其是通过制度建设对市场主体信用承诺、信用行为、信用信息、失信行为（额度、情形、受约束期限等）以及信用修复等进行清晰界定，建立操作指引，并为扩大市场主体信用监管的应用场景创造条件。⑤ 一方面，要加大失信惩戒制度的建设力度，使全社会逐步形成"失信者寸步难行"的失信惩戒大格局。另一方面，要加强信用修复制度建设，将信用修复机制细化并纳入立法范围，使信用修复成为失信主体恢复信用、重塑信用的渠道。⑥ 在推进市场主体信用监管改革的过程中，约束和规范政府行为对提升信用监管效能具有重要意义。因此，需要通过一系列顶层设计，明确

---

① 沈荣华：《优化营商环境的内涵、现状与思考》，载《行政管理改革》，2020年第10期，第24~31页。
② 陈丽君、杨宇：《构建多元信用监管模式的思考》，载《宏观经济管理》，2018年第12期，第45~54页。
③ 卢代富、刘云亮：《诚实信用原则的经济法解读》，载《政法论丛》，2017年第5期，第30~37页。
④ 王健、王鹏：《新一轮市场监管机构改革的特点、影响、挑战和建议》，载《行政管理改革》，2018年第7期，第24~29页。
⑤ 韩家平：《信用监管的演进、界定、主要挑战及政策建议》，载《征信》，2021年第39卷第5期，第1~8页。
⑥ 王静：《组织信任机制与社会信用体系建设路径》，载《社会科学家》，2018年第12期，第50~55页。

政府在市场主体信用监管的地位、权力和职责，使市场主体拥有真正意义上的经济自主权，这样才能为供给侧结构性改革创造公平、公正的市场环境。① 新时代推进市场主体信用监管改革必须以法治主导模式逐步取代行政主导模式。② 只有加快市场主体信用监管立法进程，大力发展"互联网＋监管"等新型监管模式，才能提升信用监管效能，进而规范市场秩序、优化营商环境。③

（二）完善监管机制

由于缺乏强有力的外部监管约束机制，市场主体信用监管收效甚微。④ 马建堂特别强调了市场主体信用监管能力现代化对建设我国高标准市场体系的重要性，强调要通过建立"全行业监管+综合监管+政府涉企信息共享平台建设"等实现市场主体信用监管的现代化。⑤ 需要积极推进"双随机、一公开"抽查、年检验照改年报和信息公示等制度建设，只有构建以信息归集共享为核心、以信息公示为手段、以信用为基础的新型监管机制，才能使市场监管效能进一步提升。⑥ 只有加强综合监管的统一性和规范性，按照新组建国家市场监管总局的规章统一原工商、质监、食药监等部门的监管要求，建立跨部门、跨区域的监管协调配合和执法联动机制，统一规范市场主体信用监管的标准、程序、制度等，才能解决市场主体信用监管中面临的难题。⑦ 应成立专门性部门开展市场主体信用监管，形成联动监管机制，推行并联式的行政流程。⑧ 王作

---

① 张茅：《推进中国商事制度改革和市场监管将从五方面着手》https：//www. chinanews. com. cn/cj/2018/03-18/8470171. shtml（访问时间：2018 年 3 月 18 日）。
② 刘俊海：《信用责任：正在生长中的第四大法律责任》，载《法学论坛》，2019 年第 34 卷第 6 期，第 5~17 页。
③ 沈荣华：《优化营商环境的内涵、现状与思考》，载《行政管理改革》，2020 年第 10 期，第 24~31 页。
④ 陈丽君、杨宇：《构建多元信用监管模式的思考》，载《宏观经济管理》，2018 年第 12 期，第 45~54 页。
⑤ 马建堂：《建设高标准市场体系与构建新发展格局》，载《管理世界》，2021 年第 37 卷第 5 期，第 1~10 页。
⑥ 熊茂平：《推进"证照分离"改革全覆盖 深化商事制度改革 打造优质营商环境》，载《中国市场监管报》，2019 年 12 月 24 日，第 5 版。
⑦ 张季：《完善市场监管和执法体制（深入学习贯彻习近平新时代中国特色社会主义思想）》http：//opinion. people. com. cn/n1/2018/0522/c1003－30004057. html（访问时间：2018 年 5 月 22 日）。
⑧ 包雅钧：《十八大以来政府职能转变改革进展与成效评估》，载《新视野》，2017 年第 1 期，第 49~54 页。

全提出，要落实负面清单制度、建立行政权责清单，探索建立信用惩戒机制，强化以司法救济和惩戒为主的事后信用监管机制。① 要加强和创新事前环节信用监管，而市场主体信用承诺是事前环节信用监管的重要内容，因此，要适时拓展市场主体信用承诺范围，通过告知承诺、"X+"承诺、退出信用承诺、信用修复承诺、信用承诺参与主体等制度创新，提升市场主体信用承诺的履行能力。② 只有对于严重失信行为顶格处罚、严厉打击、一查到底，才能从根本上规范市场秩序。③

（三）强化信息化支撑

目前，我国尚未建立起完整的信用信息系统，市场主体信用监管现代化建设涵盖了政府、企业、居民个人、信用中介机构、行业协会等多个参与主体，因此，需要政府、社会一起参与信用信息数据库建设，尤其是相关职能部门要积极扶持和培育各类信用机构、平台的信用信息数据库建设。④ 要强化市场主体监管的信息化支撑，加快全国信用信息"一张网"建设，加快建设全国市场监管"六大职能"统一的信用信息互联互通平台，形成以信用监管为核心的新型市场主体信用监管机制。⑤ 建设国家级信用系统，进一步统筹工商、金融、税务等部门数据资源，建立统一的数据标准，加强市场主体信用监管领域的大数据分析与应用。⑥ 在推进信用监管信息化建设过程中，要加强以物品编码、溯源等为手段的产品服务质量监督体系建设，形成来源可查、去向清晰、责任可查的信用信息链条，实现地方与中央信用信息协调一致。⑦

---

① 王作全：《论我国的商事制度改革：宗旨、内容与法制化进程》，载《青海社会科学》，2017年第4期，第141~149页。
② 陈兴华：《市场主体信用承诺监管制度及其实施研究》，载《中州学刊》，2019年第5期，第53~60页。
③ 陈丽娟：《以社会信用体系建设保障经济高质量发展》，载《中国党政干部论坛》，2018年第12期，第68~69页。
④ 林钧跃、方向军：《城市信用体系完善程度和运行效果的指数评测方法——中国城市商业信用环境指数（CEI）及其应用》，载《征信》，2013年第31卷第4期，第5~12页。
⑤ 王健、王鹏：《新一轮市场监管机构改革的特点、影响、挑战和建议》，载《行政管理改革》，2018年第7期，第24~29页。
⑥ 张国山：《综合性监管模式：市场监管体制建设的重要成果》，载《中国市场监管研究》，2018年第4期，第26~28页。
⑦ 谢丽春：《市场主体信用监管问题与完善措施探微》，载《商展经济》，2021年第2期，第83~85页。

（四）创新社会共治

市场主体信用监管从本质上理解，是社会治理问题，其最终落脚点是实现社会秩序稳定，因此，在信用监管过程中，不仅需要政府为主导，更需要中观层面的行业组织、中介组织力量的"解读"，甚至需要政府提供技术支持等。[①] 相较数量众多、分布广泛的市场主体，政府职能部门参与信用监管的资源和力量是有限的，因此，应充分发挥行业协会、中介组织、媒体和公众的作用，充分调动社会力量广泛参与信用治理。[②] 从全球范围来看，征信较好的国家和地区，其公民信用观念和契约精神都较强，因此，我国信用监管要从教育抓起，积极推动政府、行业协会、中介机构、学校等针对市场主体开展诚信教育，充实诚信教育内容。[③]

第五节　共建共治共享的理论阐释

一、中国社会治理的演进历程：从社会管理到共建共治共享社会治理

（一）历史变迁

调节和优化社会治理，是推进社会发展进步亘古不变的主题。福柯早在1978年就提出了著名的"治理术"，他认为随着法治体系的完善和人民主权意识的提升，国家和社会相互交织下的治理问题更具复杂化、治理实践更具人性化、治理主体更具多元化，社会治理应从单一行政控制和政府管理的"硬治理"转向法治化建设、理性化监管的"软治理"。[④] 改革开放以来，我国经济建设取得重大发展、法治体系逐步确立、人民主权意识不断强化，经济转轨和社会转型使传统政府管制、行政包揽、强制执行的政府"硬治理"模式难以为

---

① 胡仙芝、马长俊：《市场信用监管的政府责任及其实现机制》，载《中国行政管理》，2020年第3期，第40~44页。
② 王翊亮、郭文波：《协同治理模式下推进信用体系建设的思考》，载《宏观经济管理》，2018年第10期，第52~57页。
③ 廖媛、林佳、陈清：《中国社会信用体系研究：基于知识产权领域的分析》，载《中国科技论坛》，2019年第8期，第150~160页。
④ [美] 戴维·约翰逊：《语言政策》，方小兵译，北京：外语教学与研究出版社2016年版。

继,亟须从单纯依靠行政管理向注重协商、合作的多元主体协同治理模式转变。因此,催生了我国的社会治理模式由"社会管理"向"社会治理"转变,再逐步升级为"共建共治共享社会治理格局"。① 社会治理理念的开放演进和动态变迁,既是对原有理念、观点的继承和发扬,又是立足于时代发展要求的开拓与创新,具有重要的时代价值和深刻的现实意义。

1. 社会管理

改革开放初期,国家整体处于行政效率偏低、经济发展落后、法治建设薄弱的发展环境,群众参与政治建设和社会管理的热情和积极性较低,需要运用传统的社会管控和政府管制手段加强对人们行为的引导和约束,因此,逐步形成了政府统包统揽的单一管制模式。② 随着市场经济体制的确立和政府治理职能的提升,政府统包统揽的社会管理体制难以为继,为此,党和政府积极出台相关社会治理政策和方案,以不断提高政府治理效能和促进社会和谐稳定。③ 1998年,在《国务院机构改革方案》中明确"社会管理"是政府基本职能④,这是我国在正式文件中首次提出"社会管理"理念,旨在将"社会管理"纳入政府基本治理职能范畴,构建基本社会管理工作领导体制。2002年,党的十六大报告将社会管理确立为政府四项主要职能之一⑤,进一步强调了社会管理对政府治理和社会发展的重要性。2004年,党的十六届四中全会更是突出强调了社会管理对构建社会主义社会的重要性,并提出要"建立健全党委领导、政府负责、社会协同、公众参与的社会管理格局"⑥,这不仅是对社会管理体制认识的深化和提升,更是对社会治理模式的完善和升级。不仅如此,2012年,

---

① 马海韵:《共建共治共享:国家级新区社会治理格局》,载《学海》,2018年第5期,第89~95页。
② 丁海江:《论社会管理创新的宪法框架与制度支持》,载《求索》,2013年第6期,第234~236页。
③ 马庆钰:《共建共治共享社会治理格局的意涵解读》,载《行政管理改革》,2018年第3期,第34~38页。
④ 全国人民代表大会常务委员会:《第九届全国人民代表大会第一次会议关于国务院机构改革方案的决定》,http://www.gov.cn/test/2009-01/16/content_1207000.htm(访问时间:1998年3月10日)。
⑤ 《中国共产党第十六次全国代表大会文件汇编》,北京:人民出版社2010年版。
⑥ 《中国共产党第十六届中央委员会第四次全体会议公报》,http://cpc.people.com.cn/GB/64162/64168/64569/65412/4429181.html(访问时间:2004年9月19日)。

党的十八大报告更是将社会管理并列为与民生同等重要的社会建设内容①，有力推动了我国的社会治理模式由社会管理格局向社会治理体制转变。

这一时期，随着我国市场经济的快速发展，市场活力逐渐提升，社会组织不断涌现，传统的单位人已逐步向社会人角色转变。随着政府治理职能逐步廓清、人民主权意识不断增强，社会治理虽然仍残留了传统的政府管制、行政包揽、强制执行的政府"硬治理"印迹，但是已经明显浮现出了政府、社会、公众多元参与、协商共治的社会治理体制特征②，这为推动单一管制的社会管理向协商合作、多元治理的社会治理体制跨越升级创造了有利的发展环境。

2. 社会治理

市场经济的蓬勃发展和现代化进程的快速推进，使社会环境日新月异，社会组织不断孕育发展，人民主权意识不断提高，多重社会因素交替作用下，不同社会主体的利益诉求相互交融，传统政府主导下的单边治理已无法完全解决当下日益复杂又层出不穷的社会治理问题，更无法满足不同社会主体日益增强的参与社会管理需求。③ 因此，传统的社会管理模式亟须进行演化和升级，以应对新时代发展需求。2013 年，党的十八届三中全会提出，要着力推进国家治理体系和治理能力现代化，首次提出"社会治理"概念，强调了社会治理主体的广泛性，应该由单一主体向多元主体治理转变。④ 这不仅是对人民主权意识的尊重，更是对人民民主专政执政理念和协同共治理念的认识深化和理论提升。

相较于政府统包统揽的社会管理，这一时期的社会治理，具有明显的开拓创新精神和时代发展优势。一是更加强调主体多元。相较于单边治理下的政府管理，社会治理是党委、政府、社会组织、公众等主体参与社会事务的协作管

---

① 《中国共产党第十八次全国代表大会文件汇编》，北京：人民出版社 2012 年版。
② 郑会霞：《打造共建共治共享的社会治理格局》，载《中国党政干部论坛》，2019 年第 4 期，第 70~73 页。
③ 王名、蔡志鸿、王春婷：《社会共治：多元主体共同治理的实践探索与制度创新》，载《中国行政管理》，2014 年第 12 期，第 16~19 页。
④ 中华人民共和国中央人民政府：《中国共产党第十八届中央委员会第三次全体会议公报》，http：//www.gov.cn/ducha/2015-06/09/content_ 2875841.htm（访问时间：2015 年 6 月 9 日）。

理，具有治理主体的多元性、治理理念协同性。① 二是更加强调社会自治。社会治理强调充分激发各类社会成员参与社会治理的潜能、尊重其参与社会治理的权利，各司其职、各尽其用，构建形成政府引导、社会自治、全员参与的社会治理体制机制。② 三是更加强调公平协商。③ 不同于传统社会管理的单边受益，社会治理强调要以平等、互动、协商、合作的理念为指引，充分调动各类社会主体参与社会治理的主动性、积极性，实现全员参与、公平协商、多边受益，共同解决社会问题、化解主要矛盾，促进社会和谐，推动社会进步。④ 社会治理模式的提出，使中国特色社会主义治理体系日趋完善，为打造新时代背景下共建共治共享的社会治理格局，推动社会治理体系和治理能力现代化夯实理论根基。

3. 共建共治共享的社会治理格局

在社会治理理念提出后，倡导平等、互动、协商、合作的社会治理理念更加深入人心，人们参与社会治理和民主建设的主动性和积极性空前高涨。⑤ 为此，党和政府也积极完善社会治理理念，推动社会治理体系和治理能力现代化。2015年，党的十八届五中全会提出"构建全民共建共享的社会治理格局"⑥，为全民参与社会治理提出了新思路和新方向。2017年，党的十九大报告提出"打造共建共治共享的社会治理格局"，"完善党委领导、政府负责、社会协同、公众参与、法治保障的社会治理体制"⑦，更是为全面建设共建共治共享的社会治理格局提供了理论指南和行动指引。党的十九届五中全会进一

---

① 王雪珍：《增强社会治理多元主体合力的路径选择》，载《天津行政学院学报》，2017年第19卷第2期，第66~70页。
② 王名、王春婷：《推位让治：社会组织参与社会治理路径》，载《开放导报》，2014年第5期，第7~11页。
③ 钟芸：《城市治理中多元主体的平等参与意识探析》，载《老字号品牌营销》，2021年第10期，第57~58页。
④ 姜晓萍：《国家治理现代化进程中的社会治理体制创新》，载《中国行政管理》，2014年第2期，第24~28页。
⑤ 薛瑞汉：《新时代打造共建共治共享的社会治理格局研究》，载《中州学刊》，2018年第7期，第68~72页。
⑥ 中华人民共和国中央人民政府：《中共中央关于制定国民经济和社会发展第十三个五年规划的建议》，http://www.gov.cn/xinwen/2015-11/03/content_5004093.htm（访问时间：2015年11月3日）。
⑦ 《中国共产党第十九次全国代表大会文件汇编》，北京：人民出版社2017年版。

步提出："完善共建共治共享的社会治理制度。"① 这是以习近平同志为核心的党中央站在社会发展的历史方位，着眼全局和长远发展进行的社会治理谋划，标志着我国在"两个一百年"奋斗目标接续推进中进入了一个新的历史阶段。

传统的社会管理和初期的社会治理建设主体较为单一，属于单边治理下的政府管理或狭义的社会多元共治，缺乏更大范围、更深层面的协同治理。② 以人民为中心的共建共治共享社会治理制度，较之以往，在治理体系和治理能力现代化建设上都取得了更大的发展和进步，具有更加成熟、完备的时代精神和治国理政特征。③ 第一，治理主体更加强调社会共建。共建是构建共建共治共享社会治理格局的基础，强调治理过程的连贯性、治理体系的全面性、治理主体的多元化，旨在构建通过政策和制度性安排以及市场培育和平台建设，形成党委、政府、市场、社会、公众共同参与的社会治理格局，不断加强社会事业建设、社会法治建设和社会力量建设，加强法治化、社会化、专业化、智能化治理，推动社会发展进步。④ 第二，治理过程更加强调全民共治。共治是构建共建共治共享治理格局的关键，共治理念强调新时代中国特色的社会治理是政府、市场、社会全面融合的大社会生态，应追求更大范围的治理主体多元性、治理方式协商性、治理过程互动性、治理效果均衡性，通过多元吸纳形成全民共治，推动社会治理真正实现社会化、多元化、均衡化。⑤ 第三，治理目标更加强调人民共享。共享是构建共建共治共享社会治理格局的根本目标，共享指坚持把人民利益摆在至高无上的地位，坚持加强和改善社会治理，坚持为了人民、依靠人民、全民共享的理念，让人民群众最大限度地通过参与社会治理，

---

① 中华人民共和国中央人民政府：《中国共产党第十九届中央委员会第五次全体会议公报》，http：//www.gov.cn/xinwen/2020－10/29/content_5555877.htm（访问时间：2020年10月29日）。
② 张康之：《论主体多元化条件下的社会治理》，载《中国人民大学学报》，2014年第28卷第2期，第2~13页。
③ 夏锦文：《共建共治共享的社会治理格局：理论构建与实践探索》，载《江苏社会科学》，2018年第3期，第53~62页。
④ 颜克高、任彬彬：《共建共治共享社会治理格局：价值、结构与推进路径》，载《湖北社会科学》，2018年第5期，第46~52页。
⑤ 衡霞、谭振宇：《共建共治共享视角下以人民为中心的公共价值治理框架构建》，载《财政研究》，2019年第7期，第117~125页。

共享改革和发展成果，推动人民安居乐业、社会发展进步和国家长治久安。①

（二）逻辑差异

从社会管理到社会治理，再升级为共建共治共享社会治理，虽然字面上相差无几，但本质上是治理职能转变、执政能力提升的直观表现，更是推进国家治理体系和治理能力现代化的发展和需要。② 这一进阶，具有治理主体、参与主动性、实现方式、实践路径方面的差异性和进步性。一是治理主体不同。社会管理是政府单边治理下的行政管理，奉行"管理本位"的治理理念，更为注重发挥政府的主导性作用，因此，治理主体相对单一，治理主体主要是政府职能部门；而共建共治共享社会治理则更为强调社会是政府、市场、社会全面融合的大社会生态，需要开展分工明确的多元合作共治，推动资源有效整合和职能优势互补，从而实现治理效果最大化。因此，共建共治共享社会治理的主体具有多元性、广泛性、全民性，包括党委、政府、市场、社会、公众、司法等社会成员。③ 二是参与主动性不同。社会管理下的社会服务主要是由政府提供的单边治理和社会管控，政府与各类社会成员处于管理与被管理状态，因此，对社会成员而言，社会管理是刚性的、静态的、被动的管理；而共建共治共享社会治理则更为强调是政府、市场、社会共同参与的，平等、互动、协商、合作的多元主体共建共治共享的过程，因此，对于全体社会成员而言，共建共治共享社会治理是柔性的、动态的、主动的，是多元平等主体之间的最佳状态。④ 三是实现形式不同。社会管理是统包统揽的行政管控，是由政府向社会扩散、"自上而下"执行的一种社会治理模式，属于单向的社会治理和服务形式；而共建共治共享社会治理是政府主导、社会自治、全员参与的平等、协商、合作的社会治理，是上下联动、部门联动、行业联动、政社联动、区域联

---

① 江国华、刘文君：《习近平"共建共治共享"治理理念的理论释读》，载《求索》，2018年第1期，第32~38页。
② 程萍：《实现共建共治共享的重点和难点是什么》，载《人民论坛》，2017年第32期，第72~74页。
③ 薛瑞汉：《新时代打造共建共治共享的社会治理格局研究》，载《中州学刊》，2018年第7期，第68~72页。
④ 姚树荣、周诗雨：《乡村振兴的共建共治共享路径研究》，载《中国农村经济》，2020年第2期，第14~29页。

动、虚实联动的社会治理体系,更具系统性、联动性、立体性、全面性。① 四是实践路径不同。社会管理通常依靠政府和制度性安排,机械式地采用分片区、划网格、包商户的方式开展线下的、网格状的社会管制,具有行政性命令、强制性执行的色彩;而共建共治共享社会治理则具有更多的实践路径,可以通过信息化系统、智能化平台、人性化服务、法治化教育、市场化调节等形式开展线上、线下相结合的智能化、信息化、多元化社会治理和服务,具有明显的民主化、多元化、智能化特征。②

二、共建共治共享社会治理格局的理论内涵

(一) 理论阐释

构建共建共治共享的社会治理格局是我国为了顺应历史潮流、遵循发展规律、推动社会进步,立足新的历史方位和时代坐标,加速构建国家治理体系和治理能力现代化的顶层设计。③ 它意味着治理思想由以经济建设为中心转向以人民为中心,治理主体由单一建设主体转变为全员参与,实现方式由"自上而下"转变为上下联动、内外结合、左右协同的全面互动,治理体系从党委和政府"撑船"转向"掌舵",努力构建党政引导、多种主体共同参与的社会治理格局。④ 这体现了我国的社会治理理念中"为了人民、依靠人民、成果共享"的深刻内涵⑤,彰显了以人民为中心、以均衡为导向、以公共服务为重点的社会治理理念,是对传统国家治理思想的继承和发展,更是对现代国家治理理论中精华思想的吸纳和创新,具有重要的时代价值和现实意义⑥。构建共建共治

---

① 马海韵:《共建共治共享:国家级新区社会治理格局》,载《学海》,2018年第5期,第89~95页。
② 郝雅立、温志强:《共建共治共享:大数据支持下共享单车智能化治理路径》,载《管理评论》,2019年第31卷第1期,第249~254页。
③ 夏锦文:《共建共治共享的社会治理格局:理论构建与实践探索》,载《江苏社会科学》,2018年第3期,第53~62页。
④ 周进萍:《共建共治共享:社会治理的中国话语与行动体系》,载《中共福建省委党校学报》,2018年第7期,第88~94页。
⑤ 衡霞,谭振宇:《共建共治共享视角下以人民为中心的公共价值治理框架构建》,载《财政研究》,2019年第7期,第117~125页。
⑥ 江国华、刘文君:《习近平"共建共治共享"治理理念的理论释读》,载《求索》,2018年第1期,第32~38页。

共享社会治理格局的基本框架见图2-1。

(二) 具体内涵

1. 共建

传统的社会治理，是监管部门各自为政的单边治理，由于单边治理效能的局限性以及面临问题的复杂性，传统的单边治理模式已然不能完全解决日益复杂、日渐严峻的社会问题。① 因此，需要鼓励和吸纳各类社会成员参与社会治理和建设，围绕协同共建，形成全社会共同参与的强大合力，责无旁贷地参与社会治理和建设，提高社会治理制度化、社会化、专业化、智能化水平，推动社会治理体系和治理能力现代化。②

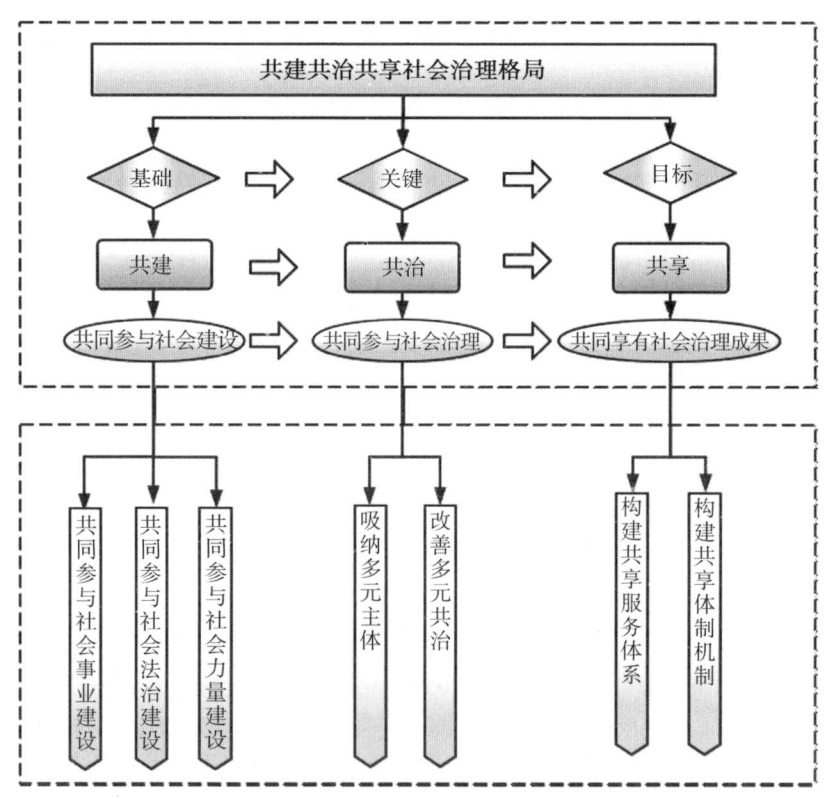

图2-1 构建共建共治共享社会治理格局的基本框架

---

① 麻宝斌：《公共治理理论与实践》，北京：社会科学文献出版社2013年版。
② 侯恩宾：《从社会管理到共建共治共享社会治理：内涵、逻辑及其方式的转换》，载《理论导刊》，2018年第7期，第60~67页。

共建即共同参与社会建设,包含鼓励和引导各类社会力量参与社会事业建设、社会法治建设、社会力量建设等内容。一是要围绕协同共建,通过政策和制度安排,加强市场培育和平台建设,为各类社会主体在社会服务中创造条件和空间,引导各类市场主体和社会力量积极参与社会事业建设。① 二是要积极推进社会治理相关行政法规、地方性法规、行政规章和规范性文件的修订工作,拓宽多元主体有序参与的途径和方法,建立党和政府、社会各界和广大人民群众共同参与的体制机制,实现以法律为引导、以机制为保障,为各类社会主体参与社会法治建设提供制度保障。② 三是政府要给予社会组织和市场主体更多的信任、支持和帮助,激发社会力量参与社会治理和社会建设的主动性、积极性,增强参与社会建设和社会治理的责任意识,推动社会力量充分发展。③

2. 共治

传统的社会管理和初期的社会治理的建设主体较为单一,政府是主要的治理主体,属于政府单边治理下的政府管理或狭义的社会共治。④ 随着社会的发展进步,人民主权意识和治理能力不断提升,但政府治理职能的有限性、治理方式的碎片化、公共利益的私有化等弊端也日益凸显,使全员参与、民主协商、多边受益的全面协同、多元共治模式成为趋势。因此,党和政府积极鼓励和引导各类社会力量参与社会治理,旨在建立上下联动、部门联动、行业联合、政社联动、区域联动、虚实联动的社会治理体系,通过分工明确的多元合作共治,推动资源有效整合和职能优势互补,从而实现治理效果最大化。⑤

共治即共同参与社会治理,包含吸纳多元主体和改善多元共治两个内容。一是要吸纳多元主体参与社会治理,并廓清各类治理主体责任,实现协同共治

---

① 周进萍:《共建共治共享:社会治理的中国话语与行动体系》,载《中共福建省委党校学报》,2018年第7期,第88~94页。
② 沈莘、程同顺:《社会治理中政策分析的四维框架:基于完善共建共治共享的社会治理制度的视角》,载《学习论坛》,2020年第8期,第56~61页。
③ 肖丹:《共建共治共享的社区治理格局构建路径研究——以深圳市福田区为例》,载《中共成都市委党校学报》,2018年第3期,第87~91页。
④ 唐兴盛:《政府"碎片化":问题、根源与治理路径》,载《北京行政学院学报》,2014年第5期,第52~56页。
⑤ 林斐:《共建共治共享:创新经济视域下的区域一体化——以长三角一体化发展为例》,载《西部论坛》,2020年第30卷第3期,第68~77页。

的综合治理。不仅要充分发挥各级党委在社会治理中总揽全局、协调各方的领导核心作用，同时要强化多元主体的沟通与合作，明确各类市场主体的职责和边界，正确处理政府、市场和社会力量在社会治理中的权限和作用，实现多元主体各司其职、协同共治的综合治理。① 二是要改善多元共治，善于培育社会力量，发挥社会成员作用，建立政府与市场、社会、公众等良性互动，实现各类治理主体优势互补，补齐社会治理结构短板，形成多主体参与、多领域监管、多部门联动、多举措并施的社会治理模式，推动社会治理真正实现社会化、多元化、均衡化。②

3. 共享

传统的社会管理是政府主导、统包统揽的行政管控，是由政府向社会扩散、"自上而下"执行的、单向度的社会治理和服务形式，利益分割相对明确且较简单。③ 随着社会组织不断孕育发展，人民主权意识不断提高，多重社会因素交替作用下，不同社会主体的参与动机和利益诉求相互交融，为了避免陷入由政府、市场和社会单方面主导的利益失衡困境，应坚持以共享发展成果为目标，把满足人民群众日益增长的美好生活需求作为社会治理工作的出发点和落脚点，通过共建共治推动社会发展和进步，促进社会公平正义，着力提升人民的生活质量和生活水平，解决人民群众最关心的现实问题，让人民群众最大限度地共享治理成果，提升幸福感、获得感和安全感，确保人民安居乐业、国家长治久安。④

共享即共同享有治理成果，包含构建社会治理共享服务体系和构建社会治理共享体制机制等内容。一是通过创新利益协调机制，完善利益保护机制，建立形式多、范围广、可持续的社会治理公共服务体系，切实保障人民利益，真

---

① 孙杰：《共建共治共享：构筑"中国之治"的社会基础》，载《科学社会主义》，2021年第2期，第139~144页。
② 张国磊、张新文：《基层社会治理的政社互动取向：共建、共治与共享》，载《内蒙古社会科学》（汉文版），2018年第39卷第3期，第131~137页。
③ 杨磊、李云新：《谋利空间、分利秩序与违建现象的制度逻辑——基于中部地区M县的个案研究》，载《公共行政评论》，2017年第10卷第2期，第48~66、193~194页。
④ 马海韵：《共建共治共享：国家级新区社会治理格局》，载《学海》，2018年第5期，第89~95页。

正解决社会问题,使社会治理成果更加惠民便企。① 二是不断完善党委、政府、市场、社会、公众参与的社会治理激励机制、民生保障机制、成果分配机制,拓宽社会治理成果辐射范围和影响群体,大力推动社会治理成果全民共享,着力提升人民的生活质量和生活水平。②

第六节　研究综述

综上所述,由于东西方不同的经济社会文化背景以及不同学科对信用概念理解的差异,信用理论经历着不同的发展演变路径,这些为市场主体信用监管的实践和研究打下了坚实的基础。当前,实务界和理论界开展了丰富的市场主体信用监管的实践和研究,在概念定义、理论框架、实施路径等关键内容上做出了积极贡献,并已经取得了一些成绩,尤其是,现有研究普遍认为,市场主体信用监管作为社会治理的重要手段,应着力构建制度共建、行为共治、主体共享的市场主体信用监管格局,积极响应构建"共建共治共享社会治理格局"的社会治理理念。但是相比如火如荼的社会实践,理论研究还有诸多不足之处,亟待加强,主要有以下表现。

一是缺乏在中国语境下,以习近平新时代中国特色社会主义思想为指导,基于共建共治共享视角,结合中国市场主体信用监管伟大实践的理论创新与机制构建。

二是关于共建共治共享目标下市场主体信用监管的机制构建,现有研究多是"只管一隅"的片面之举,还缺乏"谋划全局"的系统性分析。

三是已有学者系统研究了政府监管成效指标的构建③,或者定性分析信用监管成效④。但是共建共治共享目标下,仍然缺乏科学合理的市场主体信用监

---

① 肖丹:《打造共建共治共享的社区治理格局》,载《人民论坛》,2018年第16期,第78~79页。
② 王瑞娟、彭文英、刘丹丹:《共建共治共享视角下京津冀城市生态补偿研究》,载《生态环境学报》,2021年第30卷第5期,第1103~1110页。
③ 李文彬、陈晓运:《政府治理能力现代化的评估框架》,载《中国行政管理》,2015年第5期,第23~28页。
④ 陈晖:《商事制度改革成效与完善对策——以珠海横琴新区为例》,载《经济纵横》,2017年第2期,第10~16页。

管效果评价指标和评价结果。

　　因此,有必要以"打造共建共治共享社会治理制度"这一重要论述为指引,构建崭新的市场主体信用监管理论分析框架,着力推动新时代大治理、大监管背景下市场主体信用监管改革协同共建、多元共治、全民共享,使市场主体信用监管与社会治理同频共振、相得益彰。

第三章

市场主体信用监管：实践总结

第一节 我国市场主体信用监管的发展历程

几千年以来，诚信始终在中华民族经济运行、社会发展、人际交往等方面发挥着至关重要的作用。中国传统社会是一种熟人社会，人们通过血缘、地理、婚姻等多维关系网建立起基本的经济社会关系。在自给自足的农业经济时代，几乎所有的经济交往都是在熟人社会圈中完成的，在相对封闭的熟人社会圈中，信用发现机制和约束激励机制都可以充分发挥作用。一方面，熟人彼此之间信息是较为透明和对等的，人的信誉状况可以依靠声誉机制进行传播。另一方面，乡规明约、伦理道德等形成的信用，约束、维持着经济的正常运转。① 中国传统社会将血缘、地缘、姻缘等熟人社会圈作为交易双方的信任基础，既没有专业的征信机构和信息手段，也没有完备的法律和契约制度，仍然能在熟人社会诚信的持续回报中良性循环，并形成独特的信用体系②；同时，在自给自足的自然经济下，人们商业交往的数量和范围极其有限，并且与陌生人之间还形成了一道天然的信任"屏障"，因此，失信问题并不严重。事实上，中国传统社会信用体系与传统社会结构及经济结构具有天然的耦合性，以血缘、地缘、姻缘为共同体的社会关系和以自然经济为纽带的经济结构形成了中

---

① 韩家平：《数字时代的交易模式与信用体系》，载《首都师范大学学报》（社会科学版），2020年第4期，第59~66页。
② 李伟民、梁玉成：《特殊信任与普遍信任：中国人信任的结构与特征》，载《社会学研究》，2002年第3期，第11~22页。

国传统信用体系，并对经济发展起着不可或缺的积极作用。①

新中国成立后，国家高度一元化，在计划经济思维指导下，我国虽然对经济社会体制进行了系统性改革，但是城市化和工业化进程长期处于停滞状态，同时，从城市到农村，我国均采用了政企不分离、权利完全渗透的全能型政府职能模式，导致缺乏独立的市场主体，形成了具有鲜明时代特征的"单位制度"。②"单位制度"在某种程度上继承了传统社会的信用模式，社会信用主要局限在单位内的熟人社会圈③，而计划经济的统购统销政策使自由市场发育不足，同时受计划经济分配机制的影响，虽然产品服务质量方面不一定有保障，但是出于利益驱动的恶意失信行为较少发生，"单位制度"下信用体系形成了以"政治忠诚、单位服从"为特征的管控模式。由于市场经济发育不足，政府部门很少对市场失灵进行干预或者纠正，缺少对市场主体进行信用监管的客观环境。随着社会主义市场经济的快速发展和生产力的大解放，我国真正意义上的信用监管得以初步确立，加强和规范市场主体信用监管逐渐成为全社会的共识。总的来看，我国市场主体信用监管改革与市场经济体制改革同步推进与发展，随着我国市场监管工作和社会信用体系建设的战略调整和不断变革，我国市场主体信用监管走出了一条渐进式发展的道路，其大致可以归纳为三个阶段。

一、第一阶段：萌芽阶段

我国市场主体的信用监管萌芽于20世纪70年代末至90年代初。在计划经济这一特殊时期，以"单位制度"为纽带的社会信用体系基本上维持住了经济社会体制的有效运转。但改革开放后，我国开启了由社会主义计划经济转向市场经济的新征程，市场主体活力得到持续激发，经济活动和市场交易数量大大增加，承载着传统信用体系的熟人社会圈逐渐瓦解，"单位制度"逐渐弱化，经济运行的稳定日益受到市场失信因素的威胁，以人际信任模式为纽带的封

---

① 王珏：《现代社会信任问题的伦理回应》，载《中国社会科学》，2018年第3期，第59~65页。
② 李汉林：《转型社会中的整合与控制——关于中国单位制度变迁的思考》，载《吉林大学社会科学学报》，2007年第4期，第46~55页。
③ 中国传统社会的差序式结构是以血缘、地缘、姻缘等为社会细胞，按家族伦理构建社会组织的，其他社会组织在一定意义上都是家族的翻版。"单位"作为计划经济时期社会建制的政治、经济、文化组织，与中国传统的差序式社会组织有诸多相似之处。

闭、被动的信用模式弊端日益突出，社会诚信意识严重缺失，信用监管水平与发达国家相比明显落后，加强市场主体信用监管刻不容缓。

改革开放初期，社会主义市场经济试运行让各类经济要素得到充分释放。一方面，强化了市场主体自主经营能力与创造力，并极大地激发了市场主体的积极性，市场主体数量激增。另一方面，消费者可根据自身需求，通过多方对比选择合适的产品或服务，保障了消费者的自主选择权。但是随着民营企业和外资企业等非公有制经济出现，市场主体数量和市场交易规模井喷，以次充好、欺行霸市等市场失信现象也随之出现，而政府无法通过沿用计划指令调控经济，再加之社会主义市场经济体制机制尚未形成，与之相关的法律法规、机制保障、配套措施尚未定型，有的经济管理手段愈来愈不适应经济的快速发展，导致市场交易活动中的失信行为屡见不鲜。这也引起了我国政府对信用问题的关注，逐渐意识到了问题的严重性。

针对上述问题，各级政府部门进行了一系列改革。

一是以市场准入制度为突破口，逐渐解决失信问题。改革开放后，面对信用缺失导致的市场失灵现象，政府从规范准入制度、维护市场秩序、加大处罚力度等方面入手，建立了审批、许可、检查、惩罚一体化的市场监管体制机制，其中，最具时代特征的是构建了市场准入体系。① 1984年4月7日颁布的《工业产品生产许可证试行条例》量化了生产工业产品的监管职能划分、准入条件、审批流程，健全了工业产品生产许可准入制度②，该条例标志着我国为了保障工业产品的质量安全，治理以次充好等失信问题，开始建立起重要消费品的市场准入制度。③ 随后，"审批登记制度"首次在1988年发布的《中华人民共和国企业法人登记管理条例》中被正式确立，即企业法人进行登记注册需要先经主管部门审批，再向工商管理部门申请营业执照。市场准入体系的构建在一定程度上缓解了管理缺位带来的市场失灵，对解决市场失信问题起到了积

---

① 胡颖廉：《"中国式"市场监管：逻辑起点、理论观点和研究重点》，载《中国行政管理》，2019年第5期，第22~28页。

② 1984年4月7日，《工业产品生产许可证试行条例》（国〔1984〕54号）由国务院颁布。2005年9月1日，《中华人民共和国工业产品生产许可证管理条例》施行，《工业产品生产许可证试行条例》同时废止。

③ 纪正昆：《中华人民共和国工业产品许可证管理条例实用问答》，北京：中国计量出版社2005年版。

极的促进作用。

二是积极探索市场管理领域改革，建立信用激励约束机制。1984年，原辽宁省抚顺市工商局结合当地实际情况，创新性地开展了以"重合同、守信用"为主题的系列监管活动，随后全国多个省份也积极开展此类活动，我国市场主体信用监管的实践探索就此铺开。[1] 20世纪80年代末，我国赊销信贷和商业信贷已初具规模，但由于社会主义市场经济体制改革仍处于探索阶段，相关信用的法律法规尚不完善，市场主体积累了大量"三角债"[2]，市场秩序混乱，信用风险大幅度提升。1990年3月26日，针对部分市场主体信用缺失造成的市场疲软、产品积压等问题，国务院印发了《关于在全国范围内开展清理"三角债"工作的通知》[3]，强调要在全国范围内开展整治并清理"三角债"问题，该《通知》明确了相关工作原则、方法及步骤、各部门职能划分等具体事项，这是我国自改革开放以来在中央层面首次印发旨在解决失信问题的指导性文件。国家在强调失信惩戒的同时，着力推进守信激励机制，鼓励市场主体诚信经营，守信践诺。1979年6月颁布的《中华人民共和国优质产品奖励条例》明确了国家优质产品的获奖条件、评选范围、审批流程及荣誉标识[4]；经过多年实践经验总结，1987年5月颁布实施的《国家优质产品评选条例》进一步就优质产品的评选细则进行了详细规定，同时对获评的优质产品颁发奖牌和证书[5]。

三是尝试培育信用服务市场，激发全社会的诚信意识。20世纪80年代末，为应对"三角债"、不良贷款等失信现象激增的问题，国家大力扶持成立了一

---

[1] 王国强：《"重合同守信用企业"称号的法律保护》，载《工商行政管理》，1999年第21期，第37~38页。

[2] "三角债"是人们对企业之间超过托收承付期或约定付款期应当付而未付的拖欠货款的俗称，是企业之间拖欠货款形成的连锁债务关系。在中国，"三角债"其实早在20世纪80年代中后期就已形成，1985年中央政府开始抽紧银根后，企业账户上"应收而未收款"与"应付而未付款"的额度就大幅度上升。1991—1992年，"三角债"的规模曾发展到占银行信贷总额1/3的地步。

[3] 中华人民共和国中央人民政府：《国务院关于在全国范围内开展清理"三角债"工作的通知》（国发〔1990〕19号），http://www.gov.cn/zhengce/content/2010-12/17/content_2477.htm（访问时间：2010年12月17日）。

[4] 1979年6月30日，《国家经济委员会关于颁发中华人民共和国优质产品奖励条例的通知》由国家经济委员会颁布。

[5] 1987年3月28日，由国务院批准，国家经济委员会于1987年4月10日发布了《国家优质产品评选条例》。

批信用服务机构，为经济活动提供信用支撑。早在1986年4月12日发布的《中华人民共和国民法通则》中就将"诚实信用"作为公民开展各项民事活动的基本原则①。为了顺应经济全球化趋势，完善社会主义市场经济体系，推动对外贸易健康有序发展，1987年3月，由我国国家外经贸部计算中心负责牵头，美国邓白氏参与合作，共同创立了我国第一家资信调查机构，开启我国信用服务市场的探索建设之路。② 不久后，各省在中国人民银行分行的带领和引导下纷纷着手建立资信评级机构，巅峰时达90余家。③ 随着全社会诚信意识不断增强，对于信用服务的需求日益渐增，1988年2月15日，中国第一家社会化专业资信评估公司——远东资信评估有限公司正式成立，标志着我国信用服务行业开始正式走向市场化与大众化。④ 这一时期，我国学习西方先进经验，尤其是在金融领域有意识地培育信用服务市场，社会公众的信用观念逐步增强，然而，限于当时的社会历史条件和社会公众的认知能力，这些能力并未从根本上推动信用观念、信用监管机制和社会信用体系的建立，也未培育出较为成熟的信用服务市场。

二、第二阶段：发展阶段

从20世纪90年代初到2012年党的十八大召开前，经过十多年的理论探索和实践总结，我国市场主体信用监管进入发展阶段。1992年10月召开的中国共产党第十四次全国代表大会，第一次明确提出，建立社会主义市场经济体制是我国经济体制改革的目标⑤，这是中国共产党的一次历史性伟大创举。经过此次大会，社会主义市场经济在我国社会经济发展中的主导性地位得以确立。

---

① 1986年4月12日，《中华人民共和国民法通则》由第六届全国人民代表大会第四次会议修订通过，自1987年1月1日起施行。2020年5月28日，十三届全国人大三次会议表决通过了《中华人民共和国民法典》，自2021年1月1日起施行。《中华人民共和国民法通则》同时废止。
② 户兴磊：《我国企业征信机构发展路径探析——美国邓白氏公司的经验及启示》，载《征信》，2018年第36卷第11期，第62~65页。
③ 刘凤：《我国信用评级行业监管问题研究》，载《西南金融》，2017年第8期，第72~76页。
④ 《中国信用评级业大事记》，载《中国金融》，2006年第16期，第32页。
⑤ 中华人民共和国中央人民政府：《加快改革开放和现代化建设步伐，夺取有中国特色社会主义事业的更大胜利——江泽民在中国共产党第十四次全国代表大会上的报告（1992年10月12日）》，http://www.gov.cn/test/2007-08/29/content_730511.htm（访问时间：2007年8月29日）。

随后，1993 年 11 月审议通过的《中共中央关于建立社会主义市场经济体制若干问题的决定》首次提出"改善和加强对市场的管理和监督""建立有权威的市场执法和监督机构"①，标志着真正意义上的中国现代市场监管机制正式确立。随着社会主义市场经济体制和现代市场监管机制相继形成，国家对市场主体信用监管改革探索也进入新的征程。有关市场主体信用监管的认识，随着中国实践探索的纵深发展而不断深化。尤其是在 2001 年加入世界贸易组织以后，我国积极参与全球经济一体化进程，市场主体信用监管在对外交往中的作用和地位日益凸显，市场主体信用监管成为全面深化经济体制改革、增强国际竞争力、满足人民生活需要的关键。

一是着力加强社会信用体系建设。社会信用体系建设作为市场主体信用监管的重要支撑，加强社会信用体系建设对开启市场主体信用监管道路建设具有至关重要的作用。2002 年 11 月，为全面推进社会信用体系建设，党的十六大报告明确提出"健全现代市场经济的社会信用体系"②，随后，2003 年《政府工作报告》再次强调"加快建立社会信用体系"③。紧跟党的十六大步伐，"十一五"规划纲要对社会信用体系建设进行进一步量化，提出"以完善信贷、纳税、合同履约、产品质量的信用记录为重点，加快建设社会信用体系"④，着重从市场领域强调加快建设社会信用体系的重要性。随后，国务院于 2003 年成立部际联合会议小组，牵头起草社会信用体系建设规划，并于 2007 年发布了《关于社会信用体系建设的若干意见》，提出"社会信用体系是市场经济体制中的重要制度安排"⑤，该意见强调了信用在我国市场经济中的重要性，进一步明确了社会信用体系建设的指导思想、建设目标和基本原则。在这一时期，

---

① 中华人民共和国中央人民政府：《中共中央关于建立社会主义市场经济体制若干问题的决定（中国共产党第十四届中央委员会第三次全体会议 1993 年 11 月 14 日通过）》，http：//www.people.com.cn/item/20years/newfiles/b1080.html（访问时间：1993 年 11 月 14 日）。
② 《中国共产党第十六次全国代表大会文件汇编》，北京：人民出版社 2010 年版。
③ 本书编写组：《十届全国人大一次会议〈政府工作报告〉学习辅导》，北京：中共党史出版社 2003 年版。
④ 本书编写组：《以科学发展观统领经济社会发展全局——"十一五"规划纲要学习辅导》，北京：人民出版社 2006 年版。
⑤ 中华人民共和国中央人民政府：《国务院办公厅关于社会信用体系建设的若干意见》（国办发〔2007〕17 号），http：//www.gov.cn/zhuanti/2015 - 06/13/content_ 2879028.htm（访问时间：2008 年 3 月 28 日）。

国家整体经济较为落后,市场经济改革仍然是我国经济建设的首要任务。① 因此,社会信用体系的重点几乎都放在了商务领域的市场主体信用监管上(尤其是金融领域的信用监管),同时市场主体信用监管带有浓厚的"社会被管理"色彩。

二是加快市场监管体制改革步伐。此前,我国并没有现代意义上的市场监管部门,国家经济委员会与国家计划委员会负责宏观经济调控,行业主管部门负责对市场主体进行经济管理,市场监管实质上是对行业市场主体的经济管理,政企合一的模式下,集权式的产业监管风格明显,市场主体的信用监管工作由各自行业主管部门负责。虽然我国早在1978年就已设立(可追溯至1953年)了工商行政管理部门②,但是当时的工作职责是带头办市场,同时对集贸市场进行市场监管,从而集"运动员"和"裁判员"双重身份于一身。③ 随着市场经济发展,新建了一批相对独立的监督管理机构,替代原有的行业主管部门履行市场监管职责,解决市场失信问题,市场监管体系初步形成。1993年国务院机构进行了一系列大幅度调整④,新组建了一批国家局、直属事业单位和特设市场监督管理机构(如国务院部委管理的国家技术监督管理局)⑤;1998年,新设国家质量技术监督局、国家药品监督管理局等国务院直属的市场监督管理机构⑥;2001年,原国家质量技术监督局、国家出入境检验检疫局组建为

---

① 周进萍:《共建共治共享:社会治理的中国话语与行动体系》,载《中共福建省委党校学报》,2018年第7期,第88~94页。
② 新中国成立初期,在政务院财经委员会内设立了中央外资企业管理局和中央私营企业管理局,1953年两局合并,改称中央工商行政管理局,后并入商业部。1978年9月重新恢复,改称中华人民共和国国家工商行政管理局,2001年经国务院批准,国家工商行政管理局更名为国家工商行政管理总局,升格为正部级单位。
③ 刘亚平、苏娇妮:《中国市场监管改革70年的变迁经验与演进逻辑》,载《中国行政管理》,2019年第5期,第15~21页。
④ 中华人民共和国中央人民政府:《1993年国务院机构改革》,http://www.gov.cn/test/2009-01/16/content_1206993.htm(访问时间:2009年1月16日)。
⑤ 中华人民共和国中央人民政府:《国务院关于部委管理的国家局设置及有关问题的通知》(国发〔1993〕26号),http://www.gov.cn/zhengce/content/2010-12/03/content_7991.htm(访问时间:2010年12月3日)。
⑥ 中华人民共和国中央人民政府:《国务院办公厅关于印发国家质量技术监督局职能配置内设机构和人员编制规定的通知》,(国办发〔1998〕84号)http://www.gov.cn/zhengce/content/2010-11/23/content_7756.htm(访问时间:2010年11月23日)。

国家质量监督检验检疫总局①；2003年，增设国务院直属特设机构国有资产监督管理委员会、国务院直属机构国家安全生产监督管理总局、国务院直属事业单位中国银行业监督管理委员会、中国保险监督管理委员会和国家电力监管委员会等市场监督管理机构；同时，原国家药监局新组建国家食品药品监督管理局，负责食品安全监管工作②。值得一提的是，自1995年以来，工商行政管理部门持续深化职能改革，注重发挥市场调节作用，加快与市场脱钩进程，逐步退出微观行政干预，同时强化市场监管与行政监管职能，成为市场监督管理的核心力量。

三是失信惩戒力度逐步加大。市场放开激活后，市场经济得到长足发展，但部分市场主体受利益驱使，片面强调经济发展而忽视市场秩序，经济迅速发展衍生的偷逃贷款、商业欺诈、制假售假、恶意拖欠等失信问题时有发生，大肆冲击市场秩序，严重影响经济发展和社会稳定。③ 这一时期，我国经济社会中潜藏的信用缺失问题凸显，政府也意识到了问题的严重性，1995年5月10日，为进一步规范票据行为，维护社会及市场经济秩序，第八届全国人民代表大会常务委员会第十三次会议审议通过了《中华人民共和国票据法》④，标志着我国商业信用的规范化、法制化监管进程正式开启，这一阶段，为强化信用意识、整肃市场秩序、完善信用制度，政府相继出台了《中华人民共和国担保法》⑤

---

① 中华人民共和国国务院办公厅：《国务院关于机构设置的通知》，（国发〔2003〕8号）http：//www.gov.cn/xxgk/pub/govpublic/mrlm/200803/t20080328_32661.html（访问时间：2003年3月21日）。

② 中华人民共和国中央人民政府：《国务院办公厅关于印发国家药品监督管理局职能配置 内设机构和人员编制规定的通知》，（国办发〔1998〕35号）http：//www.gov.cn/zhengce/content/2010-11/17/content_7840.htm（访问时间：2010年11月17日）。

③ 全林远、赵周贤：《论当代中国的诚信建设》，载《中国特色社会主义研究》，2011年第6期，第24~28页。

④ 1995年5月10日，第八届全国人民代表大会常务委员会第十三次会议审议通过了《中华人民共和国票据法》，1996年1月1日起施行。2004年8月28日，第十届全国人民代表大会常务委员会第十一次会议通过《全国人民代表大会常务委员会关于修改〈中华人民共和国票据法〉的决定》，自公布之日起施行。

⑤ 1995年6月30日，第八届全国人民代表大会常务委员会第十四次会议通过《中华人民共和国担保法》，1995年10月1日起施行。2020年5月28日，第十三届全国人民代表大会常务委员会第三次会议表决通过了《中华人民共和国民法典》，自2021年1月1日起施行。《中华人民共和国担保法》同时废止。

《中华人民共和国仲裁法》①等一系列与信用问题相关的政策和法规，为市场主体信用监管奠定了制度基础。在金融领域，信用监管也迈出了重要的一步，1996年，中国人民银行颁布实施了《贷款通则》②等部门规章，明确表示将信用评级作为银行借贷的重要评判依据，加强对贷款人征信等级的重视程度，力图提高失信成本；1997年，银行信贷登记咨询系统开始筹建③，该系统的主要业务为企业信用调查，通过银行信贷的相关登记记录，客观分析企业征信状况及征信水平，主要为金融领域的信贷活动提供有效信用服务，直到2006年，在全国范围内建成统一的市场主体信用信息数据库，并设立了独立机构开展市场主体的信用评价管理；同时，金融领域的信用监管发挥了示范引领作用，促使各部门越来越重视信用监管，使市场主体信用监管在诸多领域呈现"多点开花"的可喜局面，尤其是食品安全、知识产权保护等重点领域的市场主体信用监管取得了突破性进展④。同时，各地开展了先行先试，如2002年深圳市发布了《深圳市企业信用征信和评估管理办法》⑤，为市场主体信用监管做出了重要贡献。但是我国各领域的市场监管重心仍聚焦在对市场主体资格与经营资格的行政审批上，带有浓重的"管主体"色彩。

三、第三阶段：深化阶段

从21世纪的第二个十年开始，市场主体信用监管进入深化阶段。在前面两个阶段，市场主体信用监管的主要任务旨在防止失信行为对金融领域造成冲击，随后才扩展到生产、流通、税务等其他经济领域，其主要目标是通过管控

---

① 1994年8月31日，第八届全国人民代表大会常务委员会第九次会议通过《中华人民共和国仲裁法》，自1995年9月1日起施行。根据2009年8月27日第十一届全国人民代表大会常务委员会第十次会议《关于修改部分法律的决定》第一次修正，根据2017年9月1日第十二届全国人民代表大会常务委员会第二十九次会议《关于修改〈中华人民共和国法官法〉等八部法律的决定》第二次修正。
② 1996年6月28日，中国人民银行制定并发布《贷款通则》，自1996年8月1日起施行。
③ 中国人民银行征信中心，《中心概况》，http：//www. pbccrc. org. cn/zxzx/zxgk/gywm. shtml，（访问时间：2021年12月26日）。
④ 熊治东：《改革开放以来中国社会信用体系建设：成就、经验、问题与展望》，载《征信》，2020年第38卷第10期：第12~20、48页。
⑤ 深圳市人民政府门户网站：《深圳市企业信用征信和评估管理办法》（深圳市人民政府令〔第122号〕），http：//www. sz. gov. cn/zwgk/zfxxgk/zfwj/szfl/content/post_ 6572282. html（访问时间：2002年10月19日）。

确保经济稳定增长，重点是对市场主体资格和经营资格的审批。① 随着改革开放的不断推进，我国已初步建立起社会主义市场经济体制。但是在完善市场经济体制的进程中仍然面临一些问题和挑战，特别是政府对于资源的调配能力过大，对市场经济的微观干预过多，使政府与市场间的天平失衡，烦琐低效的行政审批流程与数目众多的审批许可印章阻碍了市场机制的有效运行，而且这种事前审批的方式并未有效缓解市场的失信问题。从国际形势来看，减少政府行政干预，充分发挥市场主导力量，营造更自由有序的营商环境，是经济全球化纵深发展背景下的必然趋势。在多重因素的叠加影响下，我国"强调主体资格、弱化行为监管"的以管控型为主导的市场主体信用监管已经不能适应复杂、多变的市场环境，更无法满足新时代国家治理体系和治理能力现代化的发展要求，全面、深入推进市场主体信用监管改革势在必行。

一是全面推进社会信用体系建设。党的十八大以来，党中央将全面推进社会信用体系建设提升至战略高度，2011年3月16日，《中华人民共和国国民经济和社会发展第十二个五年规划纲要》提出"加快社会信用体系建设"的总体要求。② 2011年7月5日，《中共中央国务院关于加强和创新社会管理的意见》提出，"建立健全社会诚信制度"，深刻阐述了信用制度在社会管理中的重要作用。③ 2012年，党的十八大强调要加强政务、商务、社会诚信和司法公信建设。④ 2013年，党的十八届三中全会提出了全面深化改革的总目标，包括："建立健全社会征信体系，褒扬诚信，严惩失信。"⑤ 2014年，国务院发布的《社会信用体系建设规划纲要（2014—2020年）》⑥ 在此前信用监管理论及实践的基础上，进一步明确社会信用体系建设的路线、方针、政策，全方位

---

① 俞思念：《对我国社会信用体系建设的再思考》，载《湖北社会科学》，2018年第1期，第26~30、44页。

② 中华人民共和国中央人民政府：《中华人民共和国国民经济和社会发展第十二个五年规划纲要》（全文），http：//www.gov.cn/2011lh/content_ 1825838.htm（访问时间：2011年3月16日）。

③ 《改革开放四十年大事记》，http：//www.xinhuanet.com/2018-12/17/c_ 1123861055_ 4.htm（访问时间：2018年12月）。

④ 《中国共产党第十八次全国代表大会文件汇编》，北京：人民出版社2012年版。

⑤ 中华人民共和国中央人民政府：《中国共产党第十八届中央委员会第三次全体会议公报》，http：//www.gov.cn/ducha/2015-06/09/content_ 2875841.htm（访问时间：2013年11月12日）。

⑥ 《社会信用体系建设规划纲要（2014—2020年）》，北京：人民出版社2014年版。

推进社会信用体系建设战略部署，与此同时，将"社会管理"的提法更新为"社会治理"，不仅体现了社会信用体系建设理念的变化，也展现了社会信用体系建设从宏观指导思想层面到微观实践操作层面的具象化过程，更重要的是，为各地区、各领域积极推进市场主体信用监管指明了方向。此后，2014年10月，党的十八届四中全会提出"完善守信褒奖和失信惩戒机制"①；2015年10月，党的十八届五中全会明确"完善社会信用体系是创新社会治理的重要途径"②；2018年2月，党的十九届三中全会强调"建立健全社会信用监管机制"③；都强调了信用体系建设与社会治理之间的逻辑关系，并为消除社会信用体系建设中的信用监管真空地带指明方向。

二是创新市场主体信用监管机制。党的十八大以来，以习近平同志为核心的党中央提出了一系列治国理政新理念、新思想、新战略，将简政放权、放管结合、优化服务作为供给侧结构性改革的重要内容、全面深化改革的"先手棋"和转变政府职能的"当头炮"。通过理论实践探索与经验总结，我国对于市场监管改革的认识不断深化，针对阻碍我国市场经济发展的现实问题，各部门积极探索，勇于自我革命，主动简政放权，激发市场内生动力，释放我国经济蕴藏的巨大潜能，积极服务于改革发展战略布局，为经济社会发展提供了强有力的支撑。在"宽进"的同时，强化"严管"措施，加快构建市场主体信用监管机制，建立健全新型市场监管体系。为此，2016年5月30日，国务院《关于建立完善守信联合激励和失信联合惩戒制度加快推进社会诚信建设的指导意见》明确提出了"健全社会信用体系，加快构建以信用为核心的新型市场监管体制"的总体目标④，就通过守信奖励和失信惩戒机制促进形成以信用为核心的新型市场监管体制提出了指导性意见。2017年1月12日，国务院发布

---

① 中华人民共和国中央人民政府：《中国共产党第十八届中央委员会第四次全体会议公报》，http://www.gov.cn/xinwen/2014-10/23/content_2769791.htm（访问时间：2014年10月23日）。

② 中华人民共和国中央人民政府：《中共中央关于制定国民经济和社会发展第十三个五年规划的建议》，http://www.gov.cn/xinwen/2015-11/03/content_5004093.htm（访问时间：2015年11月3日）。

③ 《中共十九届三中全会在京举行 习近平作重要讲话》，http://cpc.people.com.cn/n1/2018/0301/c64094-29840567.html（访问时间：2018年3月1日）。

④ 中华人民共和国中央人民政府：《关于建立完善守信联合激励和失信联合惩戒制度加快推进社会诚信建设的指导意见》，http://www.gov.cn/zhengce/content/2016-06/12/content_5081222.htm（访问时间：2016年6月12日）。

了《"十三五"市场监管规划》,提出"建立以信用为核心的新型监管机制"①,并从完善企业信息公示制度、强化企业信息归集机制、健全信用约束和失信联合惩戒机制、全面推行"双随机、一公开"监管四个方面,为提高市场主体信用监管的科学性和有效性提出了具体意见。2019年7月9日,国务院办公厅发布了《加快推进社会信用体系建设构建以信用为基础的新型监管机制的指导意见》,强调充分运用信用监管机制②,从事前、事中、事后等维度构建了贯穿市场主体全生命周期的新型监管机制,进一步提升信用治理水平与能力,推动市场经济高质量发展。

三是深化机构和行政体制改革。中国特色社会主义进入新时代后,党中央、国务院提出在简政放权的同时,加强衔接事前、事中、事后全环节监管,构建以信用为基础的信息监管机制,破除制约市场在资源配置中起决定性作用的体制机制弊端,这势必要求市场监管体系有所调整。而传统模式下的监管体系普遍存在多头检查、重复执法、监管流程"碎片化"等弊端,为了更好地实现"环环相扣"的高质量市场监管,充分发挥信用在市场监管的核心作用,党中央、国务院把深化机构和行政体制作为改革的重要内容。实际上,早在2009年,深圳市就整合工商局、质量技术监督局、知识产权局以及部分食品安全监管职能部门,组建市场监督管理局统一开展市场监管工作③,为全环节、高质量的市场主体信用监管创造条件,随后,深圳市的先进做法在安徽、浙江、天津等多省市得到推广与运用。2013年,党的十八届三中全会强调"改革市场监管体系""实行统一的市场监管",并明确指出市场在资源配置中起决定性作用;2017年,国务院进一步印发《"十三五"市场监管规划》,明确要求"形成综合监管、行业专业监管和社会协同相互促进的统一大市场监管格

---

① 中华人民共和国中央人民政府:《"十三五"市场监管规划》,http://www.gov.cn/zhengce/content/2017-01/23/content_5162572.htm(访问时间:2017年1月23日)。
② 中华人民共和国中央人民政府:《关于加快推进社会信用体系建设构建以信用为基础的新型监管机制的指导意见》,http://www.gov.cn/zhengce/content/2019-07/16/content_5410120.htm(访问时间:2019年7月16日)。
③ 邝兵:《关于深圳市市场监管体制改革的思考》,载《中国工商管理研究》,2010年第7期,第1、24~27页。

局"①。党的十九大对深化政府机构和行政体制改革做出重要部署,要求"统筹考虑各类机构设置,科学配置党政部门和内设机构权力、明确职责"②。党的十九届三中全会做出深化党和国家机构改革的重大决定,把完善市场监管和执法体制作为改革的重要内容③。在此趋势推进下,新一轮机构改革将政府对流通领域的工商监管、生产领域的质量监管、生产和流通领域的食品和药品监管、价格监管、知识产权保护、反垄断六大市场监管职能(以下简称"六大职能")归一,组建了国家市场监督管理总局,统一监管、综合执法。

第二节 我国市场主体信用监管的发展成效

纵观中国改革开放40多年来市场主体信用监管改革的历史演进与发展脉络可以发现,具有中国特色的市场主体信用监管改革道路从无到有,改革进程从缓慢到加速,改革范围逐步扩大至全国,改革方式、方法日益科学,标准化程度逐步提升,改革成效日渐显著,改革成果惠及民生,都体现了党和国家不断深化社会信用体系与市场主体信用监管体系建设的正确性。从市场主体信用监管实践来看,一方面,准入门槛进一步降低,市场主体内生动力得到进一步释放,行政成本与合规成本进一步降低,资源得到充分整合与有效利用。另一方面,新型市场主体信用监管体系的构建取得显著成效,贯穿市场主体全生命周期的事前、事中、事后监管闭环得到进一步强化,"大数据+信用监管"技术创新得到进一步推广,信用产品及服务得到广泛应用与价值深挖,"宽进严管"的市场主体信用监管大格局逐渐形成,深入推进与探索具有中国特色的本土化监管创新取得显著成效,为我国社会主义市场经济建设与社会信用体系建设打下了坚实的基础。

---

① 王勇:《关于国务院机构改革方案的说明——2018年3月13日在第十三届全国人民代表大会第一次会议上》,http://www.gov.cn/guowuyuan/2018-03/14/content_5273856.htm(访问时间:2018年3月14日)。

② 中华人民共和国中央人民政府:《习近平:决胜全面建成小康社会夺取新时代中国特色社会主义伟大胜利——在中国共产党第十九次全国代表大会上的报告》,http://www.gov.cn/zhuanti/2017-10/27/content_5234876.htm(访问时间:2017年10月27日)。

③ 《中共中央关于深化党和国家机构改革的决定》,北京:人民出版社2018年版。

一、政府监管效能显著提升

中国的国家治理体系和治理能力现代化就是使国家治理体系制度化、科学化、规范化、程序化，从而把中国特色社会主义的理论及制度优势转化为国家治理效能。现代市场监管体系作为国家治理体系的重要一环，其监管效能的高低充分体现国家治理能力和治理水平。[①] 特别是党的十八大以来，针对我国重事前行政审批轻事中、事后监管、监管方式单一、执法效果不佳、家长式监管、以罚代管，甚至以罚创收等问题，中国政府持续推动"放管服"改革，强化事中、事后监管，创新监管方式，尤其是强调通过建立健全市场主体信用监管体系提升政府效能。一是完善了以信用为基础的新型市场监管体制。中国长期实行"分段监管为主、品种监管为辅"的多部门市场监管体制[②]，市场主体信用监管及行政执法职能分散在不同行政部门，监管部门间"有利益就抢，没利益就让"的现象频发，不利于及时发现和防范市场主体信用风险，大大增加了市场主体的制度性交易成本。新一轮市场监管机构改革，重心在于精简市场监管机构，尤其是通过组建国家市场监督管理总局，整合了分散在各部门的市场监管职能，厘清监管边界及监管权责，加强了信用监管协同，统一了信用监管标准，建立部门联动、信息共享的大数据市场主体信用监管机制，使政出多门、责任不明、推诿扯皮等现象得到一定程度的改善。二是加快了政府职能转型。在各地区、各部门深化"放管服"改革是加快推进政府职能深刻转变的重要内容，针对我国市场监管出现的以罚代管、以罚创收、监管错位、缺位、漏位等问题[③]，必须全面深化"放管服"改革，加快从传统市场监管向"大数据+市场监管"转型，以技术创新推进监管理念、监管制度、监管模式、监管流程创新，其中，市场主体信用监管作为市场监管模式创新的重要表现形式，在简政放权的同时，秉持包容审慎监管的理念，以政府为主导，社会协同的监管方式推进市场化有序竞争，通过守信激励与失信约束倒逼企业诚信经营，通过分级分类治理与重点领域、重点监管等机制最大限

[①] 万岩、高世楫：《国家治理现代化视野下的监管能力建设》，载《中国行政管理》，2019年第5期，第6~14页。

[②] 王健、王鹏：《新一轮市场监管机构改革的特点、影响、挑战和建议》，载《行政管理改革》，2018年第7期，第24~29页。

[③] 徐国冲、张晨舟、郭轩宇：《中国式政府监管：特征、困局与走向》，载《行政管理改革》，2019年第1期，第73~79页。

度整合监管资源，降低监管成本，充分释放市场活力，促进市场主体有序经营。三是创新监管模式。市场主体信用监管改革注重将综合管理与专业管理相结合，主动革新监管理念和监管方法，将新型信用监管模式贯穿于市场监管各项业务的全方位、全流程，助推信用监管效能提升。一方面，在监管方法方面，积极运用"大智移云区"等新一代信息化手段，探索"互联网+信用监管"模式创新，实现信用监管数据可比对、过程可溯源、问题可监测，使监管全过程"留痕"，防止权力滥用。另一方面，在监管理念方面，不仅强调要形成跨部门、跨地区、跨领域的信用信息采集、归集、应用、奖惩机制，还强调了充分发挥行业协会、信用服务机构、第三方金融机构、媒体机构、消费者等社会力量参与监管的重要性，通过政府主导参与市场监管的同时应整合协调社会监管资源，在全社会范围内形成监管合力，让"守信者一路畅通，失信者寸步难行"。

二、营造诚信市场环境

近年来，我国市场主体信用监管改革取得了突出成效，市场主体活力得到充分释放，营商环境得到优化，市民诚信意识不断加强，在全社会营造"守信光荣，失信可耻"的良好社会氛围。一是激发了市场活力。长期以来，"准入不准营"问题一直比较突出，有限的监管资源难以保证"管住"与"管好"，"放开"与"管好"之间能有效协调，通过市场主体信用监管改革转变政府职能、提升政府治理能力、优化公共服务供给，以更开放、更包容、更公平的监管方式给予市场主体自主权和准入机会，把经营自主权归还给市场主体自身，将政府监管部门从烦琐低效的微观市场监管中解放出来，充分发挥市场在资源配置中的决定性作用。二是较好地满足了美好生活需要。改革开放后，我国市场经济发展过程中出现的各类失信问题严重损害人民利益，阻碍经济社会平稳、健康、高质量发展，加强市场主体信用监管，能有效增进人民群众福祉，满足人民群众日益增长的美好生活需要。三是降低了规制成本。市场经济是信用经济，市场主体的失信行为会破坏市场的正常运行秩序，大大增加了市场主体的交易风险，但是受有限监管资源和监管能力不匹配的影响，规制成本（不仅包括监管成本，还包括市场主体合规成本）居高不下[1]，在放宽市场准入的

---

[1] 胡仙芝、马长俊：《市场信用监管的政府责任及其实现机制》，载《中国行政管理》，2020年第3期，第40、44页。

同时实行市场主体信用监管，有效弥补监管缺位，"双管齐下"进一步降低行政成本与合规成本，助力社会主义市场经济有序健康发展。

三、信用激励和约束作用明显增强

守信激励机制与失信惩戒机制两者相辅相成，直接作用于经济市场中各市场主体的信用行为，是市场主体信用监管的核心机制。党的十八大以来，面对社会主义市场经济的新问题、新挑战，党中央审时度势，主动创新监管方式，畅通信息公开共享渠道，有效运用奖惩机制，构建起多方监管主体共同参与的守信联合激励和失信联合奖惩机制，倒逼市场主体诚信经营，营造透明、自由、公平的营商环境，形成了褒扬诚信、惩罚失信的制度机制，信用激励和约束作用明显增强。一是失信惩戒不断完善，惩戒效应显现威力。党的十八大以来，我国不断强化和完善失信惩戒机制，以信用作为总抓手，从各领域、各环节约束市场主体的失信行为（如表3-1所示），从失信"黑名单"规范性文件的制定情况来看，截至2020年10月，国家各部委共发布相关文件10份，涉及行业类型10个，而省级以下政府职能部门发布文件达670余份，涉及行业类型46个，表明各级政府机关对上级文件进行了层层细化分析，量化了联合惩戒措施，扩展了惩戒范围，失信联合惩戒机制已在我国各领域分级分类监管中得到有效运行。二是信用产品与信用场景更丰富，守信惠民成效显著。近年来，信息化技术的飞速发展不仅促进了信用信息多渠道、多领域共享共用，同时带动了信用产品与信用场景的不断创新与丰富，一方面，在银行、金融、投融资领域中"容缺受理"①、"信易贷"②和"双查"制度③等信用产品的使用较为广泛，在进出口、招投标、退税补税等领域开展信用产品及服务的探索与运用，市场监管领域也积极

---

① "容缺受理"，是指针对那些具备基本条件、主要申报材料齐全且符合法定条件，但次要条件或手续有欠缺的行政审批事项，职能部门可以"暂时性容忍"办理，办事群众和企业只需要在相应时间内补齐相应材料即可。最通俗的解释就是"手续未齐，申办事项一样办好"。

② "信易贷"，是指通过运用小微企业的公共信用信息和自主申报信息，对其进行公共诚信评价，供金融机构审批贷款时参考使用。不仅让金融机构的贷款审批成本降低，审批效率提高，还能让信用好的小微企业享受更优惠的贷款利率、更便捷的贷款审批通道等，实现"信用越好，贷款越容易"。

③ "双查"，是指既查询中国人民银行征信中心的信用信息，也查询地方城市公共信用信息。

与金融、投融资、招投标等领域开展信用联合激励与失信联合惩戒机制。另一方面，信用产品及服务的价值挖掘更为深入，目前已开发出"信易通"①"信易行"②"信易租"③等近30项诚信应用，让"信易+"④融入基层治理、社会管理、百姓生活，鼓励其主动守信，营造社会诚信氛围。信用产品与信用场景的不断丰富，充分发挥了信用的杠杆作用，进一步推动了市场主体信用监管改革成果惠及民生、全民共享，同时提高信用作为资本的可能性，良性驱动市场主体信用监管稳步高效实施。

表3-1　各级行政机关公布的黑名单规范性文件概况

发布主体	发布数量（份）	行业类别（个）
国家各部委	10	10
省级政府职能部门	433	20
省级以下政府职能部门	670	46

资料来源：法律信息数据库

四、社会信用体系形成

信用是社会主义市场经济高质量发展的前提和重要支撑，构建以信用为基础的新型市场监管机制是加快政府职能转变，推进我国社会主义市场经济平稳健康发展的重要手段。党的十八大提出"加强政务诚信、商务诚信、社会诚信和司法公信建设"的工作总要求⑤，党的十九大提出"深化商事制度改革""推进诚信建设""完善市场监管体制"⑥。随着市场主体信用监管的顶层设计日趋完善，改革步伐明显加快且成效显著，有力地助推了社会信用体系建设。

---

① "信易通"，是指通过积极推进通关一体化关检业务深度融合，整合优化海关企业信用管理制度，为海关高级认证企业等信用状况良好的市场主体提供优先办理进出口货物通关手续。
② "信易游"，是让诚信主体享受更优惠的出行服务价格、更低的押金或免押金、最新的出行服务、优先参与出行的优惠活动等，实现"信用越好，出行越容易"。
③ "信易租"，是指通过运用大数据分析技术，对创业、创新企业和个人进行公共信用评价及市场信用评级，形成全信用评价，探索把信用评估结果应用到众创空间、人才公寓保障性住房等的租赁使用中，助力"大众创业、万众创新"。
④ "信易+"，主要有信易贷、信易担、信易保、信易采、信易租、信易药等产品及服务。
⑤ 《中国共产党第十八次全国代表大会文件汇编》，北京：人民出版社2012年版。
⑥ 《中国共产党第十九次全国代表大会文件汇编》，北京：人民出版社2017年版。

一是信用立法取得一定进展。早在20世纪中后期，我国便先后颁布了《中华人民共和国公司法》《中华人民共和国合同法》《中华人民共和国商业银行法》《中华人民共和国仲裁法》《中华人民共和国担保法》《中华人民共和国外商投资法》等一系列法律，及时弥补了交易活动中的法律漏洞，有效规范了市场主体的交易行为，有力遏制了市场经济中因市场主体失信行为导致的失序问题，进入21世纪后，国家又相继颁布了《政府信息公开条例》《中华人民共和国行政许可法》《中华人民共和国反垄断法》等一系列行政法律法规，对政府的行政角色重新定位，着力推进诚信政府建设，同时，借助法律手段进一步规范市场主体的经济行为，拓展信用监管主体的范围，推进信用体系建设的普及化，截至2019年12月底，全国统计共有近30部法律和30多部行政法规中明确了信用建设的相关条款，超过2/3的省市已经出台或正在研究出台相关地方信用法规。① 这不仅能有效助推"放管服"改革持续深化，发挥信用在加快政府职能转变、创新市场监管机制、提高监管效率与质量等方面的基础性作用，而且有助于将制度优势转化为治理优势，更好地激发市场活力，推动社会信用体系建设平稳推进。二是信用基础设施建设稳步推进。一方面，党的十八大以来，我国加快征信系统建设步伐，在信用监管过程中，基于大数据、人工智能、云计算等现代信息科学技术，已建成全世界规模最大的征信数据库，截至2019年底，为10亿多市场主体（10.2亿自然人、2834.1万户企业和其他组织）建立了信用档案②，并在收录备案的市场主体数量、信用数据的覆盖范围和采集规模等方面都位于世界前列。另一方面，强化信用监管体系的信息化支撑，借助"大智移云区"等新一代信息技术，加快推进信用信息平台的建设及完善，织牢、织密全国"一张网"，全国范围内以数字信用为代表的信用监管新模式、新业态正飞速发展，有力推进社会信用体系的建设。三是市场主体守信意识不断提升。由于市场主体信用监管发展较晚，我国长期面临公民守信意识缺失和从事信用治理领域专业人员短缺等问题，为稳步推进我国社会信用治理体系建设，国家大力开展公民诚信教育，积极培育信用专业高质量人才，经过长期不懈努力，广大人民群众的守信意识得到大幅度提升，同时在从事信用经营、信

---

① 张丽丽、章政：《新时代社会信用体系建设：特色、问题与取向》，载《新视野》，2020年第4期，第62~67页。
② 新华网：《我国已建成世界上规模最大的金融信用信息数据库》，http://www.xinhuanet.com/fortune/2018-10/23/c_129977374.htm（访问时间：2018年10月23日）。

用管理、信用研究相关方面的专业人才建设取得了重大进展。党的十八大以后，市场主体信用监管的法制化及规范化进程进一步加快，价值取向进一步明晰，其中，"诚实守信"在 2001 年 9 月 20 日中共中央印发实施的《公民道德建设实施纲要》①中作为公民道德建设的重要内容并加以推行后，"诚信"又被纳入我国社会主义核心价值观②，体现了诚信在市场经济中的突出地位与特殊价值，为市场主体信用监管改革奠定了坚实的基础。

第三节　市场主体信用现状及问题

一、市场主体信用现状

千百年来，诚信作为中华民族的传统美德延续至今，并在中国经济、文化、社会发展中起到至关重要的作用。改革开放后，中国经历了经济体制转型的快速发展时期，经济体量不断增长、市场主体数量激增，一方面，推动了中国经济的蓬勃发展。另一方面，相对于单一封闭的计划经济，自由活跃的市场经济也让市场准入门槛降低，市场主体信用状况良莠不齐，在缺乏有效的市场监管背景下，市场主体信用缺失问题也越发严重。近年来，中央积极引导并推动社会信用体系与市场主体信用监管体系建设③。2014 年 6 月 14 日，国务院制定并颁布的《社会信用体系建设规划纲要（2014—2020 年）》明确提出中国社会信用体系建设的路线、方针、政策④；2019 年 7 月 9 日，国务院办公厅发布的《加快推进社会信用体系建设　构建以信用为基础的新型监管机制的指

---

① 《中共中央关于印发〈公民道德建设实施纲要〉的通知》（中发〔2001〕15 号），http://www.gov.cn/gongbao/content/2001/content_61136.htm（访问时间：2001 年）。
② 党的十八大报告提出，要大力加强社会主义核心价值体系建设，"倡导富强、民主、文明、和谐，倡导自由、平等、公正、法治，倡导爱国、敬业、诚信、友善，积极培育和践行社会主义核心价值观"。
③ 陈丽君、杨宇：《构建多元信用监管模式的思考》，载《宏观经济管理》，2018 年第 12 期，第 45~54 页。
④ 《社会信用体系建设规划纲要（2014—2020 年）》，北京：人民出版社 2014 年版。

导意见》强调，充分运用信用监管机制，完善事前、事中、事后全过程监管①，相关政策的制定与实施使市场主体信用监管取得一定成效，社会信用总体水平大幅度上升②。但由于社会诚信意识与道德规范缺失、信用相关的法律制度体系仍不完善、新型市场监管机制尚不健全、信用中介服务落后等客观原因，使市场主体信用监管成效不佳，在资本市场、商业交易、个人消费层面仍存在信用缺失问题，商业欺诈、虚假广告、拖欠贷款、虚假投资、逃税骗税、虚假披露等形式的信用缺失现象更是屡见不鲜且难以杜绝，诚信践诺的社会舆论难以达成一致，社会主义市场经济的良性健康发展受到一定阻碍。

（一）商品及服务信用水平有待提高

市场经济就是信用经济。自党的十四大正式提出建立社会主义市场经济体制的目标以来，我国经济建设取得长足发展，消费者的商品、服务得到了极大的满足，但是商品及服务的信用水平有待提高。一方面，市场主体在提供商品、服务时，存在缺斤少两、以次充好、以假充真等失信现象。根据中国打击侵权假冒工作网数据，仅2018年上半年，全国行政执法部门就查处侵权假冒案件21.5万件，查处专利侵权假冒案件7.7万件、商标违法案件3.1万件、侵权盗版案件2500余件，海关查扣进出境侵权货物4.72万批2480万件，公安机关破获侵权假冒案件近1.9万件③。这些数据表明，虽然我国对生产销售假冒伪劣商品违法行为的查处工作取得了显著成效，但从侧面说明当前制造销售假冒伪劣产品现象仍然存在，且呈现制假售假企业数量巨大、造假范围广泛、涉假品种繁多等特征。另一方面，市场主体随意变更合同条款，甚至撕毁合同的现象较为普遍，履约践诺、诚实守信的社会氛围尚未形成。据原工商部门不完全统计，1979—1999年全国法院年均审结经济纠纷案件77.41万件，2002—2008年年均审结案件237.07万件，到了2009年年均审结案件315.4万件，可

---

① 中华人民共和国中央人民政府：《国务院办公厅关于加快推进社会信用体系建设构建以信用为基础的新型监管机制的指导意见》（国办发〔2019〕35号），http://www.gov.cn/zhengce/content/2019-07/16/content_5410120.htm（访问时间：2019年7月16日）。

② 根据《小康》杂志发布的2005—2020年中国信用小康指数调查状况，我国信用小康指数由2005年的60.2分提高到2020年的96.4分，提高了36.2分，其中，企业信用指数更是从53.7分提高到94.5分。

③ 中华人民共和国中央人民政府：《中国知识产权保护与营商环境新进展报告（2018）》，http://www.gov.cn/xinwen/2019-05/15/content_5391896.htm（访问时间：2019年5月15日）。

见，上升趋势非常明显①。2020年9月18日发布的《中国国际商事仲裁年度报告（2019—2020）》显示，2019年全国253家仲裁委员会共受理案件48万余件，诉讼案件中90%以上为民事诉讼，其中占比最大的就是合同纠纷②。2021年9月13日发布的《中国国际商事仲裁年度报告（2020—2021）》显示，2020年全国259家仲裁委员会共受理案件400711件，全国仲裁案件标的总额为7187亿元，报告同时指出，在国际贸易、建设工程、航空以及金融领域，新冠肺炎疫情加剧了企业延迟或拒绝履行合约的情况，其中，供应链断裂是造成履约障碍的主要原因③。由于规范市场交易的相关法律条款相对滞后，市场主体信用监管机制不完善，以上问题并未从根本上扭转，我国市场交易中不诚信、不守约的问题仍然非常突出。市场主体提供的商品及服务直接面对消费者，因此，商品、服务信用缺失会侵害消费者权益，情节严重的甚至会对消费者的人身和财产安全造成危害。

（二）商业信用发展缓慢

商业信用是指企业在商品交易中间采用延期付款、预收账款或者分期付款等结算方式所形成的企业间的借贷关系，其作为社会信用的重要组成部分，本质上是卖方企业对买方企业的短期融资，具体表现形式包括应付账款、应付票据、预收账款等商业信用方式。④ 为加速资金的循环与周转以扩大经营规模，市场主体之间常常通过商业票据等方式进行信用交易。20世纪80年代中期，企业间因相互拖欠贷款引发的"三角债"问题成为当时经济运行中的一大顽疾，自爆发以来，"三角债"呈愈演愈烈趋势，而且调查发现，企业与企业间的债务关系远多于"三角"，一环扣一环的债务链条让企业经营风险及财务风险激增⑤，直到21世纪初，我国仍然约有50%的企业长期受"三角债"的影

---

① 中国产经新闻报：《合同履约率仅五成"失信"重创中国企业》，http：//jingji.cntv.cn/20110504/110446.shtml（访问时间：2011年5月4日）。
② 改革网：《中国国际商事仲裁年度报告（2019—2020）》发布，http：//www.cfgw.net.cn/2020-09/18/content_ 24944797.html（访问时间：2020年9月18日）。
③ 经济参考网：《中国国际商事仲裁2020—2021年度报告（2020—2021）》http：//www.jjckb.cn/2021-09/14/c_ 1310186595.htm（访问时间：2021年9月14日）。
④ 商业信用中心：《什么是商业信用》，http：//www.syxyzx.org.cn/index.php？m＝content&c＝index&a＝show&catid＝22&id＝1080（访问时间：2013年11月4日）。
⑤ 文远华：《中国经济转型时期信贷配给问题研究》，中国社会科学院研究生院硕士学位论文，2003年。

响，企业间逾期的应收账款占贸易总额的5%以上①。一直以来，由于我国缺乏相应的信用监管和处罚机制跟进，市场经济中普遍存在欠账不还、欠账有理等非正常现象，假冒伪劣、信用诈骗、逃废债务等失信行为不断滋生且无法避免，使商业信用这一以信用背书的结算方式变得异常脆弱，交易各方权益无法得到及时充分保障，商业信用领域仍然处于"失控"状态，市场主体将更偏向于采用现金交易、实物交易为代表的传统交易方式，商业信用的使用范围和规模都将受限，难以发挥商业信用的融资作用。据国家统计局数据，2020年年末，我国规模以上工业企业应收账款16.41万亿元，同比增长15.1%，增长幅度较快，相应地发生坏账概率和产生的坏账损失数额也呈递增趋势②，大量应收账款在影响企业现金支付能力的同时产生更多的机会成本。由于社会信用体系尚未健全、缺乏有效的信用监管机制，市场主体失信问题层出不穷，其中企业间相互拖欠款问题尤为突出，长此以往，企业间缺乏信任，不利于市场主体的健康发展。

（三）经营领域失信现象普遍

市场主体经营领域的信用缺失主要表现在逃废债③、偷税漏税等方面。一方面，市场主体间相互拖欠款有增无减的同时，逃废债现象层出不穷。许多市场主体利用多头开户、坐支现金等违法方式逃避监管、拒还贷款；有的市场主体通过不规范的破产、重组、租赁、承包等行为逃废或悬空银行贷款；还有的市场主体甚至拒不执行法院判决，故意拖欠贷款，这些行为严重损害银行的利益。根据《证券市场红周刊》报道数据，截至2020年6月末，36家上市商业银行不良贷款余额1.65万亿元，较2019年末增加1755亿元④，风险敞口呈扩大趋势。逃废债的大量产生会诱发社会道德风险，增加金融及财政风险甚至可

---

① 张世君：《加强应收账款管理 提高企业竞争力》，载《辽宁经济》，2005年第1期，第98~99页。
② 国家统计局：《2020年全国规模以上工业企业利润增长4.1%》，http：//www.stats.gov.cn/tjsj/zxfb/202101/t20210127_1812824.html（访问时间：2021年1月27日）。
③ 逃废债，是一种民事违约行为，不是所有的欠债都是逃废债，它强调债务人的主观故意，确切地说，有履行能力而不尽力履行债务的行为就是逃废债。
④ 证券市场红周刊：《中国上市商业银行画像：1.65万亿坏账、8700亿净利润》，https：//baijiahao.baidu.com/s？id=1677446999520016765&wfr=spider&for=pc（访问时间：2020年9月10日）。

能引发社会危机①。另一方面，我国在税收领域的失信问题也较为严重。税收作为我国财政收入最主要的来源，是国民收入再分配的重要手段。现实中纳税人与征税人存在税源信息不对称，纳税人对市场主体经营状况与财务信息更为了解，这让市场主体有了利用监管漏洞逃税、漏税的可能。当市场主体信用缺失时，部分市场主体追逐自身利益，将社会利益置之脑后，利用虚开发票、数字造假、虚增支出和少记收入等违法手段逃避纳税义务的现象就会频繁发生，近年来，我国市场经济发展迅速，税收法律制度趋于完善、税收流程日益规范，但在完备的信用监管机制建立以及社会信用体系健全完善之前，根除偷税漏税现象仍然任重道远。

（四）信用信息的广泛性与真实性不足

近年来，随着市场主体信用监管改革初显成效，社会各方对市场主体信用状况的重视程度逐渐提高，信用报告②、容缺受理、"信易+"等信用产品及服务的场景应用不断扩展，且逐步在市场监管、金融服务、商业交易、政府招投标等领域中发挥愈来愈重要的作用，提高了信用成为一种资本的可能性。但是市场主体信用信息的填报、传输、归集、披露的真实性仍存在一定风险。一是由于金融领域信用体系的构建相对完善，因此，我国市场主体信用信息披露内容主要来源于金融领域的信用行为（交通、文旅、医疗等领域的信用行为则很少涉及），导致以信用报告为依据披露的信用信息不具有广泛代表性。二是受各种利益诱惑，信用主体可能存在报送信用信息时弄虚作假，信用信息的源头存在虚假性风险。三是信用信息的传输公示过程仍存在信息失真风险③，一方面，市场主体信用监管虽然强调社会参与协调，但是缺乏专门性法律法规及具体实施条款对社会参与监管进行规范，目前，我国信用中介机构处于"野蛮生长"状态，部分协会商会、信用服务机构仍存在违法出示虚假证明材料的情况，违背了第三方信用服务机构"独立、公正、客观和科学"的原则。另一方面，信用信息主要通过政府部门采用数据集中交换的模式对信用信息进行统一

---

① 刘少波、杨代平：《信用缺失：表现危害原因与治理》，载《学术研究》，2001年第8期，第17~19页。
② 信用报告，是指征信机构以合法的方式从不同渠道收集信用信息，整理加工后提供给经授权的使用人的书面报告。
③ 贺德荣、蒋白纯：《提高电子政务信息共享平台数据质量的对策与方法——一个省级信用信息服务平台数据处理实例》，载《电子政务》，2010年第7期，第67~76页。

归集与共享，但由于传输技术方面阻碍以及各平台信用数据格式不一，再加之信息壁垒与信息垄断，市场主体的信用信息的可靠性与真实性难以得到充分保障①。

二、市场主体失信的特征

（一）失信现象较为普遍

目前，我国市场主体失信的现象很普遍，在市场经营活动中，生产销售假冒伪劣产品、提供虚假服务、偷税漏税、恶意拖欠工资、货款等失信行为屡见不鲜，以逾期应收账款为例，相比于发达国家企业间逾期应收账款发生额占贸易总额的 0.25%~0.5% 而言，我国这一占比则高达 5% 以上，甚至远远被低估。② 目前，社会尚未形成浓厚的诚信氛围，个别市场主体的守信意识较为淡薄，受信用意识缺乏的影响，违反合同、货价不符、卷款跑路、以次充好、商业欺诈等一系列失信现象比比皆是。因此，我国市场主体失信现象较为普遍。

（二）失信行为牵涉面广

市场经济就是信用经济，市场经济高质量发展很大程度上取决于市场主体信用监管成效。当前，我国市场主体信用水平无法满足人民日益增长的物质需求，失信问题渗透了生产、流通、消费及分配等各个环节：一是生产领域，制造假冒伪劣产品，置人民生命健康安全于不顾，如毒奶粉、瘦肉精、地沟油、毒胶囊等恶性事件引得人人自危；二是在流通领域，各市场主体间恶意拖欠货款、合同欺诈等失信现象难以杜绝；三是在消费领域，虚假广告、缺斤少两、欺行霸市、强买强卖、恶意垄断等行为屡见不鲜，以电视、报纸、网络为主要媒介的虚假广告无所不在，对于产品及服务进行了不切实际的虚假宣传，造成了许多消费者上当受骗且投诉无门的现象，严重损害了消费者的合法权益，扰乱了市场经济秩序；四是分配领域，违法偷税、骗税、漏税、恶意欠薪等失信行为频发，严重损害了社会整体利益。因此，我国市场主体失信行为牵涉面广，使老百姓的信用获得感、幸福感、安全感降低。

---

① 唐桂、陈昊洁：《中国特色新型行业信用体系建设创新性研究》，载《经济问题探索》，2020 年第 8 期，第 44~49 页。

② 张世君：《加强应收账款管理 提高企业竞争力》，载《辽宁经济》，2005 年第 1 期，第 98~99 页。

(三) 失信造成信任危机

市场经济的快速发展伴随着市场主体失信行为，严重扰乱了市场秩序。一方面，由于缺乏相应法律法规和信用监管手段约束市场主体，导致出现信用纠纷时，维权者缺乏充分、有效的维权证据，往往出现行政执法难度大、维权成本高的问题，而失信成本过低则进一步纵容与助长了不良风气。另一方面，市场主体失信行为牵涉人员众多，涉及利益较大，易发生群体性事件，严重影响社会秩序与稳定，对社会稳定造成较大负面影响。根据2018年数据[1]，我国年签订合同数量超过40亿份，但实际履行合约比率只占50%左右，每年因信用缺失带来的经济损失已超6000亿元，其中，就信用卡而言，相比于2014年信用卡逾期额度为357亿元，2018年已经增加至756亿元，但是截至2018年9月30日，全国累计发布失信被执行人名单1211万人，其中，只有254万（约占失信被执行人名单总数的20%）的失信被执行人受到失信惩戒并主动履行义务，其余80%的失信被执行人仅"榜上有名"，实际上仍逍遥法外。因此，我国市场主体失信行为的社会危害性严重，给全社会造成巨大的信任危机。

(四) 失信行为日趋复杂

当前，我国经济结构多元化、利益结构复杂化，导致市场主体失信行为呈现规模化、国际化、网络化趋势。以假冒伪劣商品为例，首先，制假卖假已经不再局限于小作坊式生产销售的个体工商户，而是向拥有专业分工、组织严密、流水线式制假售假的集团化方向发展，从原料采购、生产制造、印刷包装，再到储存运输、广告销售的全流程管理都是由集团势力在有组织、有规模的严密运行，而且隐秘性很强，常常处于地下或半地下状态，甚至有黑恶势力参与运作[2]；其次，我国假冒伪劣商品链条已通过海岸线和边贸区走出国门并形成规模，导致包括耐克、宝洁等著名跨国企业遭到假货的围追堵截，以宝洁为例，其产品被假冒的比例高达30%，而宝洁每年打假投入金额高于1000万元[3]；最后，随着互联网时代的到来，网络失信问题也日益增多，假冒伪劣商

---

[1] 央视财经：《我国社会信用立法纳入立法规划　诚信缺失致经济损失每年超6千亿！》，https://baijiahao.baidu.com/s?id=1614391758286499655（访问时间：2018年10月15日）。

[2] 李锋：《社会主体信用奖惩机制研究》，北京：人民出版社2017年版。

[3] 新浪财经：《假货猛于虎！探寻宝洁打假的制度难题》，http://finance.sina.com.cn/d/60172.html（访问时间：2001年5月14日）。

品已经日趋网络化、虚拟化。因此，我国市场主体失信行为呈现复杂化特征。

三、市场主体失信的危害

改革开放以来，我国经济建设取得了举世瞩目的成就，但是市场主体信用监管改革严重滞后于经济发展水平，信用问题长期被忽视。当前，市场主体失信已经给我国经济带来巨大的消极影响。从表面来看，一方面，市场主体的失信行为严重损害消费者利益，降低消费热情。另一方面，则提高了交易成本，降低市场主体经济效益，同时影响我国企业整体品牌形象提升，降低我国企业的国际竞争力，阻碍企业长足发展。从深层次来看，失信行为与失信风气扰乱了市场经济秩序，提高了市场交易风险，降低了资源配置效率，阻碍了扩大内需战略的深入推进，已成为我国市场经济有序运行的巨大障碍。

（一）提高交易成本，降低市场主体经济效益

市场经济就是信用经济，市场经济中的种种交易行为都基于某种信任而达成，因此，信任是信用的基础和前提。在社会诚信度高、市场主体诚信经营的情况下，市场交易过程中的信息获取成本、谈判交涉成本、监督执行成本等都处于较低的水平。然而，如果社会缺乏良好的信用环境，维系社会主义市场经济基础的契约将会被打破，以信用为基础的交易过程将变得异常艰难。市场主体若想开展商业交易就需要付出更多成本，这些成本主要表现在三个方面：一是失信导致市场主体间开展商业合作需要的谈判成本增加；二是失信导致投机主义、趋利主义盛行，加大了利益冲突与决策分歧，使摩擦与沟通成本提升；三是在信息不对等与契约不完备的限制下，失信行为进一步提高了诉讼、监管成本。与此同时，信用交易作为优于实物交易与货币交易的交易手段，可以降低交易成本，提高交易效率，扩大交易范围，实现双方共赢。然而由于信用体系不健全，给信用交易方式的提质升级带来重重困难，消费者不敢进行信用交易，商品交易与经济活动更重视现金交易与以货易货，使交易方式向现金交易等原始方式倒退，这不仅会造成社会资源的严重浪费，也严重影响了市场机制的运行，较高的交易成本已成为影响我国市场经济发展的重要因素。①

---

① 郑永旭：《我国企业信用现状及其成因分析》，载《企业技术开发》，2008年第27卷第12期，第114~115页。

（二）影响我国国际形象，不利于企业提升国际竞争力

《中共中央关于制定国民经济和社会发展第十四个五年规划和二〇三五年远景目标的建议》指出，要积极促进内需和外需、进口和出口、引进外资和对外投资协调发展①，表明经济全球化仍然是当代世界经济发展的重要趋势，我国也将继续坚持贯彻"引进来"与"走出去"相结合的国家战略，以深入参与国际经济合作与竞争②。这意味着我国将会有越来越多企业走出国门，参与国际竞争，若没有良好的信用将寸步难行，部分市场主体的失信行为将会严重损害我国的国际形象和声誉。然而，我国市场主体信用缺失问题严重，一定程度上影响了我国的国际形象，甚至不利于企业提升国际竞争力，一方面，虽然国外企业普遍看好中国巨大的消费市场和发展潜力，但可能担心信用环境不佳造成损失，进而抑制了外国企业进军中国市场的信心，影响了我国的国际形象。另一方面，市场主体的失信行为也会严重损害我国企业的整体形象，抑制了我国企业采用灵活高效的信用交易方式③，抗风险能力差，导致我国企业迈出国门走向世界的步伐大大受阻，不利于企业提升国际竞争力。

（三）损害消费者权益，抑制了市场健康有序发展

信用对消费者的消费行为有着不可忽视的影响，良好的诚信氛围在拉动消费、促进服务业转型中发挥积极作用，反之则在一定程度上扰乱了市场秩序，造成消费者诸多权益受损。例如，"三鹿奶粉"事件后，国内消费者对国产品牌奶粉失去信任，国内奶粉市场一度惨淡，这种不守信行为虽然短期内能给违信企业带来一定的利润，但这种靠欺诈手段使消费者蒙受损失的行为最终会形成恶性循环，给整个行业乃至整个市场造成损失，没有企业能独善其身。与此同时，恶劣的信用环境倒逼消费者采用较为保守的消费方式，消费者信心缺失的情况下，信用消费、预付式消费、超前贷款消费等较为先进的消费方式难以在信用程度较低的市场得到广泛运用和推广，进一步加剧了交易规模萎缩，抑

---

① 《中共中央关于制定国民经济和社会发展第十四个五年规划和二〇三五年远景目标的建议》，北京：人民出版社 2020 年版。
② 张建平、刘桓：《改革开放 40 年："引进来"与"走出去"》，http://www.qstheory.cn/llqikan/2019-03/09/c_1124213820.htm（访问时间：2019 年 3 月 9 日）。
③ 例如，在经济的全球化发展中，赊销这种以信用背书的交易方式在跨国贸易中应用越来越广泛，由于跨国贸易具有的高风险特性，出口赊销尤其需要交易双方都有良好的信用状况作为支撑。

制了市场健康有序发展。①

(四) 挫伤投资者信心，损害我国投资环境

当前，我国投资市场信用环境不佳，普遍存在欠账不还、欠账有理、欠账出效益等非正常现象，各种不讲信用的行为、不守约定的承诺让投资者信心严重丧失，提高了市场整体风险与交易成本，同时进一步加大了金融机构与企业、企业与企业间的矛盾。过度的谨慎投资行为阻碍了市场主体间的正常经济往来，制约了企业和金融机构的投资扩张行为，金融机构不敢轻易放贷，企业不敢轻易投资，诸多领域都出现了"惜投、惜贷"的非正常现象。据银保监会数据统计，截至2020年，商业银行不良贷款余额为3.5万亿元，逾期90天以上的贷款与不良贷款占比76%，违约情况仍屡见不鲜②。加上目前仍然受到疫情影响，不稳定、不确定因素显著增多，贷款风险较高，银行为避免陷入金融危机，许多商业银行普遍上存资金，或只愿意贷给有优质资产担保的客户，中小企业获得贷款将更困难，中小企业贷款难，压抑了资本的活跃性，损害我国的投资融资市场。

第四节　新时代加强市场主体信用监管的现实需求

一、社会主义市场经济高质量发展的现实需求

人无信不立，业无信不兴。信用是社会主义市场经济的基础，健康有序的市场经济离不开良好的信用氛围。近年来，在各级党和政府的领导下，全面深化"放管服"改革取得了一系列显著的成就，市场准入环境、竞争环境、营商环境和消费环境不断得到优化和改善，市场主体活力持续迸发，人

---

① 刘少波、杨代平：《信用缺失：表现危害原因与治理》，载《学术研究》，2001年第8期，第17~19页。
② 中国网：《中国发布丨银保监会：2020年银行业处置不良资产3.02万亿元　不良贷款余额3.5万亿元》，http://news.china.com.cn/txt/2021-01/22/content_77144306.htm（访问时间：2021年1月22日）。

民满意程度不断提高。① 但是在社会诚信意识缺失的环境下,破坏社会主义市场经济秩序的失信行为仍然屡禁不止,如部分企业通过虚假宣传、生产假冒伪劣产品等行为扰乱经济秩序。2020年10月,党的十九届五中全会通过的《中共中央关于制定国民经济和社会发展第十四个五年规划和二〇三五年远景目标的建议》明确强调,加快形成以国内大循环为主体、国内国际双循环相互促进的新发展格局,为我国深化供给侧结构性改革、加快消费升级、提升传统消费、培育新型消费、营造良好消费环境做出了长远规划。② 因此,只有加强市场主体信用监管,才能有效遏制假冒伪劣、合同欺诈、金融诈骗、赖账拖欠、侵犯知识产权等失信行为,进而维护市场经济秩序,保障社会主义市场经济高质量发展。

二、构建新型市场监管机制的迫切需求

国务院在《国务院关于印发"十三五"市场监管规划的通知》中指出,建立以信用为核心的新型监管机制,强化企业自我约束机制,通过信用监管机制,提高信息透明度,降低市场交易风险,减少政府监管成本,提高经济运行效率。③ 改革开放40多年来,我国经济形势发生了翻天覆地的变化,尤其是随着人工智能、区块链、云计算、大数据等新技术应用的发展,市场规模不断扩大,市场主体类型不断丰富,市场主体数量不断增加,但是严重侵犯消费者的权益,扰乱正常市场秩序的失信行为屡次发生。由于一直缺乏有效的事前预防、事中管控、事后惩戒的平台和手段,往往导致有法难依、违法难究,失信损失难以挽回。传统"以罚代管"的懒政思维难以从根本上纠正市场主体失信行为,监管部门也无法一一监管数量众多的市场主体(只能紧盯个别企业),只注重部分环节而无法对商品生产流程实现全覆盖,重事前准入监管、轻事中、事后监管,各级部门未实现信息共享、协同监管等问题,造成监管效率

---

① 祝丽丽、周雨、吴瀚然:《强化行业自律 完善市场信用监管》,载《宏观经济管理》,2019年第7期,第28~33、46页。
② 《中共中央关于制定国民经济和社会发展第十四个五年规划和二〇三五年远景目标的建议》,北京:人民出版社2020年版。
③ 中华人民共和国中央人民政府:《国务院关于印发"十三五"市场监管规划的通知》(国发〔2017〕6号), http://www.gov.cn/zhengce/content/2017-01/23/content_5162572.htm(访问时间:2017年1月23日)。

低、监管效果差，导致企业违规成本低，难以解决市场主体失信问题。① 传统的监管手段已经难以满足监管需求，通过有效整合现有监管资源，实现市场主体信用监管线上、线下无缝衔接，建立健全贯穿事前、事中、事后全监管链条的新型市场主体信用监管机制就显得尤为重要。

三、推动社会信用体系建设的现实需求

2019年7月，国务院发布的《国务院办公厅关于加快推进社会信用体系建设 构建以信用为基础的新型监管机制的指导意见》②，强调了市场主体信用监管对加强社会信用体系的重要性，拉开了加快构建以信用为基础的新型市场监管机制的序幕。2020年9月，习近平总书记主持召开中央财经委员会第八次会议时强调，要完善社会信用体系，加快建设重要产品追溯体系，建立健全以信用为基础的新型监管机制。③ 提升市场主体信用水平主要有两种手段：一是靠道德约束，通过宣传教育在社会上营造守信光荣、违信可耻的社会氛围，强化市场主体自身的诚信意识，从根源上解决市场主体失信问题；二是通过加强信用监管，对失信主体予以惩罚，增加市场主体失信成本，同时对守信主体进行奖励，经营状况的对比反差让市场主体真切感受到信用的威力。但是在当前市场主体信用参差不齐、道德教化在短时间内难以发挥作用的情况下，通过发挥信用在创新监管机制、提高监管能力和水平方面的基础性作用，可以让失信主体的惩戒威慑作用逐步显现，信用约束作用越来越大，能更好地激发市场主体活力，推动经济社会高质量发展。因此，加强市场主体信用监管，是推动社会信用体系建设的有效手段和重要保障。

四、创新社会治理模式的现实需求

在急速的社会转型期，社会结构分化、利益群体重组，很大程度上加剧了

---

① 陈世良：《我国经济转型期社会主义市场监管研究》，华中师范大学博士学位论文，2008年。
② 中华人民共和国中央人民政府：《国务院办公厅关于加快推进社会信用体系建设 构建以信用为基础的新型监管机制的指导意见》（国办发〔2019〕35号），http：//www.gov.cn/zhengce/content/2019-07/16/content_5410120.htm（访问时间：2019年7月16日）。
③ 中华人民共和国中央人民政府：《习近平主持召开中央财经委员会第八次会议》，http：//www.gov.cn/xinwen/2020-09/09/content_5542047.htm（访问时间：2020年9月9日）。

社会治理的失序。面对日益复杂而艰巨的社会治理任务，传统治理手段的作用日渐式微，以信用为核心进行市场规制和社会治理的信用监管实践日益兴起。① 进入新时代以来，我国经济转向高质量发展阶段，制度优势显著，治理效能提升，经济长期向好，社会全方面进步，人民群众的幸福感、安全感不断增强，这些成就都表明我国社会治理水平在不断提高。但转型时期信用缺失的矛盾突出，加上生产要素跨区域流动加速，社会治理方式亟须开创新模式，而市场主体信用监管正是新型社会治理的重要手段。② 这就要求我们要加强对市场主体的信用监管，尽快健全社会信用体系，破除制约经济高质量发展的体制机制障碍，不断提高监管能力和监管水平，为社会治理能力现代化建设开创新模式。

五、商事制度改革的现实需求

党的十八大以来，以习近平同志为核心的党中央从全局出发，把转变政府职能作为深化行政体制改革的核心，把简政放权等改革作为供给侧结构性改革的重要内容，多次做出重要部署，提出明确要求。③ 党的十八届三中全会明确提出了"经济体制改革的核心问题是处理好政府和市场的关系，使市场在资源配置中起决定性作用和更好发挥政府作用，关键是转变政府职能"的新判断。围绕这一判断，以"宽进严管"为基调的商事制度改革全面推开，从工商登记便利化为切入点，在改革过程中不断转变政府职能，减少对市场的直接干预，降低市场准入门槛，准入门槛高、审批程序难的问题逐渐得到解决，激发市场活力。但是由于缺乏有效的事中、事后监管模式，部分不法企业成立无运营资金、无工作人员的空壳公司，假冒经营欺骗消费者，谋取不正当的利润，市场上企业失信问题层出不穷。商事制度改革的核心是市场监管方式的变革，由门槛式审批监管向市场主体自治、行业自律、社会监督和政府监管的市场主体信用监管方式转变，最后实现市场主体充满活

---

① 袁文瀚：《信用监管的行政法解读》，载《行政法学研究》，2019年第1期，第18~31页。
② 陈新年：《从社会治理创新视角看推动社会信用体系建设》，载《宏观经济管理》，2017年第11期，第57~60页。
③ 马宝成、吕洪业、王君琦、安森东：《党的十八大以来政府职能转变的重要进展与未来展望》，载《行政管理改革》，2017年第10期，第28~34页。

力、市场要素竞相迸发的营商环境。① 因此,要加强市场主体信用监管,解决市场主体失信问题,做到放开之后"管得住",为顺利进行商事制度改革保驾护航。

---

① 朱从玖:《浙江商事制度改革实践》,载《行政管理改革》,2015 年第 5 期,第 14~18 页。

第四章

共建共治共享视阈与市场主体信用监管：理论构建

一个开启现代化新征程的中国，不仅要建设现代化的社会主义市场经济体系，更要在发展经济的同时构建一个现代化的诚信社会结构，二者相得益彰。改革开放40多年来，我国确立的"以经济建设为中心"的发展战略，释放了经济领域的改革活力，既激发了市场活力，又复苏了社会力量，传统的政府管控的单一格局被打破，经济和社会结构发生了全方位、多层面的显著性嬗变。① 回顾中国市场主体信用监管发展的历程，我国市场主体信用监管走出了一条与社会治理改革同步推进与发展的渐进式发展路径，且取得了显著成效，但迄今为止，政府主导模式仍是最广泛的一种实践，其导致的问题也一直饱受诟病。

近年来，面对市场主体信用监管困境，我国采取"中央规划、地方和部门试点"的模式，将市场主体信用监管作为一种新型治理手段，在全国各地积极开展市场主体信用监管创新实践，有效整合了政府各部门、中央与地方以及政府与市场、社会等多元主体的力量，极大提高了市场主体信用监管效能。② 但这些监管实践仍然存在监管主体各自为政、监管方式碎片化、监管成果利益分化等问题，影响了信用秩序的形成。同时，一些学者主张多元主体共建，认为整合多部门、多层次、多主体的信用监管力量是弥补单一市场主体信用监管模式缺陷的有效选择。③

---

① 夏锦文：《共建共治共享的社会治理格局：理论构建与实践探索》，载《江苏社会科学》，2018年第3期，第53~62页。
② 陈新年：《从社会治理创新视角看推动社会信用体系建设》，载《宏观经济管理》，2017年第11期，第57~60页。
③ 陈丽君、杨宇：《构建多元信用监管模式的思考》，载《宏观经济管理》，2018年第12期，第45~54页。

党的十九大报告明确提出，要"打造共建共治共享的社会治理格局"①，"共建共治共享"理念既是对社会治理已有经验的总结，也是对新时代中国特色社会主义各项事业开展做出的崭新谋划。因此，"共建共治共享"模式为市场主体信用监管提供了理想的理论范式，市场主体信用监管也在"共建共治共享"模式下展开了丰富而卓有成效的实践探索。

第一节 趋势性变化

"任何市场都存在公共物品、外部性、自然垄断、不完全竞争、信息不对称等市场失灵的问题，缺失市场监管必然导致市场秩序混乱、损害社会公共利益。"② 改革开放以来，针对市场准入制度改革强调的"简政放权""转变政府监管职能"总体要求，一方面，大量取消事前行政审批项目，打开市场并放活前端。另一方面，对于一些暂时无法完全取消的事前项目则将其调整为事中、事后监管项目③，从本质上来说，市场准入管制的大幅度"放宽""倒逼"我国市场主体监管模式的改革与创新，将传统模式下注重事前行政审批转变为注重事中、事后监管的新型市场监管模式，营造了便捷、高效、自由、公开的营商环境。所以，在明确了"宽进"与"严管"相结合的改革方针的基础上，分析我国改革开放以来市场主体信用监管发展历程和主要成效，结合我国商事制度改革和社会信用体系建设的总体部署，可以看出三个趋势性变化。

一、从单一建设主体到多元主体协同共建

传统市场监管是政府主导下的监管机制，政府处于包揽一切的统领地位，容易形成建设主体单一、监管部门各自为政的监管局势，加之政府单边治理存

---

① 习近平：《决胜全面建成小康社会 夺取新时代中国特色社会主义伟大胜利》，北京：人民出版社2017年版。
② 陈海疆、陈秀新、焦勇、刘晓青：《商事制度改革背景下市场监管工作转型研究》，载《中国工商管理研究》，2015年第2期，第30~35页。
③ 国务院：《国务院关于取消和调整一批行政审批项目等事项的决定》（国发〔2014〕27号），http://www.gov.cn/zhengce/content/2014-08/12/content_8974.htm（访问时间：2014年8月12日）。

在职能有限性和监管缺位、错位等弊端,已无法完全破解当下日益复杂又层出不穷的市场信用危机。市场主体信用监管改革是一项复杂、庞大的系统性工程,涉及各行业条块、中央与地方、政府与社会在信用监管中的责任划分,牵涉到政府部门、自然人、企业法人及其他社会组织等多类主体的切身利益,因此,需要多元主体共同参与市场主体信用监管,主要包括三个方面的内容。

(一) 推进市场主体信用监管的制度共建

完备的制度体系会使信用监管有章可循、有法可依,信用制度的革新和完善,有利于通过加强信用监管抑制市场主体失信行为的发生,进而有助于加快构建以信用为核心的新型监管机制,提升监管能力和水平,是推进市场主体信用监管体系建设的根基所在。改革开放以来,我国市场主体信用监管改革取得重大进展,但是我国经济正处于转轨时期,社会信用体系建设不够理想,市场发育仍然不够成熟,该时期不能单纯依靠市场力量,因此,我国政府审时度势,采取了政府宏观调控引导社会各方共同参与监管的政策措施。

一是加强了市场主体信用监管的顶层设计。近20年来,我国的市场监管改革取得重大成效与建设初期我国政府坚定的改革决心与强有力的行动力密切相关。党的十八大以前,我国主要通过颁布信用相关的法律条例及政策文件为社会信用体系明确建设目标、方向,同时为市场主体信用监管改革积蓄内在能量,其中,在2006年的"十一五"规划纲要中提出了要以完善信用记录为路径来推进市场主体信用监管改革。① 2007年,国务院颁布《关于社会信用体系建设的若干意见》提出要"结合我国实际,采取不同政策,有计划、分步骤地推进社会信用体系建设"②,为加快社会信用体系建设,党中央、国务院及相关部委积极出台相关政策文件指导和推进市场主体信用监管。2011年3月,在"十二五"规划纲要中将"加快社会信用体系建设"写入经济发展的总体要求,这是我国在国家层面首次提出"社会信用体系"③;2012年党的十八大提

---

① 闫淑萍:《中华人民共和国国民经济和社会发展第十二个五年规划纲要(摘选)》,载《河北化工》,2011年第34卷第4期,第1~5页。
② 国务院办公厅:《国务院办公厅关于社会信用体系建设的若干意见》(国办发〔2007〕17号),http://www.gov.cn/zhuanti/2015-06/13/content_2879028.htm(访问时间:2008年3月28日)。
③ 中华人民共和国中央人民政府:《国民经济和社会发展第十二个五年规划纲要》,http://www.gov.cn/2011lh/content_1825838.htm(访问时间:2011年3月16日)。

出,"加强政务诚信、商务诚信、社会诚信和司法公信建设"①;2013年党的十八届三中全会提出"建立健全社会征信体系,褒扬诚信,惩戒失信"②。至此,相关文件只是对市场主体信用监管体系建设目标进行描绘,但具体建设路径与实施措施尚未具体提及。2014年6月,国务院颁布了《社会信用体系建设规划纲要(2014—2020年)》③,并将"深入推进商务诚信建设"分解为生产、流通、金融、税务与电商等14个领域,对市场主体信用监管的制度建设进行了具体细化,这是社会信用体系建设的总蓝图、总纲领④,此后,《国务院办公厅关于加快推进社会信用体系建设,构建以信用为基础的新型监管机制的指导意见》⑤等文件出台。通过"自上而下"的政策要求,各级政府部门参与信用监管制度建设,形成了"自上而下"多层级的市场主体信用监管体系,充分发挥了组织、引导、推动和示范作用,为社会信用体系建设提供了制度遵循、机制保障、措施约束、政策引导。⑥

二是市场主体信用监管相关的法律法规日趋完善。我国虽然尚未出台信用专门法律,但是据不完全统计,截至2020年12月,共有35部法律和48部行政法规中涉及相关信用条款⑦(如表4-1所示),并逐步建立起了以国家法规、部门规章、规范性文件为标准的多层次法律法规制度体系,在多元主体的参与下,信用监管向法治化、制度化转变。在信用监管的法律方面,《中华人民共

---

① 《中国共产党第十八次全国代表大会文件汇编》,北京:人民出版社2012年版。
② 本书编写组:《党的十八届三中全会决定学习辅导百问》,北京:党建读物出版社2013年版。
③ 国务院:《国务院关于印发社会信用体系建设规划纲要(2014—2020年)的通知》(国发〔2014〕21号),http://www.gov.cn/zhengce/content/2014-06/27/content_8913.htm(访问时间:2014年6月27日)。
④ 例如,针对生产领域信用建设的目标是推动建立质量信用征信系统,加快完善"12365"产品质量投诉举报咨询服务平台,建立质量诚信报告、失信黑名单披露、市场禁入和退出制度。
⑤ 国务院办公厅:《国务院办公厅关于加快推进社会信用体系建设构建以信用为基础的新型监管机制的指导意见》(国办发〔2019〕35号),http://www.gov.cn/zhengce/content/2019-07/16/content_5410120.htm(访问时间:2019年7月16日)。
⑥ 李新庚:《社会信用体系运行机制研究》,载《中国信用》,2018年第9期,第128页。
⑦ 2020年12月7日,在国家发展改革委组织召开的社会信用立法专题研讨会中指出,党中央、国务院高度重视社会信用立法工作,近年来各层面信用立法取得重要进展,已有35部法律、42部行政法规规定了专门的信用条款。

和国民法总则》①《中华人民共和国消费者权益保护法》②《中华人民共和国合同法》③ 等一大批法律法规在规范市场交易、促进信用信息公开和保护、对失信行为的惩戒等方面内容为市场主体信用监管奠定了法制基础。在行政法规方面，《中华人民共和国政府信息公开条例》④《征信业管理条例》⑤《企业信息公示暂行条例》⑥ 分别对政府、信用中介机构、企业等主体在信用监管建设方面的作用进行了规范，其中，国务院2013年1月颁布的《征信业管理条例》，对征信机构的含义、设立条件和程序、征信业务须遵循的规则、征信业务纠纷救济机制、作为特殊征信业务的金融信用信息基础数据库建设、对征信业务的监督管理以及相关的法律责任等做出了具体规定⑦；2014年8月颁布的《企业信息公示暂行条例》，对企业信用信息公示内容及要求、企业信用信息公示系统的建立、负责企业信用信息公示工作的监督管理部门及对应职责、异常经营名录机制、随机抽查机制、信用约束机制等方面进行明确规定⑧。在地方性法规方面，我国的地方立法对市场主体信用监管改革进行了有益探索。在规章方面，主要包括地方规章和部门规章，根据党中央、国务院的指导意见，北京、上海、重庆、天津、广东、湖南、湖北、广西等地先后出台了企业信用信息公示归集、信用征信管理、失信联合惩戒等方面的信用制度建设法律文件；人民银行、国家市场监督管理总局（原国家工商行政总局）、商务部等国家部委也

---

① 全国人民代表大会：《中华人民共和国民法总则》（2017年3月15日第十二届全国人民代表大会第五次会议通过），http：//www.npc.gov.cn/npc/c12435/201703/7944f166a8194d788c63cc6610aebb4a.shtml（访问时间：2017年3月15日）。

② 全国人民代表大会：《中华人民共和国消费者权益保护法》，http：//www.npc.gov.cn/wxzl/gongbao/2014-01/02/content_1823351.htm（访问时间：2014年1月2日）。

③ 全国人民代表大会：《中华人民共和国消费者权益保护法》，http：//www.npc.gov.cn/wxzl/gongbao/2014-01/02/content_1823351.htm（访问时间：2014年1月2日）。

④ 中国政府网：《中华人民共和国政府信息公开条例》（中华人民共和国国务院令第492号），http：//www.gov.cn/xxgk/pub/govpublic/tiaoli.html（访问时间：2007年4月5日）。

⑤ 中国人民银行征信中心：《征信业管理条例》，http：//www.pbccrc.org.cn/zxzx/zhengcfg/201401/6e55556e29774c9cb28c019833ea9bbf.shtml（访问时间：2014年1月14日）。

⑥ 中国政府网：《企业信息公示暂行条例》（国务院令第654号）http：//www.gov.cn/zhengce/2014-08/23/content_2739774.htm（访问时间：2014年8月23日）。

⑦ 国务院办公厅：《征信业管理条例》（国务院令第631号），http：//www.gov.cn/flfg/2013-01/29/content_2323780.htm（访问时间：2013年1月21日）。

⑧ 国务院：《企业信息公示暂行条例》（国务院令第654号），http：//www.gov.cn/zhengce/2014-08/23/content_2739774.htm（访问时间：2014年8月7日）。

先后出台了一系列市场主体信用监管相关的法律文件,例如,为了完善信用监管机制,加快政府职能转变,督促企业依法履行公示义务,保证公开、透明、有序的营商环境,原国家工商行政总局根据《企业信息公示暂行条例》[①] 制定并发布了5部配套的部门规章,分别是强化事中、事后监管,规范工商部门抽查行为的《企业公示信息抽查暂行办法》[②],强化企业信用约束,规范经营异常名录管理的《企业经营异常名录管理暂行办法》[③],保证个体工商户依法披露经营年度报告的《个体工商户年度报告暂行办法》[④],探索建立农民专业合作社年度报告制度的《农民专业合作社年度报告公示暂行办法》[⑤] 以及强化市场主体信用监管,推行社会共治的《工商行政管理行政处罚信息公示暂行规定》[⑥]。同时,我国已建立起包括市场主体标识规范、个人信用调查报告格式规范、企业信用等级表示方法、基本信息报告在内的数十条社会信用国家标准,涵盖电子商务、诚信管理、信用中介组织等领域,有效化解了因法律法规不健全、制度规范不完善造成的信用标准混乱问题,夯实了市场主体信用监管的基础。

[①] 中国政府网:《企业信息公示暂行条例》(国务院令第654号),http://www.gov.cn/zhengce/2014-08/23/content_2739774.htm(访问时间:2014年8月23日)。

[②] 中华人民共和国中央人民政府:《企业公示信息抽查暂行办法(国家工商行政管理总局令第67号)》,http://www.gov.cn/gongbao/content/2014/content_2758498.htm(访问时间:2014年8月19日)。

[③] 中华人民共和国中央人民政府:《企业经营异常名录管理暂行办法》(国家工商行政管理总局令第68号),http://www.gov.cn/gongbao/content/2014/content_2758499.htm(访问时间:2014年8月19日)。

[④] 中华人民共和国中央人民政府:《个体工商户年度报告暂行办法》(国家工商行政管理总局令第69号),http://www.gov.cn/gongbao/content/2014/content_2765421.htm(访问时间:2014年8月19日)。

[⑤] 中华人民共和国中央人民政府:《农民专业合作社年度报告公示暂行办法》(国家工商行政管理总局令第70号),http://www.gov.cn/gongbao/content/2014/content_2771081.htm(访问时间:2014年8月19日)。

[⑥] 中华人民共和国中央人民政府:《工商行政管理行政处罚信息公示暂行规定》(国家工商行政管理总局令第71号),http://www.gov.cn/gongbao/content/2014/content_2771082.htm(访问时间:2014年8月19日)。

表 4-1 中国信用相关法律及行政法规出台情况

序号	法律	行政法规
1	《中华人民共和国外商投资法》	《征信业管理条例》
2	《中华人民共和国广告法》	《企业信息公示暂行条例》
3	《中华人民共和国个人所得税法》	《中华人民共和国政府信息公开条例》
4	《中华人民共和国公务员法》	《优化营商环境条例》
5	《中华人民共和国电子商务法》	《食盐专营办法》
6	《中华人民共和国反不正当竞争法》	《无证无照经营查处办法》
7	《中华人民共和国标准化法》	《融资担保公司监督管理条例》
8	《中华人民共和国中小企业促进法》	《医疗器械监督管理条例》
9	《中华人民共和国测绘法》	《印刷业管理条例》
10	《中华人民共和国民办教育促进法》	《期货交易管理条例》
11	《中华人民共和国电影产业促进法》	《企业投资项目核准和备案管理条例》
12	《中华人民共和国网络安全法》	《娱乐场所管理条例》
13	《中华人民共和国旅游法》	《互联网上网服务营业场所管理条例》
14	《中华人民共和国资产评估法》	《个体工商户条例》
15	《中华人民共和国慈善法》	《中华人民共和国企业法人登记管理条例》
16	《中华人民共和国种子法》	《中华人民共和国公司登记管理条例》
17	《中华人民共和国食品安全法》	《中华人民共和国食品安全法实施条例》
18	《中华人民共和国慈善法》	《中华人民共和国道路运输条例》
19	《中华人民共和国药品管理法》	《营业性演出管理条例》
20	《中华人民共和国消费者权益保护法》	《地图管理条例》
21	《中华人民共和国商标法》	《居住证暂行条例》
22	《中华人民共和国农业法》	《中华人民共和国政府采购法实施条例》
23	《中华人民共和国野生动物保护法》	《中华人民共和国合伙企业登记管理办法》
24	《中华人民共和国港口法》	《对外劳务合作管理条例》
25	《中华人民共和国疫苗管理法》	《中华人民共和国招标投标法实施条例》
26	《中华人民共和国土壤污染防治法》	《快递暂行条例》
27	《中华人民共和国文物保护法》	《中华人民共和国海关稽查条例》

续表

序号	法律	行政法规
28	《中华人民共和国环境影响评价法》	《中华人民共和国商标法实施条例》
29	《中华人民共和国固体废物污染环境防治法》	《存款保险条例》
30	《中华人民共和国招标投标法》	《国有土地上房屋征收与补偿条例》
31	《中华人民共和国民事诉讼法》	《人力资源市场暂行条例》
32	《中华人民共和国拍卖法》	《重大行政决策程序暂行条例》
33	《中华人民共和国证券投资基金法》	《中华人民共和国人类遗传资源管理条例》
34	《中华人民共和国政府采购法》	《物业管理条例》
35	《中华人民共和国证券法》	《保障中小企业款项支付条例》
36		《报废机动车回收管理办法实施细则》
37		《科学技术活动违规行为处理暂行规定》
38		《中国人民银行金融消费者权益保护实施办法》
39		《国家科学技术奖励条例》
40		《中华人民共和国外资银行管理条例》
41		《彩票管理条例》
42		《中华人民共和国营业税暂行条例》
43		《旅行社管理条例》
44		《金融违法行为处罚办法》
45		《中华人民共和国海关事务担保条例》
46		《中华人民共和国认证认可条例》
47		《粮食流通管理条例》
48		《中华人民共和国国际海运条例》

三是地方层面的信用制度建设也如火如荼开展。截至2020年12月，湖北、上海、河北、浙江、陕西、河南、辽宁等省市已制定了市场主体信用监管的地方性法规，对信用信息的归集与管理、市场主体的权益保护、信用行业的

发展、守信激励与失信惩戒机制的运用、法律责任的承担、信用环境的建设等方面进行了详细规定。通过先行先试，地方立法为国家信用立法积累了宝贵经验，有力地支持了地方市场主体信用监管的开展。从表4-2可以发现，上海、河南等地的地方性立法是社会信用条例，属于针对社会公共信用的综合性立法，而湖北、浙江等地的地方性立法则是信用信息管理相关条例，更偏重于解决信用信息的采集、归集、共享、应用等现实问题。同时，10余个省份先后发布了社会信用条例的征求意见稿或草案，而其他地区也积极响应党中央关于社会信用体系建设的号召，将社会信用立法工作纳入相应的计划安排。

表4-2 各地方信用立法情况

序号	省级	市级
1	《广东省企业信用信息公开条例》	《无锡市公共信用信息条例》
2	《陕西省公共信用信息条例》	《泰州市公共信用信息条例》
3	《湖北省社会信用信息管理条例》	《宿迁市社会信用条例》
4	《上海市社会信用条例》	《哈尔滨市社会信用条例（草案）》
5	《河北省社会信用信息条例》	《厦门经济特区社会信用条例》
6	《浙江省公共信用信息管理条例》	《南京市社会信用条例》
7	《辽宁省公共信用信息管理条例》	《烟台市文明行为促进条例》
8	《吉林省社会信用条例（草案送审稿）》	《镇江市节能失信行为认定和管理办法》
9	《河南省社会信用条例》	《济南市个人诚信积分管理办法（试行）》
10	《青海省公共信用信息条例（送审稿）》	《济南市企业信用分级分类监管办法（试行）》
11	《广东省社会信用条例（草案修改征求意见稿）》	《九江市文明行为促进条例》
12	《江苏省社会信用条例（草案）》	
13	《内蒙古自治区公共信用信息管理条例（征求意见稿）》	
14	《海南省企业信用风险分类监管暂行办法》	

续表

序号	省级	市级
15	《山东省社会信用条例》	
16	《江苏省信用服务机构管理办法（试行）》	
17	《黑龙江省社会信用条例（征求意见稿）》	
18	《重庆市社会信用条例（草案）》	
19	《海南省社会信用条例（草案）》	
20	《陕西省社会信用条例（草案）》	
21	《天津市社会信用条例》	
22	《四川省科研失信记录实施细则（试行）》	
23	《浙江省医疗保障信用管理办法（试行）》	

（二）推动信用信息平台的共建

信用信息的产生源于经济活动，能客观反映信用主体商业活动、履约情况、经济水平、商业信誉等信用状况，并识别和锁定信用主体身份的真实数据及资料，其对市场主体信用监管具有至关重要的作用，是市场主体信用监管体系建设的基础①，但是原始的信用信息具有零星、散落、碎片化的特征，难以通过单一、个别的信用信息判断市场主体的整体信用状况。因此，只有通过构建信用共享机制，打通信用信息互联互通渠道，保证信用信息的全面性、真实性、有效性、准确性，才能充分发挥其本身的重要价值②。

一是全国信用信息共享平台体系已基本建成。依托互联网、大数据、人工智能、区块链等新技术手段，由国家发展改革委牵头推进，经过多部门协调与

---

① ［美］斯坦利·麦克里斯特尔：《赋能：打造应对不确定性的敏捷团队》，林爽喆译，北京：中信出版社2017年版。
② 汪育明：《信用信息共享支撑"放管服"的实践探索与改革建议》，载《宏观经济管理》，2020年第11期，第14~19、32页。

配合,全国信用信息共享平台已于2015年10月正式投入运行①。目前,我国已建成以"国家信用信息共享平台"与"信用中国"为"中枢"的信用信息共享平台体系。其中,全国信用信息平台已实现44个国家部委、32个省级信用平台和70个市场信用服务机构的信用信息互联互通,已建成涵盖国家、省、地市三个层级的信用信息共享及归集机制。截至2020年5月底,信用信息共享平台体系归集信用信息数百亿条,归集的信用信息可供所有接入平台的部门及地方政府使用②。散落在各行业、各部门、各地区的信用信息通过"国家信用信息共享平台"进行归集、整理、分析、共享,实现跨地区、跨部门、跨行业、跨层级的信息共享、数据处理、加工利用、联合惩戒,"信用中国""一站式"服务平台则提供市场主体信用信息查询、信用报告下载、信用修复等功能(详见图4-1),充分运用社会共治的先进治理方式提高监管效能,有效支撑了市场主体信用监管改革向纵深方向发展。

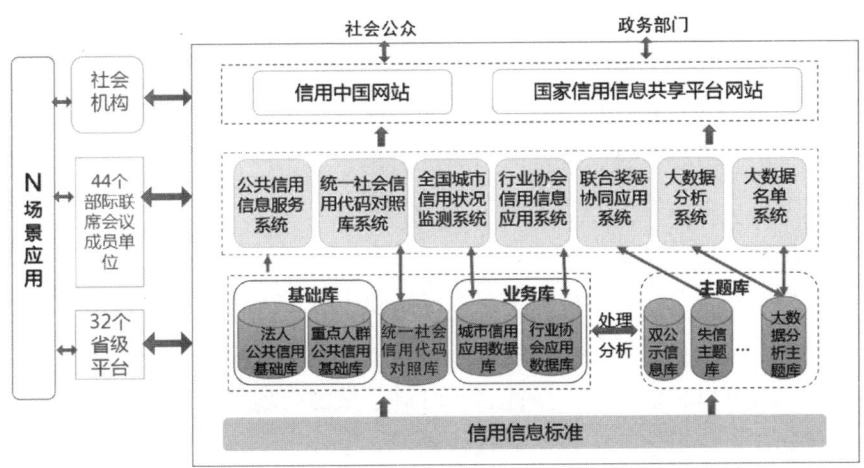

图4-1 国家信用信息共享平台和信用中国网站架构

---

① 中华人民共和国中央人民政府:《全国信用信息共享:让"老赖"无处藏身》,http://www.gov.cn/xinwen/2018-08/11/content_5313109.htm?_zbs_baidu_bk(访问时间:2018年8月11日)。

② 信用中国:《汪育明:信用信息共享能够支撑"放管服"改革》,https://www.creditchina.gov.cn/xinyongyanjiu/xinyongyanjiuhuicui/202101/t20210111_223541.html(访问时间:2021年1月11日)。

二是建立了全国企业信用信息公示系统。为了贯彻党中央、国务院的决策部署，强化市场主体信用信息的披露程度，由原国家工商行政总局牵头建立了全国性（不含港、澳、台地区）的企业信用信息公示平台。该平台现由国家市场监督管理总局管理，主要对市场主体注册信息、审批情况、抽查情况、年度报告、经营异常名录、严重违法失信企业名单向全社会进行公示。除了全国统一的企业信用信息公示系统外，一些省市的市场监管局还建立了地方性企业信用信息公示系统，如北京市市场监管局建立的北京市企业信用信息公示系统，在全国企业信用信息公示系统披露企业基本经营信息的基础上，增加了对于企业的协会评价（如行业协会的评价信息）、资质认证信息（如驰名商标）、质量信息（商品及服务质量的评价信息）、司法记录、处罚信息等信用信息的披露范围。

三是强化了市场主体信用监管的信息化支撑。面对市场经济的飞速发展与市场主体的激增，传统监管模式已无法满足监管需求，为此，在新一轮市场监管改革推动下深化政府机构职能改革，推进全国"一张网"市场监管体系建设，强化新型市场监管机制的信息化支撑。首先，在国家市场监督管理总局统筹指导，各地市市场监督管理部门协力配合下，将工商、质检、食药监、物价等整合成全国市场监管"六大职能"归一的信用共享服务平台，承担与市场监管相关的全环节监管任务，如注册登记、信息披露、维权投诉、确保受理、失信惩戒、信用修复等；其次，组建了案件情报中心平台，利用大数据等技术手段对于投诉、举报、案件移送、交办、巡查等案源信息进行网络情报检测、收集、整合、研判以及理论支撑服务，同时对于案源办理过程进行全程电子化跟踪，有效监督市场监管部门依法合规执法。

四是其他政府部门及社会组织信用信息平台建设稳步推进。随着"放管服"改革持续深入，"企业自治、行业自律、社会监督、政府监管"的新型市场主体信用监管理念已得到社会各界广泛认可，市场监管部门以外的一些政府机关及社会组织也在信用信息平台建设方面积极探索，如深圳市企业信用信息中心管理的深圳信用网，设有专项治理、风险提示、守信承诺、年报查询、信用修复等服务，将深圳市企业各项信用信息向包括政府机关、行业协会、消费者在内的社会公众进行多维度披露与公示。① 与此同时，社会组织也在发力，如浙江省企业信用促进会于2004年12月3日创办了浙江企业信用网②，网站以信用查询与预约定制为核心，突出企业信用培训与信用信息应用两大特色，提供信用资讯、企业信用信息、信用评级等信用服务，同时通过网上监督严格会员管理。

（三）推进了信用监管人才队伍的共建

强化市场主体信用监管效能，提升市场监管能力，关键在于人才队伍的建设。因此，人才队伍问题也是市场主体信用监管建设的基础。

一是加大信用专业人才建设。改革开放后，对于我国长期以来信用相关专业人才缺失的问题，受到了党和国家的高度重视，尤其是党的十八大以来，明确提出了要积极培育信用专业高质量人才，经过长期不懈努力，信用管理、信用经营、信用研究专业人才队伍建设取得重大进展。与此同时，大力发展本土化第三方社会信用评级机构，目前已先后建立了如中诚信、大公国际等数十家独立的第三方信用评级机构，为信用体系的构建与市场主体信用监管奠定了人才基础。

二是建立了一支综合素质过硬的信用监管执法队伍。一方面，市场监管相关部门进行了大规模的机构调整与职能整合，大刀阔斧地将原工商、质监、食药监等部门职能合并，组建了国家市场监督管理总局，统一执法标准、程序、证件、文书、制服等，同时将零散分布、互不兼容的执法系统与碎片化的企业信用信息整合，建立统一的市场监管"一站式"服务平台，实现消费者查询、咨询、投诉、调解"一门受理"，着力提升市场监管效率，解决市场主体信用监管的执法问题，实现了信用监管网络与信用监管职责相匹配，为市场主体信用监管建立了一支高素质的综合性执法队伍。另一方面，强化服务型信用监管执法队伍建设，党的十八大以来强调政府职能转变，深化简政放权，积极发挥社会力量完善市场主体信用监管，如消费者协会、质量检测机构、专业中介机构可为需要维权的消费者提供检测、论证、咨询建议、维权指导，保证综合执

---

① 深圳特区报：《深圳信用网上线17年今年查询量过亿》，http：//sztqb.sznews.com/PC/content/201911/25/content_775550.html（访问时间：2019年11月25日）。

② 浙江省企业信用网：《协会概况》，http：//www.zjecredit.org/menudetail.html? id = 345719126674677 76（访问时间：2021年12月26日）。

法与专业服务的兼容并进，壮大信用监管领域的人才队伍建设。①

（四）推进了诚信教育与诚信文化的共建

诚信教育与诚信文化建设是市场主体信用监管的基础。党的十八大以来，党和国家高度重视诚信教育与诚信文化建设，普及诚信教育、弘扬诚信文化也成为市场主体信用监管的重要内容之一，在党和政府的推动下，鼓励社会力量广泛参与，共同推进，形成市场主体信用监管建设合力。早在2014年颁布的《社会信用体系建设规划纲要（2014—2020年）》就对诚信建设进行了开拓性的规定和引导，将诚信教育、诚信文化建设视为引领市场主体诚信的重要举措。②2016年颁布的《关于加强政务诚信建设的指导意见》③《关于加强个人诚信体系建设的指导意见》④《关于建立完善守信联合激励和失信联合惩戒制度加快推进社会诚信建设的指导意见》⑤进一步强调了促进诚信教育、加强诚信文化的重要性，并提出了具体建议。社会各界也纷纷深入开展"诚信活动周""质量月""安全生产月""诚信兴商宣传月""3·5"学雷锋活动日、"3·15"国际消费者权益保护日、"6·14"信用记录关爱日等诚信主题公益活动，社会诚信意识不断提高，为市场主体信用监管提供了强大的精神动能。

二、从部门监管逐步转变为全社会参与的综合治理

在计划经济时代，对市场主体的监管以计划指标来体现，监管职能分散单一。随着市场经济发展，市场主体活力日益增强，社会各方参与信用监管的需

---

① 刘鹏：《中国市场经济监管体系改革：发展脉络与现实挑战》，载《中国行政管理》，2017年第11期，第26~32页。
② 国务院：《国务院关于印发社会信用体系建设规划纲要（2014—2020年）的通知》（国发〔2014〕21号），[http://www.gov.cn/zhengce/content/2014-06/27/content_8913.htm.]（访问时间：2014年6月27日）。
③ 国务院：《国务院关于加强政务诚信建设的指导意见》（国发〔2016〕76号），http://www.gov.cn/zhengce/content/2016-12/30/content_5154820.htm（访问时间：2016年12月30日）。
④ 国务院办公厅：《国务院办公厅关于加强个人诚信体系建设的指导意见》（国办发〔2016〕98号），http://www.gov.cn/zhengce/content/2016-12/30/content_5154830.htm（访问时间：2016年12月30日）。
⑤ 国务院：《国务院关于建立完善守信联合激励和失信联合惩戒制度加快推进社会诚信建设的指导意见》（国发〔2016〕33号），http://www.gov.cn/zhengce/content/2016-06/12/content_5081222.htm（访问时间：2016年6月12日）。

求也越来越多。加快政府职能转变,充分发挥市场在资源配置中的基础性作用,使宏观调控、法治建设、公共服务、社会调节在信用监管格局中的作用日渐加强,"企业自治、行业自律、社会监督、政府监管"的四位一体市场主体协同信用监管工作机制逐步完善。

(一) 推进了信用信息的互联互通

市场主体信用监管尽管包括企业自治、行业自律、社会监督、政府监管等多个方面,但各类监管都离不开信用信息的互联互通。2014年6月27日,国务院发布的《关于印发社会信用体系建设规划纲要(2014—2020年)的通知》强调,要推进行业信用信息系统、地方信用信息系统、征信系统、金融业统一征信平台建设,完善信用信息的交换与共享,建立征信产品服务体系,以满足社会多层次、多样化、专业化的征信服务需求。对于推进信用信息公开,强化信用约束机制方面,2014年7月8日,《国务院关于促进市场公平竞争维护市场正常秩序的若干意见》规定要"运用信息公示、信息共享和信用约束等手段","加快市场主体信用信息平台建设","建立健全守信激励和失信惩戒机制"[1]。从现有的改革情况看,主要从三个方面实现了信用信息的互联互通。

一是对市场主体信息进行归集和公开。如为保障个人信用信息的安全和合法使用,2005年10月1日,中国人民银行实施了《个人信用信息基础数据库管理暂行办法》,具体量化了个人信用信息的报送、整理、查询、异议处理、安全管理、处罚流程及细则[2],同时设立征信服务中心并对其具体职能进行规范,而国家市场监督管理总局的"国家企业信用信息公示系统"不仅公示了企业登记、备案、核查等信息,还公示了市场主体报送的年度报告以及获得资质、资格许可的信息等。

二是开展了市场主体失信信息的归集、公示与联合惩戒。开展失信主体的信息公开与惩戒机制是市场主体信用监管的关键环节,目前,我国主要通过政府、法院、人民银行三方监管主体为主导,行业协会、征信机构、金融机构等社会主体协同配合的方式共同参与失信信息的归集、公开惩戒全过程。

---

[1] 国务院:《国务院关于促进市场公平竞争维护市场正常秩序的若干意见》(国发〔2014〕20号),http://www.gov.cn/zhengce/content/2014-07/08/content_8926.htm(访问时间:2014年7月8日)。

[2] 中国人民银行:《中国人民银行令》(〔2005〕第3号),http://www.gov.cn/flfg/2005-08/31/content_27680.htm(访问时间:2015年8月18日)。

三是实现了政府信息的系统集成。在市场主体信用监管中，政府信用信息的互联互通是关键的一环，一方面，2008年，国务院施行的《政府信息公开条例》，强调行政机关应及时通过政府公报、网站、报刊、电视、新闻发布会等大众知晓的方式公开政务信息①，促进了政务工作公开制度化、标准化、信息化。另一方面，建立市场监管部门与有关主管部门之间的信用信息双向精准推送机制，通过信用中国、全国信用信息共享平台、国家企业信用信息公示系统等信用信息平台，实现企业注册、许可、备案、执法、处罚等相关信用信息互通共享，为构建"一处失信，处处受限"的联合惩戒机制提供平台保障。与此同时，政府信息系统集成建设还为政府行政许可、市场主体信用监管提供数据来源，也是社会大众知悉市场主体信用信息和评判其信用水平的重要渠道。

（二）创新了联合信用监管方式

一是全面推行"双随机、一公开"监管工作。2015年8月发布的《国务院办公厅关于推广随机抽查规范事中事后监管的通知》要求在全国范围内全面推行"双随机，一公开"监管工作，明确了抽查事项清单、抽查机制、抽查比例及频次、抽查结果公示，制定相关配套政策保障机制有效运行②，2019年2月，《国务院关于在市场监管领域全面推行部门联合"双随机、一公开"监管的意见》把统筹建设监管工作平台、建立健全随机抽查"两库"、强化抽查、检查结果公示运用等事项作为市场监管"双随机、一公开"工作的重点任务③，各级市场监管部门严格贯彻相关文件精神，协调统一各监管部门之间的标准和规则，推进跨部门、跨层级联合监管，在一定程度上解决了企业反映强烈的多头执法、重复执法问题，减轻了企业负担，提升了信用监管效能。

二是加强了智慧监管。信息化时代的智慧监管主要通过大数据、人工智能、区块链、物联网等新一代信息技术，广泛收集海量数据，并深度挖掘其信

---

① 国务院办公厅：《国务院办公厅关于〈中华人民共和国政府信息公开条例〉若干问题的意见》（国办发〔2008〕36号），http：//www.gov.cn/zhengce/content/2008-04/30/content_1602.htm（访问时间：2008年4月30日）。

② 国务院办公厅：《国务院办公厅关于推广随机抽查规范事中事后监管的通知》（国办发〔2015〕58号），http：//www.gov.cn/zhengce/content/2015-08/05/content_10051.htm（访问时间：2015年8月5日）。

③ 国务院：《国务院关于在市场监管领域全面推行部门联合"双随机、一公开"监管的意见》（国发〔2019〕5号），http：//www.gov.cn/zhengce/content/2019-02/15/content_5365945.htm（访问时间：2019年2月15日）。

息价值，以大数据的归集共享和信息系统的互联整合，驱动信用归集、信用评级、风险警示、信用服务开发等业务的智能化发展，保证监管数据可溯源、可对比、可共享、可分析以及不可篡改性，实现由"人盯人式"监管向"数据监管"的根本性变革。以杭州市为例，在完成了市场监管部门的整合归一后，依托杭州市成熟的互联网技术优势，快速地向智慧化监管改革进军，由市场监管局牵头，31个主管部门同时发力，建立企业信用联动监管平台及企业信用信息公示系统，为社会多方提供"一站式"服务；与阿里集团签署战略合作协议，将企业登记信息、信用信息、网监等业务"一揽子"纳入，同时在食品领域实行二维码溯源，提高监管效率，降低监管成本，让百姓安心消费；建立杭州市"市场监管云"，实现监管数据应收尽收，统一上传，集中储存，通过多样化且有效的智慧监管模式创新，将监管队伍从传统的"救火队员"转变成"保健医生"。①

三是形成了跨部门、跨领域"守信激励，失信惩戒"机制。2016年6月12日，国务院发布《关于建立完善守信联合激励和失信联合惩戒制度加快推进社会诚信建设的指导意见》强调，要在行政审批、健全褒扬和激励诚信行为机制与约束和惩戒失信行为机制，对于信用状况良好的市场主体应在全社会进行广泛公示及宣传，享受"绿色通道""容缺受理"、优先公共服务、产品抽查频次降低、贷款额度提升等便利与实惠，而对于失信惩戒方面，提出"完善个人信用记录，推动联合惩戒措施落实到人"，对于严重失信行为的市场主体，应在各地区、各领域开展对企事业单位及相关负责人员的行政性约束与联合惩戒措施，不仅要计入市场主体信用记录，还要计入法定代表人、主要负责人、直接责任人员的个人信用记录②。根据《关于建立完善守信联合激励和失信联合惩戒制度加快推进社会诚信建设的指导意见》的文件内容，按照现行社会信用体系建设的框架，对失信及严重失信行为的约束与惩戒措施主要分为行政性惩戒、市场性惩戒、行业性惩戒、社会性惩戒四大类，充分体现出"联合惩戒"与"社会共治"的深刻内涵，具体见表4-3。建立健全完善的失信联合惩

---

① 薛澜、李希盛：《深化监管机构改革　推进市场监管现代化——以杭州市为例》，载《中国行政管理》，2018年第8期，第21~29页。
② 国务院：《国务院关于建立完善守信联合激励和失信联合惩戒制度加快推进社会诚信建设的指导意见》（国发〔2016〕33号），http：//www.gov.cn/zhengce/content/2016-06/12/content_5081222.htm（访问时间：2016年6月12日）。

戒制度需要以平台化作为支撑,依据"横向到边、纵向到底"的原则,纵向构建国家与地方政府的上下联动机制,横向实现同一地区不同监管部门间的左右协调机制,最终形成覆盖全国各地的跨区域、跨部门联合奖惩机制。例如,北京某公司出现严重失信行为"跑路"后,"信用中国(北京)"平台会第一时间归集、整理该企业失信信息并报送至国家平台,再由"信用中国"门户网站向全社会公示该企业失信信息,通过上下联动机制将失信信息传送至各地方信用信息平台,导致该企业在全国范围内想从事经营活动都会受到限制与约束,同时,对于左右协调机制的运作方面,如果该企业想通过注销后又在北京市其他经营领域申请注册,北京市工商部门则可通过"信用中国(北京)"平台查询到该企业已被列入全国失信黑名单且未开展信用修复,进而可拒绝该企业的注册申请。①

表 4-3 失信惩戒措施分类

分类	含义
行政性惩戒	行政性惩戒是行政机关的行政行为,通过将失信者列为行政管理重点检查对象、限制权利(如限制参与政府采购,限制融资、限制参加政府投资或使用财政性资金的招标项目、限制申请政府补贴资金支持)、取消权利(如取消已享受的行政管理中的便利化措施、撤销相关荣誉称号)、退出市场[实施市场和行业禁入(退出)措施]、采取信用减分等行政手段以及法律和行政法规规定可采取的其他措施对严重失信主体进行约束和限制
市场性惩戒	市场性惩戒指通过限制购买不动产、乘坐飞机及高级列车或席次、住宿星级以上酒店等高消费行为的惩处措施,对严重失信主体进行约束和限制,同时支持征信机构对失信信息进行采集、记录、评级和报告,引导第三方金融机构通过市场手段,提高市场主体的失信成本
行业性惩戒	行业性惩戒是指行业协会商会根据该行业统一且可量化的标准、行规、行约,对市场主体信用情况进行采集、共享、评级,其中,对评定为失信的会员,将依据其失信行为的严重程度,对其进行警告、行业内通报批评、公开谴责、不予接纳、劝退等约束及限制措施

---

① 刘叶婷、陈立松、隆云滔:《以社会信用为基础新型治理模式的探索创新》,载《南方金融》,2020 年第 4 期,第 45~55 页。

续表

分类	含义
社会性惩戒	社会性惩戒是指通过引导社会多方（如第三方信用评级机构、金融服务机构、消费者）广泛参与失信主体联合惩戒，鼓励社会公众积极举报市场主体严重失信行为并保护举报人相关个人信息，在全社会形成"守信光荣，失信可耻"的舆论氛围

四是形成了信用联合奖惩合作备忘录。信用联合奖惩合作备忘录是多方主体为开展联合奖惩工作，基于对协同监管与联合惩戒的范围、各部门监管职能、协同监管措施等相关内容达成一致而签署的文件，同时是多方监管主体对已被录入相关领域"黑名单"的失信主体实施联合惩戒与约束的必要载体①。签署信用联合奖惩合作备忘录的主体主要包括最高法院、最高人民检察院、国家发展改革委、人民银行、财政部等有关机构以及一些国家机关及法律法规授权公认的具有公共事务管理职能的组织（如群团组织、国有企业、合作经济组织）②，截至2019年8月底，各部门共签署51个信用联合奖惩合作备忘录。其中，联合惩戒备忘录43个，联合激励备忘录5个，既包括联合激励又包括联合惩戒的备忘录3个。③ 通过对失信市场主体跨部门、跨区域、跨领域的综合治理，实现"失信者寸步难行，守信者一路畅通"。

（三）完善了市场监管和执法体制

健全有效的市场监管和执法体制可为市场主体信用监管和社会信用体系建设提供重要制度保证，也为推动市场经济高质量发展提供根本性保障，因此，完善市场监管和执法体制势在必行。

一是进一步推动市场监管机构改革，完善信用体系建设。2013年，国务院开展了大刀阔斧的机构改革，进一步推进市场监管机构与职能整合，取消了工

---

① 国家发展改革委、人民银行：《国家发展改革委 人民银行关于加强和规范守信联合激励和失信联合惩戒对象名单管理工作的指导意见》（发改财金规〔2017〕1798号），https://www.ndrc.gov.cn/xxgk/zcfb/ghxwj/201711/t20171103_960925.html?code=&state=123（访问时间：2017年11月3日）。

② 吴垠琳、刘恒：《信用联合奖惩合作备忘录：运作逻辑、法律性质与法治化进路》，载《河南社会科学》，2020年第28卷第3期，第11~20页。

③ 信用中国：《2019年8月新增失信联合惩戒对象公示及说明》，http://www.gov.cn/fuwu/2019-09/05/content_5427393.htm（访问时间：2019年9月5日）。

商、质检、食药监等一大批监管机构的省级以下垂直管理体制,强调属地监管,对于各级地方政府推行问责与激励并重的柔性监管模式。2017年,国务院印发的《"十三五"市场监管规划》中明确强调要"推进综合执法""强化部门联动""加强基层建设""推动社会共治"。① 在此趋势推进下,整合原工商、质监、食药监等部门相关市场监管职能,组建国家市场监督管理总局,实现六大市场监管职能归一,打破"条块分割、多头管理、各自为政"的监管困境,从源头上阻断"九龙治水"导致的府际关系不清、遇事推诿、监管脱节等问题,为市场监管提供机制保障。

二是进一步推进综合执法,形成信用监管合力。为进一步统筹执法资源,减少执法层级,推动执法力量下沉,提升综合执法能力,中共中央印发的《深化党和国家机构改革方案》提出,要整合组建市场监管、生态环境保护、文化市场、交通运输和农业五支综合执法队伍,统一综合执法队伍的执法标准、程序、证件、文书、制服等,推动综合执法的标准化、科学化、法制化发展,同时探索建立综合执法主管部门、行业主管部门、综合执法队伍的跨领域、跨部门的联动机制,实现市场主体信用信息互联互通、数据共享、联合惩戒,促进形成市场主体信用监管合力。②

三是强化统筹协调与科学执法,健全社会信用体系。一方面,为全面推进科学高效监管,2007年4月,由国务院牵头领导,原工商、税务、质监、法检等部门协调配合,建立了社会信用体系建设部际联席会议制度③,助力社会体系信用建设工作。制度建立以来,各成员单位认真落实联席会议相关工作部署,改革成效显著。截至2019年,社会信用体系建设部际联席会议成员单位由原来的14家增加至46家。另一方面,为进一步实现简政放权、放管结合、优化服务的战略目标,国务院办公厅于2015年8月发布的《国务院办公厅关于推广随机抽查规范事中事后监管的通知》要求推行"双随机,一公开"的

---

① 国务院:《国务院关于印发"十三五"市场监管规划的通知》(国发〔2017〕6号),http://www.gov.cn/zhengce/content/2017-01/23/content_5162572.htm(访问时间:2017年1月23日)。
② 中华人民共和国中央人民政府:《深化党和国家机构改革方案》,http://www.gov.cn/zhengce/2018-03/21/content_5276191.htm#allContent(访问时间:2018年3月21日)。
③ 中华人民共和国中央人民政府:《国务院办公厅关于建立国务院社会信用体系建设部际联席会议制度的通知》,http://www.gov.cn/gongbao/content/2007/content_632090.htm(访问时间:2007年4月18日)。

监管机制，结合异常经营名录、"红黑名单"、联合惩戒、信用奖惩及修复机制，打破部门之间、层级之间、区域之间的"信息孤岛"问题，提高监管的公平性、有效性和规范性。①

（四）加强了全社会监督

推进大市场监管模式创新，强调在推行信用立法建设、强化信用信息联动、推动监管方式创新、完善综合执法体系的基础上，还应增强政府、市场、社会等监管多方统筹协调能力，推进全社会参与监管，形成市场监管合力。为此，政府加快推进市场主体信用监管改革，强调事中事后监管，积极开展企业产品及服务标准自我声明公开和监督制度，倒逼企业为产品及服务安全背书，督促市场主体通过规范化运作实现诚信经营。② 另外，通过信用中国、全国信用信息共享平台、全国企业信用信息公示系统等门户网站强化信息披露与信用监管，逐步构建起全民参与的信用监管大格局。因此，该时期市场主体信用监管逐渐厘清政府与市场、政府与社会间的关系，更好地将有效市场与有为政府紧密结合，通过简政放权、放管结合、优化服务逐步强化市场主体信用监管，促进形成"企业自治、行业自律、社会监督、政府监管"的四位一体市场主体协同信用监管工作机制。

三、从实现政府工作目标到践行以人民为中心的发展思想

随着市场经济的发展和社会公众日益增长的信用需求，传统市场监管手段与外部环境已出现诸多不适应，严重的市场主体失信问题不仅损害人民的正当利益，而且制约着我国市场经济的良性健康发展。改革开放后，党和政府高度重视市场主体失信问题，坚持以人民为中心的发展理念，提出推进社会信用体系建设，并将市场主体信用监管作为完善市场经济体制的重要内容，通过商事制度改革、"放管服"改革、市场主体信用监管改革等一系列政策措施，实现经济健康发展与发展成果由人民共享的有机融合。党的十九届四中全会强调要

---

① 国务院办公厅：《国务院办公厅关于推广随机抽查规范事中事后监管的通知》（国办发〔2015〕58号），http://www.gov.cn/zhengce/content/2015-08/05/content_10051.htm（访问时间：2015年8月5日）。

② 刘亚平、苏娇妮：《中国市场监管改革70年的变迁经验与演进逻辑》，载《中国行政管理》，2019年第5期，第15~21页。

"建设人人有责、人人尽责、人人享有的社会治理共同体"①，明确要继续深化市场主体信用监管改革，进一步增强人民参与监管的主动性与积极性，不断提升人民的信用获得感、幸福感、安全感。

（一）推动了信用报告的应用价值，信用场景拓展

信用报告是社会信用体系建设的重要组成部分。近年来，随着信用信息在多部门、多领域实现互联互通，信用服务新业态也在加速发展，以信用报告为代表的信用产品与信用场景得到不断创新与丰富，信用报告是依托于信用评级机构以各种途径评判信用主体（如政府、企业、个人）的信用状况，并通过一定标准或指标对信用主体进行评级，最终以报告的形式展现信用主体的信用记录，信用报告的价值挖掘可加快社会信用体系的建设，促进以信用为核心的新型市场监管机制的形成，对于提升公民诚信水平，加速诚信社会的形成具有重要意义。目前，在我国信用报告探索应用阶段，较为常见的信用报告类型主要分为四类：人民银行征信报告、第三方信用报告、公共信用报告、行业信用报告（如表4-4所示）。以政府为主导，多方协同参与的多元化信用报告体系初步建立，信用报告在社会信用体系建设中的作用逐步凸显。一方面，信用报告的应用范围已由传统的金融领域为主导向社会全领域（如公共服务、人才招聘、旅游出行）延伸与拓展，通过第三方信用服务机构全领域、多渠道收集信用主体相关信息，使信用信息的采集更加全面，信用评价更为客观，不断创新信用报告的内容，拓宽信用场景的应用，将信用报告内嵌于市场主体信用监管模式中。另一方面，在党和国家的高度重视与积极引导下，信用报告的认知程度与适用范围得到了大幅度提升，并在准入登记、容缺受理、奖惩机制、信用修复中得到广泛应用，凸显出信用报告的应用价值。②

---

① 中华人民共和国中央人民政府：《中国共产党第十九届中央委员会第四次全体会议公报》，http://www.gov.cn/xinwen/2019-10/31/content_5447245.htm（访问时间：2019年10月31日）。

② 刘叶婷、陈立松、金双龙：《信用报告在社会治理中的应用价值探究》，载《南方金融》，2020年第8期，第81~91页。

第四章 共建共治共享视阈与市场主体信用监管：理论构建

表 4-4 常见信用报告的比较

信用报告类型	信用数据来源	报告生成主体	特征	适用范围	面向服务对象
人民银行征信报告	以金融数据为主	人民银行	通用性 权威性	自然人、企业法人等信用主体商业贷款等	自然人及企业法人信用主体
第三方信用报告	以市场信用数据、公开互联网数据等为主	第三方信用机构	商业性 营利性	企业经营投资等	企业及政府部门等法人信用主体
公共信用报告	以公共信用数据为主	各地公共信用中心	公共性 行政性	专项资金管理、政府收购和项目招投标、行政监管和社会公共管理等	自然人及法人信用主体
行业信用报告	基于行业信用信息的多元化信用数据来源	行业主管部门或其委托的第三方信用机构	行业性 专业性	重点行业领域监管	企业法人信用主体

（二）强调了信用惠民

信用惠民是社会信用体系建设的根本遵循，也是市场主体信用监管的改革目标。《习近平关于社会主义社会建设论述摘编》中强调"促进社会公平正义，让广大人民群众共享改革发展成果"[①]。目前，信用信息已在政府部门的大力推进以及社会多方的积极参与下得到广泛应用，信用信息通过全行业、全

---

① 中共中央文献研究室：《习近平关于社会主义经济建设论述摘编》，北京：中央文献出版社 2017 年版。

123

领域的信息归集、整理、分析、共享、报告推进信用服务新业态的健康快速发展,不仅加快第三方信用服务机构的发展壮大,同时可降低政府行政审批成本,激发市场主体诚信经营,而且广大人民群众可以通过查询、评价、举报等行为切身融入信用体系的构建,提升人民群众的获得感、幸福感和安全感,让人民群众实实在在地感受到信用惠民。其中,信用惠民主要包括以下内容(详见表4-5)。

表4-5 信用惠民的具体表现形式

类型	内容
实现行政流程"一网通办"	持续推进"放管服"改革①与综合执法机构机制改革,充分借助全国信用信息一站式服务平台,实现信用信息互联互通与"一网通办",将信用信息内嵌于行政审批流程中,消除"玻璃门""弹簧门""旋转门"等不平等、不公正的现象,依托信用大数据保障民生,优化营商环境②。
解决融资难、融资贵等问题	广泛开展信用信息的价值挖掘,加快信用产品及服务的创新和扩展,开发出"信易贷"等产品帮助信用状况良好的中小微企业解决融资难、融资贵等问题,在全社会范围内形成"守信激励,失信惩戒"的良好氛围。
推动执行信用承诺公示制度	鼓励市场主体开展信用承诺,并依托信用信息服务平台将信用承诺信息进行采集、推送及公示,方便公众查询了解相关状况,实现全社会共同监管。
依法公开公示信用信息	将各领域、各部门采集的市场主体相关的信用信息、信用评级、审批许可、行政处罚、司法裁决情况、信用修复等记录,归集至全国信用信息共享平台,并推送至政府官方网站进行公示,保证"应归尽归""应公开尽公开"。

---

① 中国政府网:《李克强:进一步放宽准入,让民间资本投资"有门"》,http://www.gov.cn/xinwen/2016-05/04/content_5070358.htm(访问时间:2016年5月4日)。
② 湖北省英山县纪委监委、雷刚、童曙明:《打通"堵点"解决"难点"消除"痛点"——湖北英山按下精准监督"快进键"助力复工复产"加速跑"》,http://cpc.people.com.cn/n1/2020/0325/c431601-31647815.html(访问时间:2020年3月25日)。

续表

类型	内容
支持信用主体异议投诉	为健全信用主体的保障机制,相关部门专门建立信用信息异议投诉制度,如果信用主体对于征信机构采集、保存、提供的信用信息存在异议,可通过相关程序进行投诉,有效保障信用主体的合法权益。
支撑信用修复机制运行	信用修复机制是失信联合惩戒的重要构成部分,是失信主体解除相关惩罚与约束的必要保障,对于被列入失信"黑名单"的信用主体,需要依据程序履行相关责任与义务,基本消除了该行为的不良社会影响,则可完成信用修复,并及时终止相关的处罚机制。
建立完整的信用信息记录	信用信息的记录、归集、分析、共享、报告、修复、应用已基本实现全链条、全流程与标准化运作,能支撑起完整的信用信息数据链条助力社会信用体系及市场主体信用监管体系的建设。

(三) 强化了司法救济

通过强化司法救济制度建设等方式强化事后监管,是以"宽进严管"为核心的市场监管制度改革的一大特点。[①] 为规范司法救济制度,党和国家出台一系列政策文件,提出要强化司法救济制度建设,并将与之相对应的信用修复机制纳入政策文件内容,强调要完善失信主体的信用修复机制。2019 年 7 月,《国务院办公厅关于加快推进社会信用体系建设构建以信用为基础的新型监管机制的指导意见》[②] 明确提出要探索建立信用修复机制;与此同时,各行业主管部门结合行业特征积极探索建立信用修复机制,例如,2019 年 3 月《能源行

---

① 王作全:《论我国的商事制度改革:宗旨、内容与法制化进程》,载《青海社会科学》,2017 年第 4 期,第 141~149 页。
② 中华人民共和国中央人民政府:《国务院办公厅关于加快推进社会信用体系建设 构建以信用为基础的新型监管机制的指导意见》(国办发〔2019〕35 号),http://www.gov.cn/zhengce/content/2019-07/16/content_ 5410120.htm(访问时间:2019 年 7 月 16 日)。

业市场主体信用修复管理办法（试行）》①、2019年9月《国家税务总局关于纳税信用修复有关事项的公告》② 相继发布实施；各地也加快建立市场主体信用修复机制，2018年7月《厦门市生活垃圾违法行为信用修复办法》③、2018年12月《山东省市场监督管理局关于建立严重违法失信企业信用修复制度的实施意见》④、2019年2月《浙江省公共信用修复管理暂行办法》⑤、2019年6月《三亚市法人和自然人信用修复管理办法（试行）》⑥ 纷纷发布并落地实施，标志着市场主体信用监管的司法救济制度正不断向规范化、法制化方向发展。

第二节 内在契合分析

面对日益复杂的经济形势和艰巨的改革发展任务，传统的行政管理手段对规范市场主体和商事活动已经收效甚微，以信用为基础的监管实践则日益月滋。现代社会的政府治理，越发强调加快社会信用体系建设，明确将市场主体信用监管作为核心手段开展社会治理。市场主体信用监管源于"诚实守信"的

---

① 国家能源局：《能源行业市场主体信用修复管理办法（试行）》（国能发资质〔2019〕22号），http：//zfxxgk.nea.gov.cn/auto79/201904/t20190412_3650.htm（访问时间：2019年3月27日）。
② 国家税务总局：《国家税务总局关于纳税信用修复有关事项的公告》（2019年第37号），http：//www.gov.cn/xinwen/2019-11/14/content_5451848.htm（访问时间：2019年11月14日）。
③ 厦门市人民政府办公厅：《厦门市人民政府办公厅关于印发厦门市生活垃圾违法行为信用修复办法的通知》（厦府办〔2018〕128号），http：//www.xm.gov.cn/zwgk/flfg/sfbwj/201808/t20180801_2081400.htm（访问时间：2018年7月23日）。
④ 山东省市场监督管理局：《山东省市场监督管理局关于印发〈山东省市场监督管理局关于建立严重违法失信企业信用修复制度的实施意见〉的通知》（鲁市监信监规字〔2018〕2号），http：//amr.shandong.gov.cn/art/2018/12/11/art_76510_7492537.html（访问时间：2018年12月11日）。
⑤ 浙江省发展和改革委员会：《〈浙江省公共信用修复管理暂行办法〉实施》，http：//fzggw.zj.gov.cn/art/2019/2/1/art_1621003_34125297.html（访问时间：2019年2月1日）。
⑥ 三亚市人民政府《三亚市人民政府关于印发〈三亚市法人和自然人信用修复管理办法（试行）〉的通知》（三府〔2019〕150号），http：//www.sanya.gov.cn/sanyasite/szfwjxx/201906/8fc5796e4f57481ab8da248934f5c134.shtml（访问时间：2019年6月13日）。

信用约束，经过社会不断变革与发展，最终演变成一种新型市场监管机制，这种新型的信用监管既涵盖了传统道德约束，又增添了现代化法律制度的要求，从海量的信用信息中对信用主体的信用状况进行采集、归集、量化、评价、分类、共享、报告，摆脱了传统监管主体各自为政、监管方式碎片化、监管成果利益分化等困境，顺应了政府职能转变和社会治理改革的需求，重塑市场监管全流程。因此，市场主体信用监管作为新型社会治理手段，其核心理念与"共建共治共享"的社会治理理念高度契合，准确把牢了"全心全意为人民服务"的根本遵循①，是新时代中国特色社会主义建设的本质要求，也为破解我国市场主体信用监管的现实困境提供了新思路（详见图4-2）。

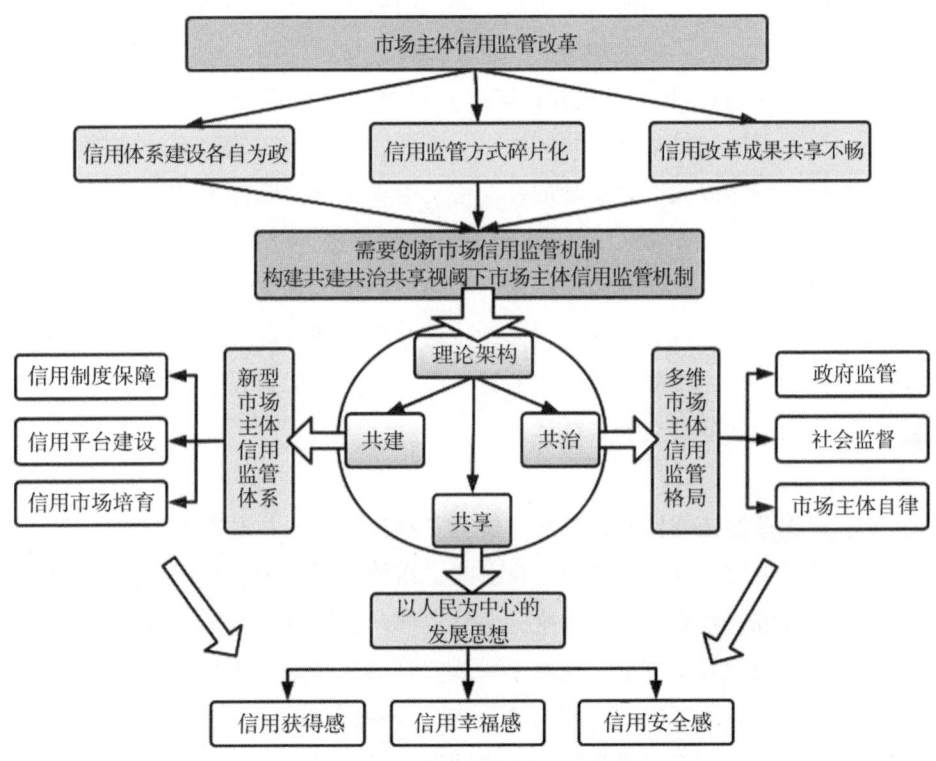

图4-2 共建共治共享视阈下市场主体信用监管理论架构

---

① 袁文瀚：《信用监管的行政法解读》，载《行政法学研究》，2019年第1期，第18~31页。

一、共同推进新型信用监管体系建设，契合了社会治理的共建理念

政府主导下的传统市场监管机制，容易形成建设主体单一、监管部门各自为政的监管局势，加之政府单边治理存在职能有限性和监管缺位、错位等弊端，已无法完全解决当下日益复杂又层出不穷的市场信用问题。市场主体信用监管改革作为一项系统性工程，涉及面广、关联性强，由政府、市场或者社会任何一方单方面建设都力所不逮，伴随着新一轮市场机构改革以及全社会信用意识的日益增强，社会各界正前所未有地重视市场主体信用监管体系建设，致力于通过不断强化信用制度保障、信用平台建设和信用市场培育，构建起政府、市场和社会协同共建的新型市场主体信用监管体系，推动信用建设向更大范围、更宽领域、更深层次拓展①，这与强调"政府推动，社会共建"的社会治理理念高度契合，两者都拥有相同的建设主体，且建设主体间的组织、协作、推广、治理机制具有高度协同性。一方面，两者都强调政府的主导性，市场主体信用监管是以政府为主导的社会主义市场经济监管体制建设，而社会治理则是以政府为主导的社会纠纷化解、公共秩序保障、社会协同共建体制建设。另一方面，两者都需要组织机构、企事业单位、个人等共同参与建设。良好的社会治理格局强调各类建设主体地位均衡化，呼吁政府、市场和社会共担责任参与社会治理，市场主体信用监管从政府部门内部建设转换为多元主体共建，是社会治理共建理念的具体体现。

二、打造多维信用监管大格局，契合了社会治理的共治方式

受计划经济思维与权利本位主义影响，在较长时间内，我国一直由政府部门直接配置资源，政府部门作为唯一监管主体，将监管重心落在对市场主体资格及经营资格的行政审批上，而对于后续监管则通常采用机械式地分片区、划网格、包商户的方式开展现场拉网式检查，这种封闭、强制、单项的治理模式导致准入门槛过高、审批流程复杂、腐败滋生，同时对市场震慑力不足，市场主体不公平商业竞争、不正当商业行为依旧猖獗，该时期常常出现"一管就死，一放就乱"的尴尬局面。党和政府充分认识到行政性手段的不足后，开始

---

① 施建军：《简政放权背景下的市场监管模式创新——基于"互联网+信用+大数据"模式的工商监管》，载《中国工商管理研究》，2015年第6期，第23~27页。

了一系列大刀阔斧的改革,尤其是商事制度改革后,大大提高了市场准入的便利性,随着商事制度改革不断推向深入,市场主体活力日益增强,商事制度改革重心由"宽进"向"严管"转移,市场监管也从"管主体"向"管行为"转变。① 为适应"严管"新要求,提升监管效能,必须建立起以信用信息归集为基础、以信用公示为手段、以信用监管为核心的新型监管机制,通过部门联动响应和全社会共同参与达到协同监管效果。因此,在监管方式上,要尽量减少监管部门的行政性命令,充分调动各方积极性,并逐步构建起"企业自治、行业自律、社会监督、政府监管"的多维市场主体信用监管大格局。在社会治理中,政府、市场和社会若采取单边行动可能会导致政府失灵或市场失灵,因此,需要开展分工明确的多元合作共治,推动资源有效整合与职能优势互补,从而实现治理效果最大化。市场主体信用治理方式的转换与社会治理的共治思想不谋而合,充分展现了社会治理的共治过程。

三、坚持以人民为中心的发展思想,契合了社会治理的共享目标

传统市场主体信用监管更多是政府主导的行政管理,奉行"管理本位"的行政理念,市场监管部门往往在信用监管中扮演着非常重要的角色,因此,利益分割相对明确且较为简单。随着多维信用监管大格局形成,不同监管主体的参与动机和利益诉求相互交融,容易产生利益冲突。以人民为中心的最终诉求是市场主体信用监管公共利益最大化,即市场主体信用监管成果在政府、市场和社会之间均衡分配和共同享有,它暗含着"为了人民""依靠人民""成果共享"的深刻内涵。② 因此,为了避免利益失衡,新时代下的市场主体信用监管强调信用惠民、成果共享,将"强惩戒,弱激励"的监管手段逐步转变为"奖惩并重"的柔性监管,力求营造政府重视信用、市场主体追求信用、社会崇尚信用的诚信市场环境,让更多人参与信用监管、分享信用监管改革成果,不断提高人民信用获得感、幸福感和安全感。而共享是社会治理的目标,旨在通过共建共治推动社会发展进步和促进社会公平正义,着力提升人民生活质量与生活水平,解决人民群众最关心的现实问题,让人民群众最大限度地共享治

---

① 钟瑞栋、刘奇英:《商事登记制度改革背景下的行政管理体制创新》,载《管理世界》,2014年第6期,第176~177页。
② 衡霞、谭振宇:《共建共治共享视角下以人民为中心的公共价值治理框架构建》,载《财政研究》,2019年第7期,第117~125页。

理成果,让人民群众的获得感、幸福感、安全感更加稳定、持续、充实。无论是新时代下市场主体信用监管改革还是以"共建共治共享"为理念的社会治理模式,其出发点和落脚点都是为了增进民生福祉,其根基都是为了人民并依靠人民,最终让人民共同享有治理成果。因此,以人民为中心的市场主体信用监管改革高度契合了社会治理的共享目标。

第三节 现实困境

面对近年来层出不穷且越发严峻的失信问题,党和国家越来越重视市场主体信用监管,在2014年《社会信用体系建设规划纲要(2014—2020年)》中对我国加强社会信用体系、推进信用监管进行全面部署以后,一系列国家制度、实施细则和配套方案陆续出台,效果初显。党的十九大报告提出"打造共建共治共享社会治理格局"①,明确了我国未来较长时期的社会治理目标及治理方向,但是由于我国市场主体信用监管改革涉及的领域宽、范围广、主体多样、程序复杂、工程浩大,信用监管新格局的构建仍然面临诸多挑战。

一、监管主体各自为政

市场主体信用监管改革是一项复杂、庞大的系统性工程,涉及各行业条块、中央与地方、政府与社会在信用监管中的责任划分,但由于这些尝试都处在"摸着石头过河"的探索阶段,各主体参与信用监管体系建设的能力和程度仍明显不足。

一是政府"一家独大"的监管模式尚未完全改变。从市场主体信用监管体系的建设理念来看,建设主体应包括政府、社会组织、市场主体、消费者等在内的多方共同参与信用监管,尤其要充分发挥行业协会②等社会组织的

---

① 习近平:《决胜全面建成小康社会 夺取新时代中国特色社会主义伟大胜利》,北京:人民出版社2017年版。
② 行业协会作为推行信用监管改革的核心组织和功能主体,在信用监管的系统监测、顶层设计和动态调整等方面发挥着重要作用,以行业协会作为切入点,能够联动政府、业界和学界共同参与市场监管,形成信用监管合力,从而营造良好的市场环境,推动我国经济高质量发展。

积极作用①，但是在当前信用监管过程中，政府大包大揽的惯性思维仍然存在，仍扮演着市场主体信用监管的绝对领导者的角色，导致社会多方缺乏有效激励与推动机制参与市场主体信用监管。当前，我国信用服务行业的监管地位存在模糊性②，因其依附于政府行政干预力量，缺乏市场化机制的调节，尚未能实现独立发展，无论是企业数量、规模还是产品及服务质量都尚处于起步阶段，信用服务机构的体量以小微型为主，而缺乏大中型的综合性信用服务组织③。与此同时，信用专业性人才严重不足，一定程度上影响了信用数据的采集、信用产品的创新、信用服务的水平、信用行业的推广度④，行业基本准则与业务规范尚未完全统一，行业自律作用难以有效发挥，尽管相关部门反复强调要"依托信用行业协会，加强行业自律"⑤，但是对于各项具体措施语焉不详，难以量化实施，使社会参与市场主体信用监管的作用有限⑥，在一定程度上阻碍了市场主体信用监管多元主体共建共治共享大格局的形成。

二是市场主体信用监管体系各领域发展不均衡。改革开放以来，党和国家始终把社会主义市场经济建设作为治理与改革的重要内容，市场主体信用监管作为社会主义市场经济治理的重要组成部分，对于完善社会主义市场经济具有重要意义。我国在社会主义市场经济建设初期，率先在金融领域开展市场主体信用监管试点工作，预期通过开展金融领域试点引领，推进全领域市场主体信用监管体系建设，规范市场秩序，加快完善社会主义市场经济体制机制。当前，我国银行等金融业的市场主体信用监管体系建设较为完善，而交通、文

---

① 祝丽丽、周雨、吴瀚然：《强化行业自律 完善市场信用监管》，载《宏观经济管理》，2019 年第 7 期，第 28~33、46 页。
② 陈丽君、杨宇：《构建多元信用监管模式的思考》，载《宏观经济管理》，2018 年第 12 期，第 45~54 页。
③ 郑洁、余丽霞：《成都市社会信用体系建设模式选择及政策建议》，载《农村金融研究》，2018 年第 3 期，第 38~42 页。
④ 唐桂、陈昊洁：《中国特色新型行业信用体系建设创新性研究》，载《经济问题探索》，2020 年第 8 期，第 44~49 页。
⑤ 民政部、中央编办、发展改革委、工业和信息化部、商务部、人民银行、工商总局、全国工商联：《关于推进行业协会商会诚信自律建设工作的意见》（民发〔2014〕225 号），http://www.mofcom.gov.cn/article/h/redht/201412/20141200827614.shtml（访问时间：2014 年 10 月 31 日）。
⑥ 徐宪平：《关于美国信用体系的研究与思考》，载《管理世界》，2006 年第 5 期，第 1~9 页。

旅、医疗、税务等其他领域的市场主体信用监管体系建设则较为薄弱，出现了"金融诚信"一枝独秀的现象，市场监管、食药监、税务等相关部门虽然持续推进市场主体信用监管工作，但是由于非金融领域市场主体信用监管相关的法律法规、配套政策、协调机制尚未成熟，使体系建设力度、建设广度、建设成效还有待提升，征信机构出具的征信报告主要采集、归集、分析、评价了信用主体在金融领域的信用行为，而无法掌握非金融领域的信用行为，不仅导致了该信用报告评价较为片面不具有广泛代表性，同时，由于缺乏完善的法律法规、规范的执法标准、畅通的信用采集、归集共享渠道、配套的信用激励及惩戒机制，非金融领域信用缺失现象屡见不鲜，失信行为更是肆无忌惮地侵害着消费者的利益且难以杜绝。

三是我国尚未形成全国统一的信用立法。改革开放以来，我国先后制定了多个强化社会信用体系建设及市场主体信用监管相关的法律法规，既包括全国人大及其常委会制定的法律中的"信用条款"，也包括地方人大及地方政府制定的地方性法规与地方政府规章[1]，还制定了大量信用相关的公共政策，为社会信用体系及市场主体信用监管体系建设提供了政策引领、法律规范、制度保障[2]。然而，我国仍缺乏统一的信用立法，有关部门制定的相关法律法规中虽然提及强化信用监管，但缺乏信用相关的专门性法律法规，具体条款仅散见于不同的法律法规中（如《中华人民共和国反不正当竞争法》《中华人民共和国合同法》等法律法规都有提及），这些信用条款针对性不强，执行力度较弱，建设效果不明显，而部分地区出台了相关法规（如浙江、上海[3]、湖北等地纷纷开展了地方性信用立法），但是受到立法层级及权力边界的多重限制，不同

---

[1] 就全国人民代表大会常务委员会制定的法律而言，《中华人民共和国合同法》《中华人民共和国商标法》《中华人民共和国广告法》《中华人民共和国消费者权益保护法》《中华人民共和国食品安全法》《中华人民共和国网络安全法》等法律中都包含着一系列"信用条款"；就相应的地方立法而言，《上海市社会信用条例》《湖北省社会信用信息管理条例》《河北省社会信用信息条例》《浙江省公共信用信息管理条例》《重庆市企业信用信息管理办法》等都对社会信用体系建设和市场主体信用监管的相关内容进行了规定。

[2] 孟融：《国家治理体系下社会信用体系建设的内在逻辑基调》，载《法制与社会发展》，2020年第4期，第162~179页。

[3] 2017年6月23日，上海市十四届人大常委会三十八次会议表决通过了《上海市社会信用条例》，标志着上海在全国率先出台综合性地方信用立法。

部门、不同地区对于同一信用行为的监管及奖惩力度不统一①,不利于跨部门、跨地区的信用信息共享与联合奖惩。同时,极易发生由于信用行为与惩戒措施的不当关联导致的泛信用化与泛惩戒化,严重损害信用主体的合法权益。② 因此,无论从信用立法的完备度,信用监管多方的参与度,还是信用服务业的独立程度,都难以在全国范围内支撑一个统一、规范、健全的社会信用体系与市场主体信用监管体系。③

二、监管方式碎片化

市场主体信用监管强调"政府宏观调控,全社会协同共治"的监管模式,然而,目前的监管实践中,监管多方协同机制较弱,信用信息共享及协同治理渠道堵塞,多方监管主体"各自为政",市场主体信用监管方式"碎片化",社会共治局面难以达成。

一是信用"信息孤岛"与"数据烟囱"依旧存在④,难以形成市场主体信用监管全国"一张网"。全国统一的信用信息共享披露制度与信用信息系统建设是保障市场主体信用监管体系有效运行的基础,当前,我国市场主体的信用信息散见于人民银行、市监、税务局等各职能部门以及各地区、各社会组织(信用服务机构、金融机构等)中,呈现出部门与部门间、中央与地方间、地方与地方间、政府与社会组织间的信用监管业务条块分割与信息壁垒,导致各部门、各地区、各领域信用信息的采集、归集、分析、评价、报告流程及标准

---

① 例如,各地区或行业监管部门的具体职责管理制度、有关企业和个人信用信息保护、商业交易信用规范、信用评级等方面的法律制度、行业信用信息制度、信用交易主体行为规范制度、信用服务机构行业行为规范制度、征信相关的规范性文件等。
② 陈丽君、杨宇:《构建多元信用监管模式的思考》,载《宏观经济管理》,2018年第12期,第45~54页。
③ 齐萌:《社会信用体系建设顶层设计的问题与出路》,载《现代管理科学》,2016年第10期,第76~78页。
④ "信息孤岛"是指相互之间在功能上不关联互助、信息不能共享互换以及信息与业务流程和应用相互脱节的计算机应用系统。大体可分为"数据孤岛""业务孤岛""管控孤岛""系统孤岛"四种类型。其中,在征信行业中数据孤岛现象比较严重,它存在于所有需要进行信用信息数据共享和交换的系统之间。不同部门间的数据信息不能共享,采集、整理、交换的数据不能进行交流,数据出现脱节,即产生"信息孤岛"。

难以达成一致①，市场主体的信用信息难以实现互联共享，监管多方无法形成监管合力，难以"让失信者寸步难行，让守信者一路畅通"②。究其原因，信息系统的技术层面问题最为关键，首先是我国很多垂直管理的政府部门（如市场监管局、税务局、银行等）采用数据集中交换的模式对信用信息进行集中统一归集与共享，在该模式下，一方面，分散的信用信息需要经过采集、转换、筛选、加工、归集、交换等数据处理过程才能最终实现数据共享及应用，这一数据处理及交换过程需要以时间为前提，导致信用数据无法及时上传并应用于信用信息系统中，存在数据脱节现象，而且在处理的各个环节容易出现数据失真问题，导致归集到的数据信息缺乏质量保证③。另一方面，相关主管部门在归集市场主体信用信息的时候，为充分保护市场主体的隐私权，对于一些涉及敏感信息的信用数据不会考虑将其归集并共享于信用信息服务平台中，出现了"信息孤岛"与"数据烟囱"的现象。其次是不同部门对于信息数据储存格式各异，除了行政许可与行政处罚对于数据格式的处理趋于统一，其他方面的信用数据在传输过程中的数据接口、接口参数难以形成一致，导致归集到的信用数据格式不一，难以实现信用信息的互联互通与有效共享。最后是各部门、各地区分别建立自己的信用信息系统，并相互形成信息壁垒与信息垄断，不仅造成信息系统大量信用信息资源的浪费与闲置，政府部门间无法实现真正意义上的信用信息互联互通；同时，不利于信用服务行业的发展，信用产品及服务的可靠性与真实性难以得到充分保障。④

二是我国市场主体信用监管缺乏有效的信用标准进行引导与规范。信用标准是开展市场主体信用监管的前提与基础，为市场主体信用监管的规范性与科学性提供了强有力的支撑作用，保障监管质量与成效。一方面，我国缺乏具有针对性的市场主体信用监管标准，各职能部门、信用服务机构在实际工作中往往参考金融系统信用监管相关标准，但由于缺乏针对市场信用监管的专门性条

---

① 难以达成一致是由于不同的政府部门采用不同的数据存储格式，在传输过程中采用不同的数据接口、不同的接口参数，导致归集之后的数据格式各异。
② 陈新年：《从社会治理创新视角看推动社会信用体系建设》，载《宏观经济管理》，2017年第11期，第57~60页。
③ 贺德荣、蒋白纯：《提高电子政务信息共享平台数据质量的对策与方法——一个省级信用信息服务平台数据处理实例》，载《电子政务》，2010年第7期，第67~76页。
④ 唐桂、陈昊洁：《中国特色新型行业信用体系建设创新性研究》，载《经济问题探索》，2020年第8期，第44~49页。

款，导致出现了监管标准与监管实践不匹配的状况，监管标准无法反映监管实践的真实需求，同时，由于全国尚不存在统一的信用监管标准，使各部门、各地区、各行业采用的信用标准不一致，最终导致信用评价标准、数据处理流程、处理方式、奖惩措施难以统一，无法在全社会范围内形成监管合力。另一方面，多方监管主体利益难以协调，以自身利益为出发点，缺乏全局观，只产生局部效果而尚未形成全国统一的联合惩戒机制，这加剧了多方监管主体之间的相互竞争与信息壁垒，容易陷入"见好就上，遇事就让"的恶性循环。而且，近年来，政府部门多次强调构建"共建共治共享"的社会治理大格局，然而，政府仍处于单打独斗的状态，监管缺位、越位、错位现象仍旧存在①，而社会共治仅作为市场主体信用监管的延伸与扩展，并没有真正发挥社会力量，信用服务行业未形成行业规范与治理标准，也尚未实现与政府部门数据共享机制的有效衔接。以失信主体黑名单制度为例，作为信用联合惩戒的核心重要手段，却仍面临着实施主体模糊、惩戒标准不统一、惩戒程度不一致、实施效果参差不齐，一度出现"黑名单"满天飞的尴尬局面②。

三、监管成果利益分化

市场主体信用监管作为创新和完善社会治理的重要方式，其目的是规范社会主义市场经济建设，维护市场秩序，成果惠及民生福祉，它暗含着"为了人民""依靠人民""成果共享"的内涵③，即市场主体信用监管成果在政府、市场和社会之间均衡分配和共同享有④。然而，由于市场主体信用监管过程中监管方式"碎片化"、监管主体"各自为政"，进一步导致改革成果共享不畅，监管多方利益分配仍然存在诸多矛盾与冲突。

一是多方利益诉求难以均衡，守信践诺的社会氛围难以形成。在政府监管方面，我国市场主体的"信用"意识不强，在全社会范围内未形成"失信

---

① 胡颖廉：《"中国式"市场监管：逻辑起点、理论观点和研究重点》，载《中国行政管理》，2019年第5期，第22~28页。
② 华忆昕、林泰：《论商事信用视角下我国企业"黑名单"制度的完善》，载《商业经济与管理》，2018年第3期，第66~73页。
③ 衡霞、谭振宇：《共建共治共享视角下以人民为中心的公共价值治理框架构建》，载《财政研究》，2019年第7期，第117~125页。
④ 陈丽君、杨宇：《构建多元信用监管模式的思考》，载《宏观经济管理》，2018年第12期，第45~54页。

可耻"的舆论氛围。虽然在一系列政策指引中反复强调"构建以信用为核心的新型监管机制",各地区、各部门也纷纷落实,但是各基层组织在开展信用监管的时候延续着"稳定压倒一切"的治理理念,往往以运动式的单向度监管模式培育诚实守信的社会风气,该模式下只是单方面进行价值理念的灌输而缺乏利益多方的互动协调,导致各方诉求难以得到有效回应,监管成果利益分化,而且存在部分地区为了盲目追求经济发展而对市场主体失信行为进行宽容处理,市场主体信用监管震慑力不足,有法不依、执法不严、违法不究的现象仍然存在,对于信用服务行业而言,当前,我国的信用服务行业依附于国家行政权力,信用服务市场缺乏市场化调节,信用产品创新、信用内容扩展、信用服务质量仍处于起步阶段,信用服务业公信力不足,无法满足市场需求。

二是信用信息平台的价值挖掘不够深入,信用体系建设成果利用度不高。"信用信息共享平台"和"信用中国"门户网站作为全国统一的信用归集共享服务平台,拥有海量的信用信息数据资源,是我国信用体系建设的"总枢纽"和"总窗口",但其日常工作职责主要是发布信用政策与公示信用信息,几乎不涉及信用产品的设计与信用服务的开发。然而,一方面,我国各领域缺乏有效的信用产品及服务作为支撑,特别是进出口、招投标、退税补税等领域信用市场广阔。另一方面,具有天然数据优势的全国性信用信息平台却无法提供高质量的信用产品及服务实现行业间的"双赢",因此,信用信息平台的价值应进一步挖掘,市场主体监管成果利用程度应进一步提升。对于地方而言,例如,南京市江宁区已借助信息技术优势,将信用分级分类治理、信用报告纳入重点领域(招投标)工作,将信用信息引入行政审批等信用产品及服务融入市场主体信用监管多环节,提高信用信息的利用率与利用范围,但受多重因素影响,该地区仍存在联合惩戒覆盖面不广、信用报告应用场景较少、"信易+"产品有待完善等问题,信用产品及服务的开发与推广力度还需要进一步加强。①

三是信用激励与信用修复机制运行不畅,诚实守信与失信修复认可度不高。守信激励机制与信用修复机制作为市场主体信用监管体系的关键环节,能

---

① 肖振宇、孙阳、翁后茹、周雨:《从"门槛管理"到"信用管理"——以南京市江宁区为例》,载《征信》,2020年第38卷第7期,第45~51页。

有效激励市场主体守信践诺，减少失信行为的发生。对于守信激励方面，2016年6月，国务院发布的《关于建立完善守信联合激励和失信联合惩戒加快推进社会诚信建设的意见》提出，"将守信激励机制推广到经济社会各领域"，推动六大守信"红利"，让守信者"一路畅通"①，然而在实际监管过程中，由于守信评判标准、评判程序、奖励措施不统一，使大多数守信者只得到荣誉激励，而对于审批红利、监管红利、交易红利等实质性激励则少之又少，除了部分市场主体信用建设较为完善的省市（如上海、浙江等）在《关于建立完善守信联合激励和失信联合惩戒加快推进社会诚信建设的意见》的基础上进行部分说明外，其他地区均未能进行突破，守信者难以获得实质性激励②。在信用修复方面，为了完善失信联合惩戒机制，对于出现失信行为的市场主体，仍可以依法进行信用修复。近年来，相关政府文件及监管实践已在稳步推进信用修复机制建设，其成效也得到社会的广泛认可③，但是由于社会传统观念和对信用修复了解度不够等多重因素影响，部分群众对于信用修复仍存在认识误区，错误认为"修复即洗白""修复即走流程""修复即缴纳罚款"④，而且信用修复机制缺乏具体细则，对于信用修复的标准、限度、流程、监管职能划分并未厘清和量化，一定程度上加剧了人们的误解，也使"信用修复"等同于"修改信用数据"。综上所述，由于缺乏统一量化的规范性实施细则指引，同时缺少广泛性的宣传与教育，导致了"守信激励"与"信用修复"流于形式且被"边缘化"处理⑤，机制建设成效不佳，改革成果难以惠及民生，难以达到全民共享的程度。

---

① 2016年6月12日国务院发布的《关于建立完善守信联合激励和失信联合惩戒加快推进社会诚信建设的意见》（国发〔2016〕33号）中指出：鼓励支持地方人民政府和有关部门创新示范，逐步将守信激励和失信惩戒机制推广到经济社会各领域。
② 田禾：《推动信用体系立法需注意四个问题》，载《中国党政干部论坛》，2018年第7期，第87~88页。
③ 卢护锋：《信用修复的实践误区及其立法应对》，载《广东社会科学》，2020年第6期，第226~233页。
④ 马占飞：《市场主体对信用修复的若干认识误区》，载《中国信用》，2019年第10期，第117~118页。
⑤ 熊治东：《改革开放以来中国社会信用体系建设：成就、经验、问题与展望》，载《征信》，2020年第38卷第10期，第12~20、48页。

第五章

共建共治共享视阈下市场主体信用监管效果：综合评价

第一节 综合评价的依据和意义

一、理论依据

（一）相关政策引导

构建以信用为基础的新型市场监管机制是党中央、国务院深化机构改革和商事制度改革的重要内容。党的十九大提出"加强诚信建设""深化商事制度改革，完善市场监管体制"等改革任务①，为经济转轨和社会转型时期探索市场主体信用监管改革指明了方向。当前，相关的政府监管部门已经深刻认识到建立健全市场主体信用监管的必要性，认为市场主体信用监管有效推动了我国全面开展市场监管长效机制建设②，将助推社会治理迈上新台阶③。党的十九大报告提出了社会治理的要求："打造共建共治共享的社会治理格局。"④ 随后，政府监管部门开始逐步转移部分监管职能，调整与社会的关系，充分鼓励

---

① 《中国共产党第十九次全国代表大会文件汇编》，北京：人民出版社 2017 年版。
② 时任国家市场监督管理总局局长张茅曾说："强化信用监管是实现市场监管科学化、法治化、社会化、信息化的重要手段，是加强市场监管的长效机制。"
③ 国家发展改革委连维良副主任曾表示，以信用为核心的新型监管机制特点是加强事中、事后监管，是以信用为基础的有限监管，是以区别不同主体信用状况的分类监管，是瞄准违法失信风险的精准监管，也是多部门配合联动的协同监管，还是社会力量共同参与的综合监管。
④ 《中国共产党第十九次全国代表大会文件汇编》，北京：人民出版社 2017 年版。

社会力量和公众参与协同治理。市场主体信用监管不仅作为新型社会治理手段，更是推动国家治理体系和治理能力现代化的基础①，因此，其理论、实践与目标理应遵循社会治理的"共建共治共享"理念。近年来，我国大力推进市场主体信用监管改革，监管机制由部门内部建设逐步转变为政府与利益各方合力共建，治理模式由单一行政管理逐步转变为全社会协商共治的综合治理，成果分配也由单边部门受益逐步转变为全体人民共享。"共建共治共享"理念正逐渐成为推进市场主体信用监管改革的风向标，贯穿监管改革各领域、各环节。但是市场主体信用监管实践中仍存在多元主体参与不平衡、协同机制不顺畅、利益分配不均衡等问题，离完全实现共建共治共享目标仍有一定的差距。因此，有必要构建共建共治共享视阈下市场主体信用监管成效评价指标体系，并进行综合评价分析，以期为破解失信困局、提升监管效能提供新思路、新方法与新范式。

（二）实践及总结

构建以信用为基础的新型监管机制，是加强事中、事后监管，深化商事制度改革的重要内容，是支撑"放管服"改革、优化营商环境的有效手段，也是深化社会信用体系建设、营造公平市场环境的有力抓手。近年来，我国市场主体信用监管实践向纵深发展，推动了学术界开始采用定性或定量分析方法评估其实施效果，为检验市场主体信用监管成效并指导信用监管改革实践提供了有力借鉴。

有学者从商事制度改革的视角研究了市场主体信用监管成效。放宽市场准入是商事制度改革的首要任务，而构建以信用为基础的事中、事后监管机制则是深化商事制度改革的有力抓手，宽进和严管对深化商事制度改革都同等重要。② 定性研究认为，近年来，放宽市场准入取得显著成效，有效推动了我国商事制度改革向纵深发展，为市场主体繁荣发展提供了制度性保障。③ 但是以信用为基础的事中事后监管未能同步强化，仍存在制度建设滞后、信息沟通不

---

① 林钧跃：《论政府市场信用监管的创新方向》，载《中国信用》，2019年第29卷第5期，第116~118页。
② 王伟：《信用监管：商事制度改革的重要基础》，载《学习时报》，2016年5月16日。
③ 王贤彬、黄亮雄：《商事制度改革的经济学逻辑》，载《人文杂志》，2019年第7期，第47~56页。

畅和联动共治程度低等缺憾。① 也有学者在运用企业开办时间②和工商注册便利度③等市场准入指标衡量商事制度改革程度的基础上，采用线性回归模型论证商事制度改革对降低企业经营成本的作用，为开展商事制度改革成效的实证研究提供了思路。但是相关实证研究尚未运用事中、事后信用监管相关指标测度商事制度改革成效，只管一隅地测量商事制度改革的研究模式亟须改进。

在此基础上，有学者从营商环境视角探究市场主体信用监管效果。鉴于建立健全新型市场主体信用监管机制对深化"放管服"改革、优化营商环境的促进作用，众多学者在设计营商环境评价指标时会考虑信用监管水平和信用环境建设程度。娄成武从政府信用、社会信用、企业信用、信用监管和失信惩戒满意度4个视角构建了营商环境指标体系的信用环境建设维度，其中，信用监管和失信惩戒满意度指标有效考核了信用监管的治理水平④。刘英奎等在总结中国国际贸易促进委员会制定的营商环境评价指标体系中发现，该指标体系也设置了社会信用环境建设考核维度，主要是通过信用信息公示系统、失信惩戒守信激励机制建设、征信体系建设和社会信用度4个二级指标考核信用监管的建设和治理水平⑤。这些营商环境评价指标的设计都考虑了市场主体信用监管效能，对构建市场主体信用监管评价指标体系具有一定的启示作用，但现有的研究都只是零星涉及信用监管的效能评价，并未从整体上构建有关于市场主体信用监管的专门化、具体化指标。

为有效评估市场主体信用监管成效，部分学者也从社会信用体系建设视角构建了市场主体信用监管的指标评价体系。全国城市信用状况监测平台构建了由信用制度和基础建设、守信激励和失信治理、诚信文化和诚信建设、信用服务和信用创新、信用环境和营商环境5个一级指标组成的全国城市综合信用指

---

① 方俊：《商事制度改革背景下的政府监管——以广州市 P 区为例》，载《理论探索》，2018 年第 1 期，第 69~74 页。
② 张莉、陈邱惠、毕青苗：《商事制度改革与企业制度性成本》，载《中山大学学报》（社会科学版），2019 年第 59 卷第 6 期，第 167~177 页。
③ 徐现祥、马晶：《商事制度改革与市场主体进入率——数量竞争还是质量竞争》，载《中山大学学报》（社会科学版），2019 年第 59 卷第 6 期，第 191~202 页。
④ 娄成武、张国勇：《基于市场主体主观感知的营商环境评估框架构建——兼评世界银行营商环境评估模式》，载《当代经济管理》，2018 年第 40 卷第 6 期，第 60~68 页。
⑤ 刘英奎、吴文军、李媛：《中国营商环境建设及其评价研究》，载《区域经济评论》，2020 年第 1 期，第 70~78 页。

数评价体系，测度政府对市场主体信用的监管水平。① 但是该指标体系由于仅考虑政府监管视角，忽略了从社会监督和企业自律角度综合考核市场主体信用监管成效。鉴于此，林钧跃构建了城市商业信用环境指数评价体系②，该指标体系虽倚重于金融领域的信用监管，但从企业信用管理、征信系统建设、诚信教育和政府信用监管4个维度综合考核了政府、企业、社会和公众在信用治理中的参与程度和建设水平，阐明了在社会信用治理和评价中要考虑政府、市场和社会的合力共建共治的思想，对创建共建共治共享视阈下的市场主体信用监管评价指标体系具有重要借鉴意义。

综上所述，现有关于评价市场主体信用监管成效的研究取得了一定成绩，但相关指标体系或从商事制度改革成效、营商环境建设水平及社会信用体系建设程度的宏观视角探索信用监管的建设效果，或点到为止地构建部分信用监管的评价指标体系，或仅从共建或共治的单一视角考核信用监管成效，鲜有从市场主体信用监管的具体化角度进行成效评价研究，更是忽略了中国语境下强化市场主体信用监管和打造共建共治共享社会治理格局的理论联系和实践契合，缺乏从共建共治共享视阈考核和评估市场主体信用监管综合效果的相关研究。因此，本书在深入探究市场主体信用监管与"共建共治共享"理念的内在逻辑基础上，综合设计可测度共建共治共享视阈下市场主体信用监管效果的指标评价体系和一致可比的实证方法，为全面系统地反映各地市场主体信用监管成效，并因地制宜采取针对性措施深化市场主体信用监管改革，充分释放监管效能提供理论指导。

二、现实意义

综合效果评价的意义在于对事物全面把握、整体了解和基本认识的基础上，通过对构成事物的基本要素进行科学提取和归纳，并通过定性分析和定量分析，以实现对事物具体化、清晰化的认识，并形成新思路和新方向，推动事物进一步深化发展。

---

① 国家信息中心中国经济信息网：《中国城市信用状况监测评价报告》，北京：中国经济出版社2018年版。
② 林钧跃、方向军：《城市信用体系完善程度和运行效果的指数评测方法——中国城市商业信用环境指数（CEI）及其应用》，载《征信》，2013年第31卷第4期，第5~12页。

新时代共建共治共享的市场主体信用监管是在习近平新时代中国特色社会主义理论体系指导下市场监管和社会治理的耦合创新，是在实践中逐步演化并渐进渐优的结果。因此，基于共建共治共享视角，构建科学、合理的市场主体信用监管评价体系，不仅能综合反映市场主体信用监管在共建共治共享社会治理理论体系中的融合、发展和实践效果，更是希望能通过综合评价，为持续推进市场主体信用监管改革提供改革思路、谋划实施路径，进而推动市场主体信用监管改革向纵深推进。

（一）以评促建，加快社会信用体系建设

加快推进社会信用体系建设，构建以信用为核心的新型监管机制事关经济社会发展大局，事关社会文明进步建设大计，责任重大，使命光荣。通过加强市场主体信用信息归集公示，拓展信用惠民便企应用场景，加大联合奖惩力度，将市场主体信用监管融入推进政府职能转变、优化营商环境、建设"诚信中国"过程，营造良好的诚信环境，推动社会信用体系建设全面发展和进步。因此，通过构建共建共治共享视阈下的市场主体信用监管评价体系，严格评价标准、完善评价方式，从共建、共治、共享三个维度构建市场主体信用监管效果评价体系，评估各地市场信用监管实践是否充分实现各方合力共建、全社会协同共治以及成果全民共享，能有效发挥评价的"指挥棒"作用，加快社会信用体系建设有序健康发展。

（二）以评促优，优化政府治理机制

新时代下的市场主体信用监管不仅是瞄准违法失信的精准监管，还是多部门联动配合的协同监管，更是全社会共同参与的综合监管，是政府治理的重要组成部分。通过构建共建共治共享视阈下的市场主体信用监管评价体系进行综合评价，不仅能有效压紧、压实改革效果，实现以评促治、以评提治效果，推动市场主体信用监管改革发展，而且能有效优化政府治理机制，提升为民服务效能，推动政府职能转变。一方面，可以向有关部门反馈评价结论，针对反馈过程中发现的问题，提出相应对策建议，并推广好的改革经验做法。另一方面，可以将评价结果作为各级政府政绩考核的重要依据，对于评价过程中发现问题较多的地区，可以督促其在后续改革中尽快解决问题，不能妥善解决问题的，还可以启动问责机制。

(三) 以评提治，推动社会治理体系现代化

市场主体信用监管是在社会变迁中，由"诚实信用"演化生成的新型社会治理手段和治理工具，其承袭了"诚实信用"中传统道德蕴含和法律原则的要求，旨在以可量化、可评价、可分类的信用信息为基础，超越传统监管手段相对封闭的衔接结构，重塑政府治理过程，回应了社会发展对创新社会治理的现实需求[①]，其最终目的是建立良好的市场经济秩序和社会秩序。市场主体信用监管作为社会治理手段，是在传统市场监管机制上的突破和创新，其核心理念理应与共建共治共享社会治理理念价值蕴含高度契合，社会治理模式为市场主体信用监管提供了理想的理论范式。对市场主体信用监管效果进行综合评价，有利于发现改革的痛点、难点，突破改革的制约瓶颈，总结改革的试点经验，推动深化市场主体信用监管改革，进一步推进社会治理体系现代化。

第二节　综合效果评价的对象和范围

一、评价对象

市场主体信用监管是社会信用体系建设的重要组成部分。改革开放以来，我国社会信用体系经历了从"社会管理"到"社会治理"过程，随着社会信用体系建设理念的发展，推动了我国市场主体信用监管的逻辑从管理逻辑向治理逻辑转变。构建共建共治共享视阈下的市场主体信用监管评价体系，在传统的治理方式上通过数字化、标准化的评价方式，运用特定的数据评估模型，有效评估各地市场主体信用监管实践是否充分实现各方合力共建、全社会协同共治以及成果全民共享。其中，市场主体定义为经过国家批准和允许，能进入市场进行买卖和交易的组织或个人，具体包括企业、农民专业合作社和个体工商户。

[①] 袁文瀚：《信用监管的行政法解读》，载《行政法学研究》，2019年第1期，第18～31页。

二、评价范围

构建共建共治共享视阈下的市场主体信用监管综合效果评价是社会治理、社会信用体系建设和市场监管领域耦合关系下的理论创新，是基于中国语境下对市场主体信用监管实践进行的综合评价，因此，本书研究需要涵盖全国各省域（港、澳、台除外），以便进行地域间的横向对比分析和综合评价。因此，本章以全国36个省会及副省级以上城市作为主要研究样本①，以便综合反映和评估全国重点城市市场主体信用监管的具体效果。

与此同时，广西壮族自治区基于市场监管工作的全局性、关键性和引领性把握，较早提出"打造共建共治共享的市场监管格局"的发展部署，广西壮族自治区人民政府出台了《关于加快市场主体信用监管的实施意见》②，用以指导市场主体信用监管实践，在完善市场主体信用信息归集公示、强化守信激励和失信惩戒、实行市场主体信用分类管理、探索信用修复机制等方面取得显著成效，成为全国深化信用监管改革和创新市场监管机制的试验田。另外，广西作为对接粤港澳大湾区、服务"中国—东盟博览会"的中国（广西）自由贸易区以及"一带一路"的西部陆海新通道，通过研究、总结和宣传广西的市场主体信用监管成效，有助于推动广西治理模式服务中国、辐射东盟、走向世界，并为全球信用治理提供中国智慧和中国方案。以广西壮族自治区为研究对象具有先进性和典型性。因此，在对全国36个省会及副省级以上城市进行综合评价的基础上，本章还对广西14个地级城市的研究样本进行进一步的细化研究，以评价区域环境下广西各城市的市场主体信用监管实践的共建共治共享效果，以期为全国的市场主体信用监管改革提供新思路和新方向。

---

① 36个省会及副省级以上城市具体为：上海、北京、深圳、广州、天津、重庆、南京、杭州、武汉、成都、宁波、西安、青岛、长沙、郑州、济南、大连、昆明、合肥、沈阳、哈尔滨、长春、厦门、福州、石家庄、南昌、太原、贵阳、南宁、乌鲁木齐、拉萨、兰州、呼和浩特、银川、海口、西宁。由于数据收集和处理受限，36个省会及副省级以上城市不包括台湾、香港、澳门三个地区。

② 广西壮族自治区人民政府：《广西壮族自治区人民政府办公厅关于加强市场主体信用监管的实施意见》（桂政办发〔2019〕18号），http://www.gxzf.gov.cn/zfgb/2019nzfgb/d5q_35406/zzqrmzfbgtwj_35408/t1514428.shtml（访问时间：2019年2月20日）。

第三节 综合效果评价指标体系构建

一、评价指标体系的设置原则

评价指标体系，是指由表征评价对象各方面特性及其相互联系的多个指标构成的具有内在结构的有机整体。为切实加强市场主体信用监管评价工作，准确、高效反映市场主体信用监管的"共建共治共享"效果，应遵循系统性、全面性和可操作性原则，科学、合理地设置评价指标体系，细化市场主体信用监管评价清单。

（一）系统性原则

新时代共建共治共享的市场主体信用监管改革政策性强、涉及面广、关联度高，是一项需要全面贯彻落实的长期性、系统性、艰巨性工程，不能随意决断，更无法一蹴而就，而是需要遵循系统性、体系化的原则去规划、实施和推进，即坚持以共建维度为基础，共治维度为核心，共享维度为目标，实现从合力共建、协同共治到全民共享的和谐统一。基于以上逻辑，构建共建共治共享的市场主体信用监管评价指标体系，也需要遵循系统性、体系化原则，"自上而下"再"自下而上"，层层细分，层层汇总，形成环环相扣又前后衔接的评价指标，进而构建逻辑连贯、层次分明、结构合理的共建共治共享视阈下市场主体信用监管评价体系。

（二）全面性原则

新时代共建共治共享的市场主体信用监管改革是包含信用监管制度建设、监管机构改革和信用信息平台建设的全局性建设，是贯穿事前、事中、事后全监管环节的全过程监管，是致力于构建党委领导、政府负责、市场监督、公众参与的全员监管大格局，强调监管主体的多元化、监管手段多样化、利益的广泛化，具有全面性特点。在新时代背景下，构建共建共治共享视阈下的市场主体信用监管评价指标体系，是在体制机制优越性和信息技术创新性双重作用下对市场主体信用监管研究的拓展和创新，因此，在考虑构建共建共治共享的市场主体信用监管评价指标体系时，也应该遵循全面性原则，考虑评价内容的多元化、评价方法的多样化，充分运用信息化、技术化、专业化手段，全面、客观、完整、准确地测度和评价各地区市场主体信用监管效果。

（三）可操作性原则

本书综合运用经济学、管理学、社会学、统计学知识，将共建共治共享的内涵运用到市场主体信用监管的相关研究中，科学构建共建共治共享视阈下的市场主体信用监管评价指标体系，是理论与实务的结合，是主观分析和客观分析的结合，更是定量分析和定性分析的结合，对丰富理论研究、指导市场主体信用监管实践起着积极的作用。因此，共建共治共享视阈下的市场主体信用监管评价指标体系需要严格遵循可操作性原则，相关指标的设定应该能在现行的统计数据中较为容易获取，或者能通过简易抽样方式获得，以更好地进行实际的测度和评价，也能更好地进行大范围的复制及应用。科学构建可操作性的市场主体信用监管评价指标体系，可实现以评促建、以评促优、以评促治的目的。

二、评价指标体系构建

（一）指标体系构建依据

在新的历史方位和时代坐标下，市场主体信用监管作为新型社会治理手段，从理论构建到实践总结再到目标实现，需要始终遵循社会治理的"共建共治共享"理念，着力打造新型信用监管体系。坚持共建为基，通过吸纳各部门、各组织、各主体合力共建，优化信用监管"软环境"，构建以信用法治机制为保障、信用信息系统为支撑、信用服务市场为新生动力的监管机制，筑牢市场主体信用监管基础，不断提升信用治理效能。坚持共治为要，通过强化部门联动和内外融合，构建政府、市场和社会的合作互动和成果互认机制，实现政府监管、社会监督、企业自律相结合的综合治理格局。坚持共享为本，提高市场主体信用监管效益并拓展成果辐射范围，实现全体人民共有改革红利、共增信用获得、共享信用经济。因此，也应围绕共建、共治、共享三个维度构建市场主体信用监管效果评价体系，有效测度和评估市场主体信用监管实践是否完全符合共建共治共享要求，是否充分实现各方合力共建、全社会协同共治以及成果由全体人民共享，以便查漏补缺，持续深化市场主体信用监管改革。

（二）具体指标体系构建

基于市场主体信用监管实践，结合"共建共治共享"理念，遵循全面性、代表性、可操作性原则，本书构建了涵盖3个一级指标、9个二级指标和18个三级指标的共建共治共享视阈下市场主体信用监管效果评价指标体系（详见表5-1）。

表 5-1 共建共治共享视阈下市场主体信用监管效果评价指标

一级指标	二级指标	三级指标	数据来源
共建	信用体制机制保障	政策法规数量	各市市场监督管理局
		是否设置信用监管部门	各市信用中国网站
	信用信息平台建设	信用门户网站数量	各市市场监管局及信用中国网站
		归集的涉企信息数量	各市市场监管局及广西新闻网
	信用服务市场培育	市场主体数量	各市市场监管局及政府门户网站
		信用中介机构数量	天眼查网站
共治	政府监管	守信红名单数量（守合同重信用）	各市信用中国网站
		失信黑名单数量（经营异常）	各市信用中国网站
	社会监督	获信用中介机构评级的市场主体数量	广西企业信用信息管理平台
		"12315"投诉量	各市市场监管局
	市场主体自律	签订信用承诺书的市场主体数量	各市信用中国网站
		企业年报公示率	各市市场监管局及政府门户网站
共享	商事制度改革红利	企业开办时间	各市市场监管局
		新增城镇就业人数	中国统计信息网
	城市信用获得感	全国城市综合信用指数排名	信用中国
		城市商业信用环境指数	中国城市商业信用环境指数网站
	经济信用化	金融机构存款余额/GDP	各市统计局
		金融机构贷款余额/GDP	各市统计局

共建是有效开展市场主体信用监管活动的基础工程和重要保障，共建是指在各方合力下筑牢信用监管体制机制的基础性、信用信息技术系统的支撑性以

及信用服务市场的开放性。因此，可在共建维度下设置信用体制机制保障、信用信息平台建设以及信用服务市场培育3个二级指标，用于测度信用监管基础支撑体系的建设水平。首先，信用体制机制保障主要通过健全信用监管政策法规及规范性文件落实信用监管的价值目标、监管责任、工作机制和执行标准，用标准引导政府工作、用法治规范市场行为，实现信用监管法治化；通过设置专门的信用监管部门推动各部门协调统一、各方资源有效整合，以开展体系完整、责任明确、监管有力的信用监管工作，实现信用监管高效化。因此，采用各城市发布的政策法规数量以及是否设置信用监管部门考核信用体制机制保障程度，用信用政策法规数量衡量信用监管的法治程度，是否用设置专门的信用监管部门考核信用监管的通盘统筹能力及组织有序化程度。其次，信用信息平台建设指依托"互联网+监管"理念和"大智移云"等信息技术，加快市场监管信用信息平台和网站建设，构建"全国一张网"，打破"信息孤岛"和"数据烟囱"，实现跨地域、跨层级、跨部门、跨行业的信用数据采集、汇总和交互共享；并依据"横向到边，纵向到底"原则扩大涉企信用信息归集公示的数量和范围，利用海量数据建立市场主体的信用镜像模型，以便重点筛选监管对象，实现精准化监管。因此，采用各城市建立的市场主体信用门户网站数量和归集公示的涉企信用信息数量测度信用信息平台建设程度，信用门户网站数量可衡量信用网络基础设施支撑程度，涉企信用信息归集公示数量则用于评估信用信息系统的公示共享水平。最后，信用服务市场培育则是指扩大信用主体范围和信用服务机构规模，一方面将更多的市场主体纳入监管系统，保障可查、可核、可溯，从源头上保障信用监管链条的安全完整。另一方面加快培育具有专业能力的独立第三方信用中介机构，引导其出具更多公正、公开的信用报告，在市场社会中建立和传递信任机制，推动市场经济活动诚信开展。所以，采用市场主体数量和信用中介机构数量度量信用服务市场的培育程度，其中市场主体的多寡代表可控范围内的信用主体规模，信用中介机构数量则可体现社会具有的信用监督能力。

  共治是共建通往共享、共享促进共建的核心环节，共治要求树立大社会观、大治理观，打造政府、社会、市场共同参与市场主体信用监管的综合治理格局。鉴于此，可设置政府监管、社会监督和市场主体自律三个细分指标衡量市场主体信用监管的共治程度。首先，政府监管主要指通过制定信用"红黑名单"对市场主体进行分级、分类，以实施不同深度和力度的差异化管理，实现精准化监管；同时通过整合各部门的信用"红黑名单"实现合作互动和成果互认，推动各部门上下联动、左右协同和内外联合，构建全方位、跨领域、全流程、无缝隙的联防联控信用监管模式和信用联合奖惩机制，以实现对市场主体"一处守信处处受益，一处失信处处受限"的目的。因此，采用守信红名单数量和失信黑名单数量衡量政府监管水平，守信红名单数量体现各部门利用声誉机制强化市场主体信用监管的有效程度，失信黑名单数量则凸显政府联合惩戒手段下对市场主体的监管力度。其次，社会监督主要指发挥信用中介机构和社会自然人力量对市场主体的公共信用开展综合评价和监督，一方面由第三方信用中介机构对市场主体实施全覆盖、独立性的中微观信用评价，并将评价结果推送给各部门、各组织和各主体，打破政府监管真空，弥合监管缺陷。另一方面通过"12315"消费者投诉举报热线有效反映市场主体失信行为，以便政府结合市场数据更全面地规范和约束失信主体。所以，采用各城市获得信用中介机构评级的市场主体数量及"12315"投诉数量测评社会监督水平，获得信用中介机构评级的市场主体数量能有效体现社会对守信主体的监管程度，"12315"投诉数量则能反映社会对失信主体的监督水平。最后，市场主体自律是通过引导企业自觉签订信用承诺书和完成年报公示强化自身信用自律，即通过提高市场主体的守信激励收益和失信惩戒成本，引导市场主体自觉签订信用承诺书并自觉守法守信，以便实施张弛有度的信用监管；同时通过失信黑名单等警示引导市场主体主动完成年报公示，及时、准确、真实地向政府、市场和社会反映自身经营状况和信用水平，以便树立良好的信用主体形象，赢得更多声誉和机遇。因而，采用各城市签订有信用承诺书的市场主体数量以及企业年报公示率测度市场主体自律程度，签订信用承诺书的市场主体数量反映企业配合政府监管的自觉度，企业年报公示率的高低则有效反映企业自觉服从监管的自律水平。

共享是强化市场主体信用监管的根本目标，共享要求实现市场主体信用监管成果惠及全体人民，使全民共享改革红利、共增城市信用获得以及共享信用经济。因此，采用商事制度改革红利、城市信用获得感以及经济信用化三个指标权衡市场主体信用监管成果的共享水平。首先，商事制度改革红利体现为提高企业开办效率和增强就业吸纳能力，即通过信用监管重心后转及监管审批流程简化，实现精兵简政和效率优化，极大缩短企业开办时间，让更多市场主体快速进入市场并享受红利；另外，通过信用监管推动优化营商环境，激发大众创业万众创新的浪潮，从而增强就业吸纳能力，让更多社会主体参与并分享信用监管改革成果。因此，采用企业开办时间和新增城镇就业人数衡量商事制度改革的红利释放程度，企业开办时间的长短能体现商事制度改革的便利效果，新增城镇就业人数则能反映商事制度改革成果的惠及程度。其次，城市信用获得感指以满足人民群众诚信需求和提升城市综合信用水平为出发点和落脚点，通过强化城市综合信用水平，营造一个文明诚信的社会环境，推动信用监管满意度跃升，增强人民群众的信用获得感、幸福感和安全感。因而，采用全国城市综合信用指数排名和城市商业环境指数衡量各城市的综合信用获得程度，全国城市综合信用指数可体现城市综合信用水平，城市商业信用环境指数则有效体现城市的信用资源综合利用效果。最后，经济信用化指通过提高社会各界对信用的重视和运用，提升市场主体综合信用水平，进而扩大资本借贷等信用经济成分在国民经济中的比重，推动信用经济发展并实现信用福利共享。因此，采用金融机构存、贷款余额与国内生产总值的比重衡量各城市的经济信用化程度，金融机构存款余额与国内生产总值的比重代表各类市场主体自身具有的信用实力，金融机构贷款余额与国内生产总值的比重则表示社会给予信用主体的肯定和支持力度。

（三）数据来源及预处理

2018年既是新一轮市场监管机构整合改革元年，又是提出打造共建共治共享的社会治理格局和完善市场监管改革的一年，研究和考核当年的市场主体信用监管成效可为后续年份推动市场主体信用监管改革向纵深发展以及创新和完善社会治理提供参考和借鉴，具有一定的先进性和指导性，因此，本书将2018年作为研究年份。本书构建的共建共治共享视阈下市场主体信用监管效果评价体系的相关数据主要来源于全国各省市人民政府门户网站、市场监管局、国家统计局、信用中国（全国各市）、企业信用信息管理平台以及各新闻网相关媒体网站（详见表5-1）。对于存在个别数据缺漏值的城市均取用其他城市的指标平均值替代，并对所有数据运用功效系数法进行标准化预处理，保证所有数据具有一致性和可比性。

第四节 综合评价方法及模型设计

共建共治共享视阈下市场主体信用监管综合效果评价不仅包括综合指标体系的构建,还涵盖评价方法和评价模型的设计。科学的评价方法和模型是保证评价结果准确有效的基础,常用的评价方法有层次分析法、德尔菲法等主观赋权法以及因子分析法、熵权法等客观赋权法,单一主观赋权法体现了专家经验,但对指标的重要性判断容易受个人偏好影响,而单一客观赋权法虽可随客观环境变化,却无法体现决策者对不同指标的重视程度。为了有效采纳专家意见的同时,控制因主观赋权导致的个人偏好影响,本书借鉴张挺等[①]人的评价方法,采用主观赋权法和客观赋权法相结合的组合赋权方式,首先运用改进后的功效系法进行指标和数据的无量纲化处理,其次采用层次分析法和熵权法进行主客观赋权计算分权重,最后使用等权重加权平均法确定各指标综合权重并计算各城市综合得分。该方法可以为有效测度共建共治共享视阈下市场主体信用监管成效提供方法论(详见图5-1)。

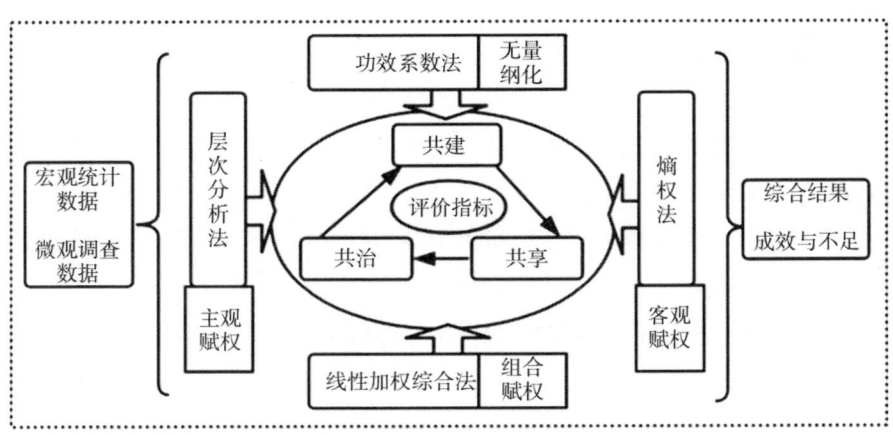

图5-1 综合评价方法及模型

---

① 张挺、李闽榕、徐艳梅:《乡村振兴评价指标体系构建与实证研究》,载《管理世界》,2018年第34卷第8期,第99~105页。

一、改进后的功效系数法进行无量纲化处理

由于不同类型的指标代表不同的取值偏好,如文中"发布的政策法规数量""年报公示率"等"收益型"指标,其特征是取值越大越好;而对于"企业开办时间"等"成本型"指标,则是取值越小越好。指标特征的差异性导致无法统一代入评价模型进行评价值测算,因而需要对指标数据进行一致化处理。同时,由于每个指标都有不同的量纲和量级,因而还需要对数据进行无量纲化处理使之具有可比性,鉴于此,本书借鉴林钧跃①的数据处理方法,采用改进后的功效系数法对数据进行无量纲化处理,使得到的综合评分控制在60~100,以便进行直观比较。具体处理方法如下:

效益型指标:$Z_i = \dfrac{x^{ij} - x^i_{\min}}{x^i_{\max} - x^i_{\min}} \times 40 + 60 (i = 1, 2, \cdots\cdots, n)$

成本型指标:$Z_i = \dfrac{x^i_{\max} - x^{ij}}{x^i_{\max} - x^i_{\min}} \times 40 + 60 (i = 1, 2, \cdots\cdots, n)$

其中,Z_i 为经过无量纲化处理后的指标数值,x^i 表示原始指标样本值,$x^i_{\max}$ 和 $x^i_{\min}$ 分别表示原始指标最大值和最小值。

二、层次分析法计算主观权重

为有效吸纳专家知识和经验使得到的结果更科学合理,本书采用群决策的层次分析法计算指标主观权重。其基本思想是在设计共建共治共享视阈下市场主体信用监管指标体系后,运用专家打分法构建指标重要性对比判断矩阵,并通过计算各矩阵的特征根和特征向量得到各指标权重,再通过一致性检验最终确定各指标主观权重。

首先,由专家组采用九标度法对市场主体信用监管指标体系构建对比判断矩阵,记为:

目标层:$A = (B_i)$,$(i = 1, 2, \cdots\cdots, n)$

准则层:$B_i = (C_{ij})$,$(i = 1, 2, \cdots\cdots, n)$

其次,根据各级对比判断矩阵计算各矩阵的最大特征根和对应的特征向

---

① 林钧跃:《中国城市商业信用环境指数研制与分析》,载《财贸经济》,2012年第2期,第89~97页。

量,得到权向量,即为该层的各指标权重,由此计算从三级指标到二级指标再到一级指标的权重,记为:

$$W_A \left[w_{B_1},\ w_{B_2},\ \cdots\cdots,\ w_{B_n} \right]^T$$

$$W_{Bn} \left[w_{C_1},\ w_{C_2},\ \cdots\cdots,\ w_{C_n} \right]^T$$

最后,通过采用加权算术平均法综合计算专家组的各级指标权重,从而得到三级指标对一级指标的综合权重,即为层次分析法的主观综合权重,并通过一致性确保对比判断矩阵一致性及权重有效性,记为:

$$W_{in} = \sum_{j=1}^{n} W_{Bi} \cdot W_{Cij} (n =,\ 1,\ 2,\ \cdots\cdots,\ n)$$

其中,W_{ij}即为市场主体信用监管成效评价体系中各项三级指标的主观权重。

三、熵权法计算客观权重

为有效避免因专家主观偏好影响指标重要性判断,同时为使评价结果更客观完整,本书运用具有较高可信度的熵权法进行共建共治共享视阈下市场主体信用监管效果评价指标体系的客观赋权。其基本原理是在进行同度量化后计算调节系数和信息熵值,在此基础上计算差异化系数,最后得到各评价指标的客观权重系数。

首先,对每项三级指标数据规范进行0~1的同度量化,记为:

效益型:$Y_{ij} = \dfrac{x^{ij} - x^i_{\min}}{x^i_{\max} - x^i_{\min}}$ $(i =,\ 2,\ \cdots\cdots,\ n)$

成本型:$Y_{ij} = \dfrac{x^i_{\max} - x^{ij}}{x^i_{\max} - x^i_{\min}}$ $(i =,\ 2,\ \cdots\cdots,\ n)$

其次,计算调节系数和信息熵,记为:

$$P_{ij} = Y_{ij} \bigg/ \sum_{i=1}^{n} Y_{ij}(1,\ 2,\ \cdots\cdots,\ n)$$

$$k = 1/\ln(46)\,(k \geq 0)$$

$$e_i = -k \sum_{i=1}^{n} P_{ij} \ln P_{ij} (j = 1,\ 2,\ \cdots\cdots,\ n;\ 0 \leq e_j \leq 1)$$

其中，k 为调节系数，49 为样本城市数量①，e_j 为各个指标的信息熵。

最后，再通过各个指标的差异化系数计算各指标的客观权重系数，记为：

$$g_j = 1 - e_j$$

$$W'_{ij} = g_j \bigg/ \left(18 - \sum_{j=1}^{n} e_j\right)$$

其中，g_i 为差异化系数，18 为三级指标数量，W'_{ij} 为市场主体信用监管成效评价体系中各项三级指标的客观权重。

四、等权重加权平均法计算综合权重

为有效弥合单一主观赋权或客观赋权的缺陷，本书在计算各项指标主、客观权重基础上，采用等权重加权平均法计算各项指标的综合权重，并与无量纲化处理后的数据结合计算各城市的市场主体信用监管效果综合评价值。

$$W^*_{ij} = 0.5 \times W_{ij} + 0.5 \times W'_{ij}$$

$$S_{ij} = \sum_{j=1}^{m} Z_{ij} \times W'_{ij})$$

其中，W^*_{ij} 为综合权重（详见表5-2），S_{ij} 为各城市综合得分（详见表5-3、表5-4）。

表5-2 市场主体信用监管综合评价指标体系的权重系数

一级指标	二级指标	三级指标	主观权重	客观权重	综合权重
共建	信用体制机制保障	政策法规数量	0.10	0.06	0.08
		是否设置信用监管部门	0.06	0.03	0.05
	信用信息平台建设	信用门户网站数量	0.07	0.03	0.05
		归集的涉企信息数量	0.06	0.06	0.06
	信用服务市场培育	市场主体数量	0.04	0.07	0.06
		信用中介机构数量	0.04	0.11	0.07

---

① 49个样本城市：全国36个省会及副省级以上城市，及广西壮族自治区的14个城市（含南宁在内）。

续表

一级指标	二级指标	三级指标	主观权重	客观权重	综合权重
共治	政府监管	守信红名单数量（守合同重信用）	0.08	0.06	0.07
		失信黑名单数量（经营异常）	0.08	0.04	0.06
	社会监督	获信用中介机构评级的市场主体数量	0.05	0.04	0.05
		"12315"投诉量	0.05	0.04	0.04
	市场主体自律	签订信用承诺书的市场主体数量	0.04	0.07	0.05
		企业年报公示率	0.03	0.04	0.04
共享	商事制度改革红利	企业开办时间	0.09	0.04	0.06
		新增城镇就业人数	0.06	0.07	0.07
	城市信用获得感	全国城市综合信用指数排名	0.03	0.07	0.05
		城市商业信用环境指数	0.02	0.05	0.04
	经济信用化	金融机构存款余额/GDP	0.05	0.06	0.06
		金融机构贷款余额/GDP	0.05	0.05	0.05

第五节 实证结果分析

一、全国主要城市实证结果分析

表 5-3 全国主要城市市场主体信用监管效果综合评价值及排名

城市	共建	排名	共治	排名	共享	排名	总分	排名
上海	29.59	9	25.35	3	28.16	2	83.10	3
北京	31.25	3	25.61	2	28.48	1	85.34	1

续表

城市	共建	排名	共治	排名	共享	排名	总分	排名
深圳	32.69	1	25.86	1	25.84	17	84.39	2
广州	30.50	6	24.48	4	26.22	10	81.20	5
天津	28.10	18	22.84	6	26.67	9	77.61	10
重庆	28.66	14	23.54	5	27.09	6	79.29	6
南京	28.80	12	21.16	16	26.85	8	76.81	13
杭州	29.57	10	22.04	11	27.22	4	78.83	7
武汉	29.38	11	21.61	14	25.32	27	76.31	14
成都	29.91	8	21.79	12	25.77	18	77.47	11
宁波	28.29	15	22.17	9	25.56	25	76.02	15
西安	30.79	5	20.84	22	26.01	12	77.64	9
青岛	31.78	2	22.76	7	27.35	3	81.89	4
长沙	30.98	4	21.08	18	25.18	28	77.24	12
郑州	28.14	17	21.54	15	23.82	36	73.50	24
济南	27.83	20	19.96	30	25.88	15	73.67	23
大连	27.64	23	20.48	24	25.04	30	73.16	27
昆明	27.70	22	19.89	31	25.91	14	73.50	25
合肥	30.10	7	22.04	10	25.99	13	78.13	8
沈阳	27.52	24	20.98	20	25.67	23	74.17	20
哈尔滨	26.81	28	20.41	26	24.32	35	71.54	33
长春	26.93	26	22.34	8	24.67	32	73.94	22
厦门	27.52	25	21.68	13	25.85	16	75.05	17
福州	26.83	27	20.89	21	24.87	31	72.59	29
石家庄	27.90	19	20.99	19	25.68	22	74.57	18
南昌	26.62	32	19.85	32	25.16	29	71.63	32
太原	26.39	33	20.42	25	25.37	26	72.18	30
贵阳	26.71	30	20.10	29	27.21	5	74.02	21
南宁	28.80	13	20.77	23	25.74	19	75.31	16
乌鲁木齐	23.93	36	19.04	35	25.64	24	68.61	36

续表

城市	共建	排名	共治	排名	共享	排名	总分	排名
拉萨	25.70	34	19.01	36	27.02	7	71.73	31
兰州	26.65	31	20.22	27	26.07	11	72.94	28
呼和浩特	26.78	29	19.51	34	24.57	33	70.86	34
银川	27.71	21	21.14	17	25.69	21	74.54	19
海口	28.15	16	19.58	33	25.71	20	73.44	26
西宁	25.07	35	20.22	28	24.54	34	69.83	35

（一）综合评价

表5-3为2018年全国36个省会及副省级以上城市开展的共建共治共享视阈下市场主体信用监管效果综合评价值及排名。总体而言，我国的市场主体信用监管改革整体进展良好，具有如下特征。

首先，市场主体信用监管的"共建共治共享"理念在全国范围内得到了有效地贯彻和落实。根据指标测度和效果衡量，发现大部分城市的市场主体信用监管效果评价的综合得分都在75分以上，甚至有些城市的综合得分高达80多分将近90分，说明各省市、各级人民政府和各市场监管部门紧紧围绕党中央、国务院的决策部署，认真贯彻"打造共建共治共享社会治理格局"理念，积极打造"共建共治共享的市场监管格局"，致力于通过深化市场主体信用监管改革，优化营商环境建设和改善社会信用水平，不断完善社会治理能力和治理体系现代化水平。

其次，各城市的市场主体信用监管效果与政治经济发展水平正相关，呈现明显的区域分化趋势。从地域划分来看，我国的市场主体信用监管效果综合得分靠前的通常为东部发达省市，呈现明显的京津冀、成渝、长三角、珠三角的集群分布趋势，具有明显的集聚效应；而排名较为滞后的则为较偏远的西部省份和东北地区，说明存在明显的地域分布差异。从城市经济发展水平上看，市场主体信用监管效果综合得分靠前的大部分为一线城市，而二线三线城市的市场主体信用监管综合效果相对滞后，说明各省市的市场主体信用监管水平通常和该城市的政治经济发展水平相关，政治经济发展水平为加强市场主体信用监管、构建社会信用体系提供了坚强后盾支持和市场需求保障，二者互为提升动力，相辅相成。

最后，各省市的市场主体信用监管效果存在明显的治理效果差异，更是有不少城市存在优劣势并存现象。36个省会及副省级以上城市中综合得分居于首位和末尾的城市得分峰值相差16.7分，其中，上海、深圳和北京排名前三，且在共建、共治、共享各环节都衔接、建设良好，在全国范围内树立了良好的示范作用。而居于末位的乌鲁木齐得分仅有68.60分，不论是各环节的得分还是综合评价值，都远低于全国平均水平，说明各省市对市场主体信用监管改革的重视力度、扶持力度、执行力度可能存在差异，导致市场主体信用监管效果存在区域建设差异。不仅如此，各城市间的市场主体信用监管效果还存在不同维度优劣势并存的差异，有些城市存在综合得分较高但分项指标较为滞后的特点，如深圳，虽然综合排名很高，但是在共享环节排名较为滞后。反观合肥，市场主体信用监管的共治共享环节虽然尚未完全落实和完善，但是借助共建环节的扎实建设建立了良好的先发优势，因此，发挥了联动效应，使综合得分较高，名列前茅。

（二）各分项指标对比分析

为更好地了解各省市市场主体信用监管效果，总结市场主体信用监管经验，反哺全国的市场主体信用监管改革实践，本书基于全国市场主体信用监管效果综合评价结果，将对各省市市场主体信用监管的具体得分和排名以及各维度的具体实施效果进行进一步的细化和分析，对表现良好和略为滞后的省市进行更深层次的成效解读和原因分析，以期为推动市场主体信用监管改革提质增效提供有益思路和方向。

1. 全国主要城市市场主体信用监管之共建维度分析

总体来看，全国36个城市的市场主体信用监管共建环节得分是共建、共治、共享三个维度中整体分值最高的环节，说明全国各省市高度重视加强和创新社会治理，各级政府、市场、社会和人民群众都积极发挥自身能动性和积极性，共同参与市场主体信用监管改革建设，筑牢以信用体制机制建设为指引、信用机构建设为桥梁、信用信息平台建设为支撑的市场主体信用监管体系，为各地全面深化市场主体信用监管共建、共治、共享提供坚强的基础和保障。

具体而言，在36个监测城市中，诸多城市在市场主体信用监管共同建设改革环节取得了良好的成绩。如合肥、青岛、长沙、南宁等城市，在共建环节的得分位居前列。细究原因不难发现，这4个城市的市场主体信用监管虽然都具有良好的共建效果，但是推动其共建环节效果提升的具体实施点和落脚点不尽相同。合肥和青岛是在政策法规建设方面取得先发优势，在出台政策法规数量上取得全国领先，且远高于全国平均水平（详见图5-2），而长沙和南宁则是在信用信息数量归集上取得突出成绩，加之两地在政策法规建设上的良好表现，"双管齐下"的叠加优势让两地为开展高效化、信息化、法治化的信用监管提供了有力保障。当然，这些城市的市场主体信用监管能在共建环节取得良好成绩，与市场主体信用监管政策和实践的贯彻落实密不可分，也与外部发展环境有着紧密联系。合肥作为安徽省省会，具有重塑中东部、改变长三角的重要战略地位；青岛是全国唯一所有工业门类齐全省份——山东的重要城市，肩负融入"一带一路"、自贸区建设、引领和打造胶东经济圈一体化发展的重任；长沙作为"承东启西"的中部区域经济中心城市，具有重要的战略发展核心位置；南宁则是国务院批复确定的中国北部湾经济区中心城市、西南地区连接出海通道的综合交通枢纽。四个城市在政治地位、经济实力、城市规模、区域辐射力上都具有极强的发展实力和区域影响力，这为信用监管资源储备和行政监管能力协同提供了良好的基础，同时对这些城市守信践诺的营商环境构建和社会信用水平提升提出了更高的要求。内外部因素的推动敦促了这些城市在深化市场主体信用监管改革、加强社会治理能力和治理水平上要高度重视、认真贯彻、坚决执行，努力转变政府职能，引导各方力量共同参与市场主体信用体系建设，积极推动信用监管改革深化和信用监管效果提升。

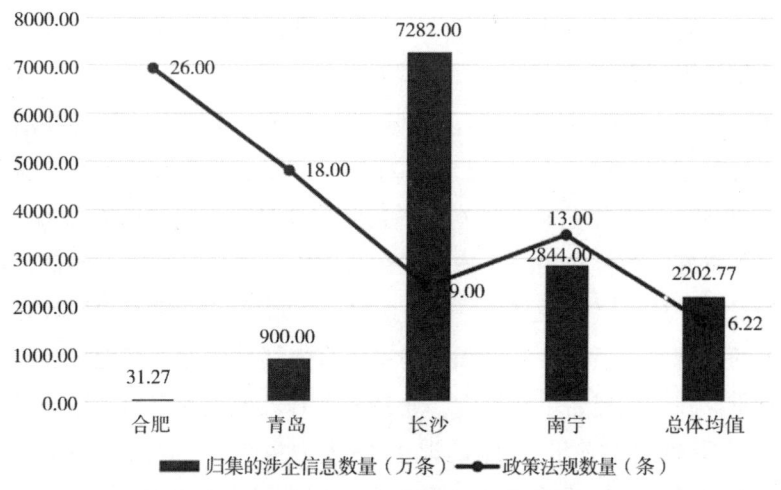

图 5-2 全国主要城市市场主体信用监管之共建维度指标对比

根据观测市场主体信用监管共建维度评价值，也有着出乎意料的结果。如上海、广州，这两个超一线城市的共建维度得分和排名并未处于全国前五的位置，尤其是常年作为超一线城市的上海，其排名甚至比一些新一线城市如西安、成都等城市的排名还要低，这可能是因为这两个城市作为经济、科技、人才、贸易的集聚地，在政治地位、经济实力、城市规模、区域辐射力上具有领先优势，有着良好的市场经济发展背景和基础条件，但同时意味着具有更强的市场自发性和自主性，有着更高的信用经济和社会发展环境需求。因此，相比较其他省市，上海和广州可能会更为重视发挥党委、政府、市场、社会力量加强社会信用体系建设和市场主体信用监管共治、共享环节，通过上下联动和内外融合，实现政府监管、社会监督、市场自律的治理模式协同；坚持共享为本，不断拓宽信用监管成果转换和辐射范围，实现全民共享改革红利、信用获得和信用经济。因此，这两个城市的共建环节得分会相对较低。

2. 全国主要城市市场主体信用监管之共治维度分析

总体来看，在共治维度，全国的市场主体信用监管共治环节整体建设效果良好，说明我国各省市都在积极转变信用监管思路、创新信用监管方式，积极转变政府职能，减少传统行政性、命令式的政府监管，充分调动市场、社会、公众的主观能动性和积极性，逐步构建起"企业自治、行业自律、社会监督、政府监管"的多维市场主体信用监管大格局，通过多元合作共建，推动资源有效整合和职能优势互补，从而实现治理效果最大化。但是相对比共建、共享环节的各城市得分，共治环节得分峰值差距最大，说明各城市更为重视多元共建和全民共享，而在共治环节，则存在一定的治理理念偏差和重视程度差异，导致得分效果差距较大。

具体而言，在36个城市中，众多城市在市场主体信用监管的共治环节取得了良好的效果和表现。比如，上海、深圳、广州、北京在共治环节位列全国36个城市前四，其信用监管治理水平和监管实践具有一定的借鉴意义，为其他省市树立了良好的典范作用。具体体现在失信黑名单、"12315"投诉量以及企业年报公示三个环节（详见图5-3）。其中，广州这三个环节表现较好，说明广州政府的政府监管、社会监督和市场主体自律结合较好，其他城市则有不同程度的侧重。在失信黑名单建设中，北京和上海表现较为突出，远高于全国平均水平，说明政府对失信主体的监管惩戒力度较大。对比全国各城市的"12315"投诉量，可以看出深圳、北京和上海在引入社会监督方面效果显著，社会公众对失信主体的社会监督能力较强。在企业年报公示率中，深圳和广州全国领先，说明两地政府在切实开展市场主体诚信教育等方面的工作。当然，北京、上海、广州、深圳这几个城市的市场主体信用监管共同治理水平能取得佳绩，也受政治、经济、文化等社会环境的驱动和影响。这4个城市作为全国经济、科技、人才、贸易的集聚地，具有良好的市场经济发展背景和基础条件，具有极强的市场自发性和自主性，因此，更容易吸纳和引导各方社会力量参与市场主体信用监管共同治理，构建起"企业自治、行业自律、社会监督、政府监管"的多维市场主体信用监管大格局。

除此之外，由图5-3可以看出，长春虽然在市场主体信用监管共建和共享环节表现差强人意，但在共治环节拥有良好表现，通过借助市场主体的广泛性和信用中介机构的多样性，加强对市场主体信用"红黑名单"、信用评级的政府监管、社会监督和市场主体自律"三合一"建设。反观长沙，可能由于对市场主体信用监管的不同环节有所侧重，导致出现了在共建环节建设良好，在共治环节却相对匮乏和滞后的现象，形成优劣势并存的局面。

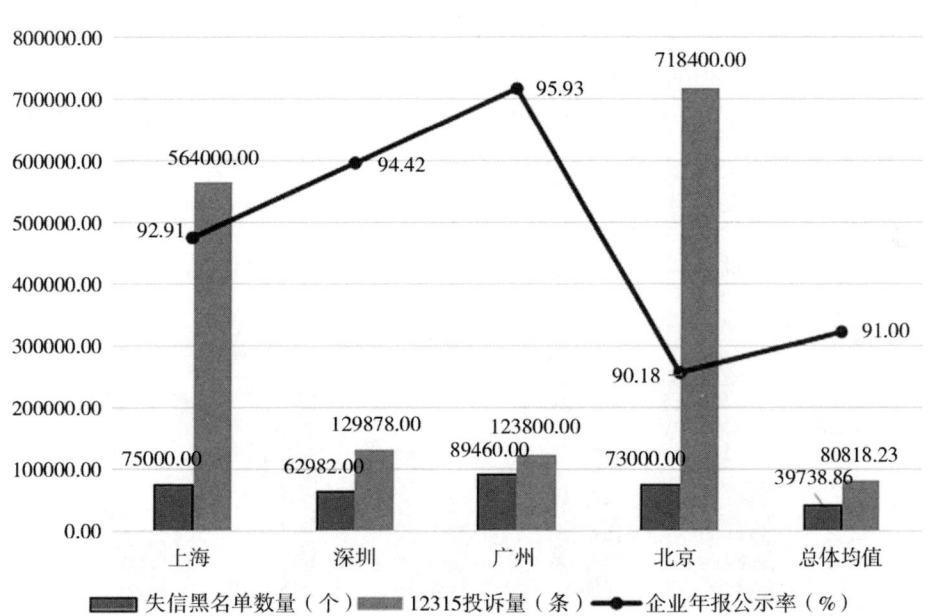

图5-3　全国主要城市市场主体信用监管之共治维度指标对比

3. 全国主要城市市场主体信用监管之共享维度分析

总体来看，在共享维度，本书测度的全国 36 个城市的市场主体信用监管共享环节建设良好，且共享环节的得分差距最小，说明各省份都较为重视市场主体信用监管成果共享。我国始终坚持以人民为中心，希望通过加强市场主体信用监管实现信用监管成果全民共享，使全民共有改革红利、共增信用获得和共享信用经济，不断提高人民群众的幸福感、获得感、安全感。

具体而言，众多城市市场主体信用监管共享环节建设中都具有良好的表现，其中，北京、上海、杭州和重庆表现尤为突出，具有良好的参考借鉴和示范性作用。具体体现在新增城镇就业人数、城市商业信用环境指数环节上（详见图 5-4）。其中，促进城镇就业方面，4 个城市都具有较强的就业吸纳能力，说明商事制度改革对达到促进城镇就业、惠民便企的目标具有极强的推动作用。在提高城市信用获得感的建设中，4 个城市的城市商业信用环境指数都很高，说明 4 个城市的综合信用水平较高，人民信用获得感较强。其实，这些城市能获得如此良好表现，除了与信用监管共享环节的重视和有益实践密不可分，也和这些城市的发展环境有着一定的联系。比如，杭州作为全国共享经济的"新名片"，建设和发展共享经济，需要构建与之相适应的社会信用环境，借助信用契约开展信用交易，发展共享经济，因此，非常重视市场主体信用监管的成果共享。又如，上海和重庆，因为具有良好的市场经济发展基础和条件，民营经济高度发达，为了更好地惠民便企，需要营造良好的营商环境和社会信用环境，因此，具有较高的市场主体信用监管共享环节建设水平。

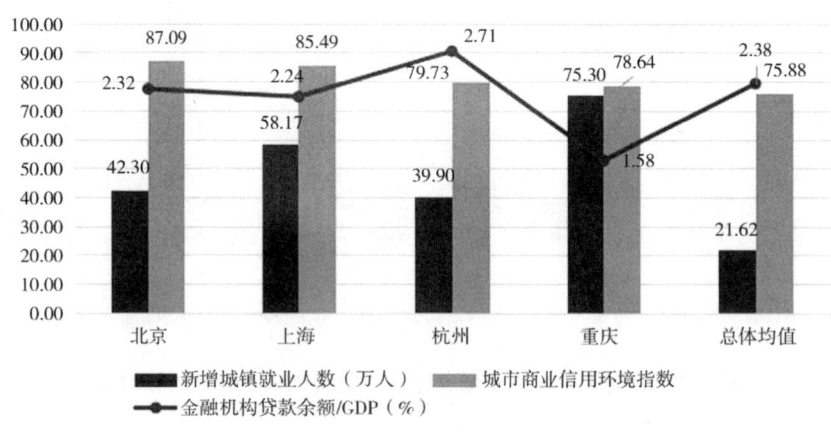

图 5-4　全国主要城市市场主体信用监管之共享维度指标对比

二、广西14个城市实证结果分析

（一）综合评价

2018年广西14个地市开展的市场主体信用监管效果综合评价值及排名如表5-4所示。根据相关数据，不难发现，广西的市场主体信用监管存在以下特征。首先，总体来看，广西的市场主体信用监管整体表现良好，大部分城市总分在65分以上，表明广西整体上能按照"共建共治共享"理念推进市场主体信用监管。广西能取得如此成绩，与广西自身基于对市场监管工作的全局性、关键性和引领性把握，率先提出"打造共建共治共享的市场监管格局"的发展部署和出台《关于加快市场主体信用监管的实施意见》用以指导信用监管实践，都有着密不可分的联系。其次，不难发现，广西的市场主体信用监管存在一定的地域差异。14个城市的总分峰值相差9.64分，其中，南宁和柳州均高于广西平均水平，树立了良好典范，而贵港、崇左远低于广西平均水平，信用监管综合效果较差，说明市场主体信用监管存在区域差异，应强化城市间的协同和联动。最后，对比广西14个城市数据可以发现，各城市的共治环节分差相对较小，说明广西各市都较为重视多元共治，积极构建政府监管、社会监督、市场主体自律的多元共治市场主体信用监管格局。当然，共建共享环节各城市较大的分差，也说明应该要重视加大市场主体信用监管共建共享力度，加强对市场主体信用监管共建共治共享的协同联动发展，推动信用监管效果和水平的全面提升。

表5-4 2018年广西14个城市市场主体信用监管效果综合评价值及排名

城市	共建	排名	共治	排名	共享	排名	总分	排名
南宁	28.80	1	20.77	1	25.74	1	75.31	1
柳州	27.45	4	20.35	2	23.88	2	71.68	2
桂林	25.47	11	19.90	7	23.35	4	68.72	7
梧州	25.95	9	19.46	13	22.60	9	68.01	9
北海	26.19	8	19.73	10	21.72	13	67.64	11
崇左	24.65	12	19.58	12	21.44	14	65.67	14
来宾	26.29	7	19.71	11	22.01	12	68.01	8

续表

城市	共建	排名	共治	排名	共享	排名	总分	排名
贺州	26.65	5	19.78	8	23.38	3	69.81	5
玉林	27.68	3	19.95	6	22.78	7	70.41	4
百色	26.50	6	20.09	3	22.92	5	69.51	6
河池	24.18	13	19.34	14	22.78	6	66.30	12
钦州	27.80	2	19.99	4	22.70	8	70.49	3
防城港	25.78	10	19.78	9	22.25	10	67.81	10
贵港	23.93	14	19.95	5	22.23	11	66.11	13

(二)各分项指标对比分析

为准确揭示各城市的市场主体信用监管现状，本书基于各城市的具体得分情况，选取14个城市中在共建、共治、共享环节表现较好和较差的城市进行对比分析。以期为推动广西乃至全国的市场主体信用监管改革提质增效提供有益思路和方向。

1. 广西主要城市市场主体信用监管之共建维度分析

从共建维度来看，广西市场主体信用监管的共建维度建设良好，尤其是南宁、钦州等城市，共建维度得分较高，为其他城市的市场主体信用监管共同建设和发展提供了良好的示范作用。而河池和贵港则由于社会经济发展水平、市场主体信用监管软、硬件建设水平较低，表现略为滞后。具体而言，各城市分差主要体现在归集涉企信息数量、出台政策法规数量两个环节（详见图5-5）。在涉企信用信息数量归集方面，南宁和钦州表现良好，为开展高效化、信息化监管提供了有力保障；在政策法规建设方面，钦州和南宁出台的政策法规数量高于平均水平，具备良好的信用法治化基础，而其他大部分城市的信用法规数量有限，表明应继续强化法制信用建设。当然，南宁、钦州两个城市的市场主体信用监管共建效果良好，与自身努力开展市场主体信用监管的体制机制建设、信用信息平台建设等分不开，也与这两个城市的区域优势和外部发展环境有一定关系。比如，南宁作为国务院批复确定的中国北部湾经济区中心城市、西南地区连接出海通道的综合交通枢纽，需要建立良好的守信践诺营商环境和社会信用环境，为推动国内外经济贸易，加速国内、国际双循环提供软实力保障，因此，需要加强市场主体信用监管共同建设，打造良好的信用监管软实力

<<< 第五章 共建共治共享视阈下市场主体信用监管效果：综合评价

环境。而钦州面临粤港澳大湾区、北部湾经济区、西部陆海新通道建设等多重国家战略叠加的重大机遇，具有良好的发展前景，因此，要大力加强市场主体信用监管共同建设，构建良好的营商环境和市场环境，推动城市全面进步和发展。

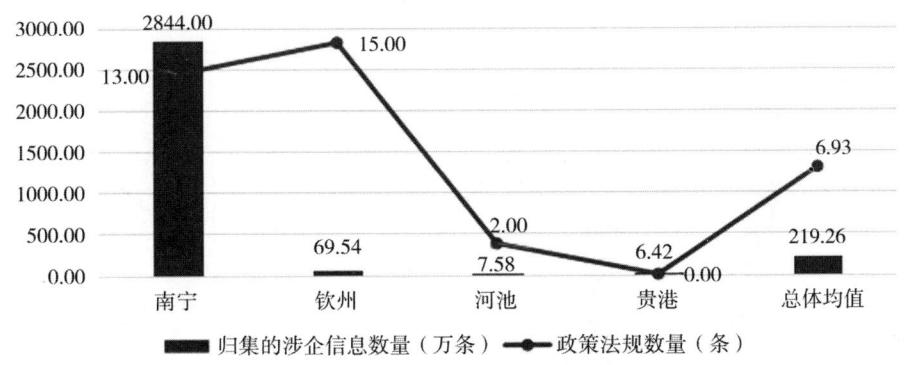

图 5-5 广西主要城市市场主体信用监管之共建维度指标对比

2. 广西主要城市市场主体信用监管之共治维度分析

从共治维度来看，广西 14 个城市的市场主体信用监管共治效果良好，且共治环节得分是共建、共治、共享三个维度中分差最小的环节，说明广西各市都积极转变信用监管思路、创新信用监管方式，充分调动市场、社会、公众的积极性和主观能动性，推动全社会共同参与市场主体信用监管改革，努力构建起"企业自治、行业自律、社会监督、政府监管"的多维市场主体信用监管大格局。具体来看，广西 14 个城市的市场主体信用监管虽然共同治理环节表现良好，但是各城市的信用监管实践存在一定差异，主要体现在失信黑名单、"12315"投诉量以及企业年报公示三个环节（详见图 5-6）。其中，南宁和柳州在这三个环节表现较好，说明两地政府的政府监督、社会监督和市场主体自律结合较好，其他城市均有不同程度的侧重。在失信黑名单建设和"12315"投诉量对比中，梧州和河池远低于广西总体的平均水平，说明政府对失信主体的监管惩戒力度较弱，社会公众对失信主体的社会监督能力也有所欠缺，需要继续强化政府监管和社会监督；而在企业年报公示率中，南宁和柳州则远高于广西总体的平均水平，表明市场主体具有较好的自律性。反观，梧州和河池的共治环节效果则略为滞后，主要是因为梧州和河池在强化政府监管的市场主体信用"红黑名单"建设以及加强社会监督的"12315"投诉量建设上略为滞后，导致未能完全发挥政府监管、社会监督、市场主体自律的"三合一"社会共同治理作用，说明还需要不断调动政府、市场、社会和公众参与市场监管的积极性，持续强化多元主体协同共治。

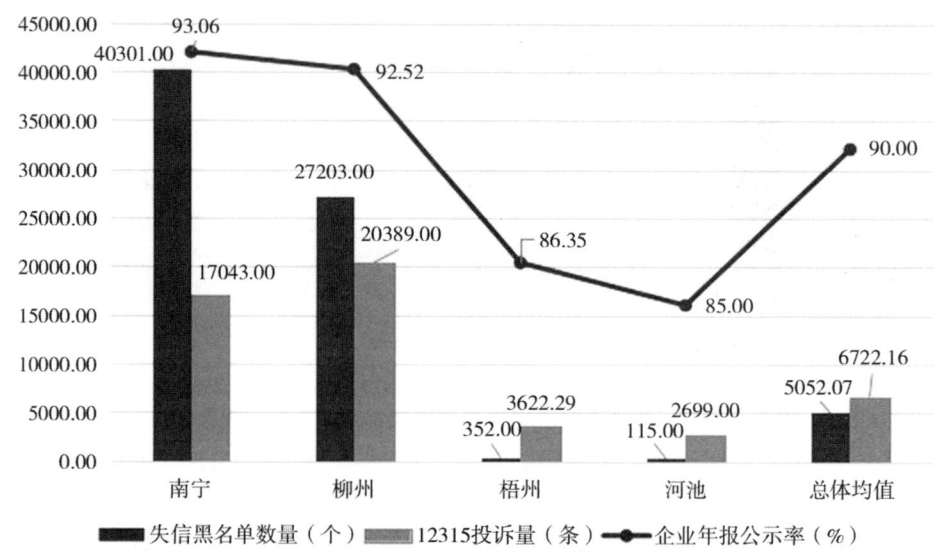

图5-6 广西主要城市市场主体信用监管之共治维度指标对比

3. 广西主要城市市场主体信用监管之共享维度分析

从共享维度来看，广西14个城市的市场主体信用监管成果共享效果良好，且各城市在共享环节分差较小，说明各城市坚持以人民为中心，希望通过加强市场主体信用监管改革实现信用监管成果全民共享，使全民共享改革红利、共增信用获得和共享信用经济，不断提高人民群众的幸福感、获得感、安全感。不难发现，仍然是南宁和柳州两个城市领跑市场主体信用监管效果排位赛，说明南宁和柳州两个城市始终坚持共享发展理念，积极构建良好的市场信用环境和营商环境，推动信用监管成果全民共享。但是也有部分城市的表现仍然较为滞后，需继续发挥信用监管效用，推动信用监管成果全民共享（详见图5-7）。具体表现为，在商事制度改革促进城镇就业方面，南宁和柳州体现了良好的惠民便企效果，而崇左和北海的惠民便企效果稍差，仍需要提升就业吸纳能力。在提高城市信用获得感的建设中，南宁和柳州的城市商业信用环境指数较高，说明两个城市的综合信用水平较高，人民信用获得感较强，而崇左和北海的城市信用获得感较弱，还需要加强城市信用建设。在经济信用化对比上，南宁的经济信用化水平较高，说明南宁具有较强的信用创造财富能力，而崇左和北海的经济信用化程度较低，说明还需要加大对信用资源的重视和运用，充分发挥信用信息价值的杠杆效应，推动信用经济、共享经济繁荣和发展。

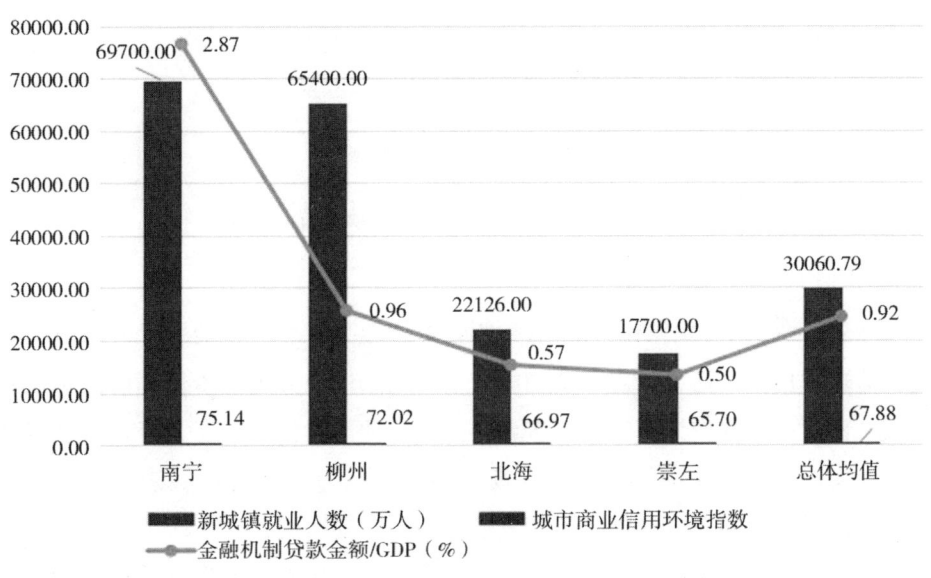

图5-7 广西主要城市市场主体信用监管之共享维度指标对比

第六章

共建共治共享视阈下预付式消费领域信用监管：案例分析

第一节　问题的提出

随着消费水平的不断提升，各种购物卡、健身卡、美容美发卡等预付式消费日益走进日常生活，信用消费和电子消费的出现使其进一步得到广泛普及和应用。预付式消费作为商家和消费者共赢的一种消费模式，在为经营者锁定客户、回笼资金、加快周转、扩大规模的同时，也为消费者提供诸多优惠与便利，因而受到了经营者和消费者的普遍喜爱与广泛运用。

预付式消费市场的飞速发展，对拉动消费、促进服务业发展发挥了积极作用。但由于法律法规体系不健全、监管主体不明确、经营者缺乏诚信自律等原因，预付式消费领域失信乱象丛生，严重扰乱了市场秩序，也损害了消费者的诸多权益。近年来，我国预付式消费领域诸如强制消费、服务不到位、合同欺诈拒不退款、老板卷款"跑路"等失信事件频频发生，预付式消费管理处于"失管"状态，尤其受新冠肺炎疫情影响，使许多预付式消费服务受限，商户关停、经营者"跑路"、预付金额无法退还，由此引发的全国性预付式消费纠纷和投诉数量大幅增加，更是让预付式消费领域的失信问题成为消费者投诉维权的热门话题，亟须关注和有效解决。[①]

回顾我国预付式消费领域信用监管的历程，经历了"禁止—逐步放宽—收

---

① 吴灵珊、程昆：《疫情之下预付式消费纠纷频发消委会建议尽量缩短时限、保留好凭证》，http：//epaper.oeeee.com/epaper/H/html/2020-04-30/content_12433.htm（访问时间：2020年4月30日）。

紧—放开"的过程，针对市场主体、消费者、政府、社会机构组织之间的信用监管关系的争论一直持续。目前，以政府为主导，社会监管多方协同参与的监管模式成为主流且在我国信用监管实践中取得一定成效，但是各部门监管方式碎片化、社会共治能力不足、各方利益没有充分共享等现实问题与预付式消费市场发展进程的不适应、不协调、不匹配矛盾仍然突出，导致失信行为屡禁不止的问题也一直备受诟病。党的十九大报告提出"打造共建共治共享的社会治理格局"①，这既是以习近平同志为核心的党中央站在社会发展的历史方位，着眼全局和长远发展推进国家治理体系和治理能力现代化的顶层设计，也为新时代预付式消费治理工作提供了重要遵循，更对加强预付式消费领域信用监管、规范预付式消费服务提出了新目标、新要求。以"共建共治共享"理念为指引，运用互联网思维，利用大数据、云计算、区块链等信息技术，充分发挥第三方大数据平台、行业协会等社会力量的作用，加强预付式消费各类信息的归集、公示、共享，强化预付式消费的事前、事中、事后全链条信用监管，创新以信用为核心的新型监管机制，加强预付式消费治理、规范预付式消费服务的关键。在此背景下，不少地区围绕"共建共治共享"治理格局探索预付式消费治理模式，提升信用监管能力，形成了一批可资借鉴的经验。因此，实践探索预付式消费领域的市场主体信用监管，有利于实现新时代共建共治共享市场主体信用监管格局。

第二节 预付式消费领域信用状况

一、预付式消费基本概念

（一）预付式消费定义

预付式消费是指消费者向经营者预先交付特定价款获取某种消费资格凭证，依据该凭证按预先约定方式按次或按期享受特定商品或服务，并以该凭证关联余额进行结算的一种"预先支付款项、随后逐渐消费"的新型消费模式，

---

① 习近平：《决胜全面建成小康社会 夺取新时代中国特色社会主义伟大胜利》，北京：人民出版社2017年版。

通常以预付式消费卡作为消费凭证。①

预付式消费是新一轮科技革命催生下的市场经济产物，一方面可以让消费者减少现金使用频率、享受特定优惠、便利支付、丰富生活。另一方面可以使经营者稳定长期客源、加快资金周转、丰富融资渠道、提高经营能力、提升企业价值。近年来，预付式消费凭借价款预付性、价格优惠性、凭证代币性、领域广泛性、合同定型性、履约长期性、互利双赢性等优势，获得迅速发展。②但是预付式消费市场蓬勃发展的同时，也存在严重的失序问题，一方面，与预付式消费领域相关的法律法规尚不健全，监管机制也滞后于预付式消费市场发展进程，随着经济全球化的日趋深入与互联网、大数据日益普及，以"运动式"思维③主导的传统监管模式难以约束日益呈现专业化、复杂化、规模化、国际化趋势的预付式消费领域失信行为。另一方面，虽然近年来预付式消费领域信用监管模式强调以政府为主导，社会多方协同参与监管，但是由于存在信用"信息孤岛"与"数据烟囱"，同时缺乏统一有效的行业信用规范与标准，使金融保险机构、第三方信用服务机构、消费者等社会多方难以真正参与预付式消费领域信用监管，第三方信用服务机构缺乏独立性，监管缺位、越位、错位现象较为普遍④，再加之我国公众信用意识较为薄弱，市场主体失信现象较为严重（如预付式消费服务受限、商家破产倒闭、预付金额无法退还等），不仅严重侵害消费者的合法权益，而且限制了预付式消费市场的做大做强，信用产品及服务的质量与需求难以提升，全民共享发展成果的改革目标难以实现。因此，如何通过高效率监管、高程度协同、高科技应用、高水平服务、高质量建设，因地制宜打造"法制、科技、保障"三位一体的预付式消费服务产业生态，形成"市场自治、行业自律、社会监督、政府监管"的预付式消费领域共建共治共享信用监管新格局显得尤为重要。

---

① 王艳华：《预付式消费模式的法律风险及防范对策》，载《行政与法》，2017年第12期，第122~128页。
② 张聪、周瑾：《预付式消费乱象如何遏制》，载《人民论坛》，2020年第15期，第128~129页。
③ "运动式"监管模式，是指监管部门按照"问题突出—集中打击—问题再突出—再集中打击"的逻辑"自上而下"集中统一展开执法监察，执法方式简单，手段单一，成效甚微。
④ 胡颖廉：《"中国式"市场监管：逻辑起点、理论观点和研究重点》，载《中国行政管理》，2019年第5期，第22~28页。

(二)预付式消费分类

随着市场化改革不断向科技创新、产业融合、跨界联合纵深发展,预付式消费凭借形式多样、种类灵活的独特优势,受到社会广泛认同,并在各领域得到普遍应用。根据不同划分依据,可将预付式消费分为不同类型。

首先,根据预付凭证发行主体及适用范围不同,可分为单用途预付式消费和多用途预付式消费①,具体分类如表6-1所示。

表6-1 预付式消费按发行主体及适用范围分类

分类标准	具体类型	监管主体	类型特征	具体实例
预付凭证发行主体及适用范围	单用途预付式消费	商务部	该预付方式形成的消费凭证由企业开具,限于在同一企业及集团内部或同一品牌的特许经营体系内兑现商品或服务	如超市、洗浴业、体育健身、餐饮业等经营者发行的会员卡券等
	多用途预付式消费	中国人民银行	发行机构为专门的发卡(券)机构,消费者可以凭卡(券)到有合作关系的众多联盟商户处消费,可实现跨行业、跨地区,跨法人消费	如商通卡、福卡、连心卡、欢付通卡等

其次,根据涉及领域不同,可分为零售餐饮生活服务领域、文化旅游领域、交通领域、体育领域、教育培训领域以及其他领域②,与之相对应的具体行业及其主管部门情况如表6-2所示。

---

① 国务院办公厅:《国务院办公厅转发人民银行监察部等部门 关于规范商业预付卡管理意见的通知》(国办发〔2011〕25号),http://www.gov.cn/zwgk/2011-05/25/content_1870519.htm (访问时间:2011年5月25日)。

② 北京市市场监督管理局:《关于加强预付式消费市场管理的意见(征求意见稿)》等7份文件公开征求意见,http://scjgj.beijing.gov.cn/hdjl/myzj/ywgzyjzj/201911/t20191130_759385.html (访问时间:2019年11月28日)。

表 6-2　预付式消费各领域及对应行业、主管部门划分

序号	涉及领域	具体行业	主管部门
1	零售、餐饮、生活服务领域	百货、超市、食品、饮料、正餐服务，日用品服务、快餐服务、家庭服务、洗染服务业等	市场监督管理部门
2	文化旅游领域	旅行社、在线旅游业、旅游饭店等	文化综合执法机构
3	交通领域	网络预约出租汽车、汽车分时租赁、互联网租赁自行车行业等	交通行业主管部门
4	体育领域	体育、健身服务业等	体育行业主管部门
5	教育培训领域	校外线上、线下培训教育服务业等	教育、人力社保主管部门
6	通信领域	电话、手机等服务	工业和信息化主管部门

最后，根据预付式消费内容与形式不同，可划分为储值型预付式消费、提货型预付式消费、服务型预付式消费①，具体情况如表 6-3 所示。

表 6-3　预付式消费按内容与形式分类

分类标准	具体类型	类型特征	具体实例
预付式消费内容与形式	储值型预付式消费	在预存预付消费金额前提下，消费者可根据预付凭证自由选择商品或服务，消费者选择权大，这种类型类似于"电子钱包"	代金券、购物券、礼品卡、储值卡、市民卡等
	提货型预付式消费	消费者在支付一定预付费用后，根据交易双方达成的在约定的时间、地点提供商品的承诺，可分多次提取商品或享受服务	加油储值卡、桶装纯净水水票、定期购买的牛奶提取票等
	服务型预付式消费	经营者通常承诺以优惠的价格开展预付式消费业务，随后消费者可在约定时限内到指定经营场所享受相应服务	洗染、线上、线下培训教育、体育健身等服务行业发行的月卡、季卡、年卡等

以上对预付式消费的分类，其核心在于"多用途预付式消费"和"单用途预付式消费"的区分，虽然两者只有一字之差，但是属性有较大区别，主要

---

① 李朝霞：《服务类预付卡消费合同法律适用研究》，河南大学硕士学位论文，2014 年。

表现在：一是预付交易机制不同，多用途预付式消费的发卡商以发卡为主营业务，在预付式消费中扮演"交易桥梁"的中介角色，因此，不会直接与消费者产生纠纷，且还能起到中间调节作用，而单用途预付式消费的发卡商与消费者直接交易，在发卡主体缺乏有效监控与多方制衡的情况下，容易发生消费者权益受损行为；二是发卡主体不同，多用途预付式消费的发卡主体一般为专业的第三方金融机构，根据中国人民银行关于开展金融领域源头治理的监管原则[1]，其对于多用途预付式消费的发卡主体企业经营规模、风控能力、资质认证等方面都有严格限制，因而发卡主体数量很少且信誉度都很高，便于央行对其进行直接管控，同时为了满足扩大发卡规模、引进与扩展客户的经营需求，发卡企业会主动对合作商家的相关经营情况进行仔细甄选，从前端准入控制发生交易失信行为的风险，即使出现个别商户侵权，发卡方也能有效应对并快速解决交易纠纷，而单用途预付式消费的发卡主体来自各行各业，企业规模及经营能力不尽相同，经营者素质参差不齐，发卡金额数量较大且发卡种类或形式多样，导致监管难度大、效率低、成效不明显；三是消费者交易风险大小不同，多用途预付式消费可以实现跨地区、跨行业或不同法人使用，通过市场机制倒逼企业诚信经营，即使个别商户诚信水平不高，消费者仍可以找到同类商户替代消费，从而增强消费者抵御风险能力，而单用途预付式消费由于交易卖方主体的"单一性"而无替代选择，一旦卖方主体在交易过程中出现失信行为，消费者的交易风险就会大幅提升且难以规避。综上所述，基于多用途预付式消费与单用途预付式消费的不同属性，从两者预付交易机制、发卡主体实力、消费者交易风险三个维度进行比较，可以发现单用途预付式消费监管对象众多、交易机制不健全、监管难度较高。因此，把单用途预付式消费市场主体信用监管作为研究的侧重点，是规范当前预付式消费市场秩序的迫切需要。

二、预付式消费领域失信现状

（一）预付式消费纠纷相关数据

1. 近年全国消费投诉情况

以 2015—2019 年全国消费投诉情况为例（详见表 6-4、图 6-1），通过纵

---

[1] 中国人民银行：《中国人民银行贯彻落实国办发〔2011〕25 号文发文规范商业银行发行预付卡和电子现金》，http://www.pbc.gov.cn/goutongjiaoliu/113456/113469/2857520/index.html（访问时间：2012 年 1 月 20 日）。

向分析可以得出，我国消费投诉受理呈逐年增长态势，而办结率却呈逐年下降趋势，表明我国消费市场体量在不断扩大的同时，消费投诉数量逐年递增，且近年来消费诉讼还呈现涉案金额大、涉及领域广、违法形式多样、解决纠纷难度大的特点。

表 6-4　2015—2019 年全国消费投诉情况

年份	全国消费投诉受理（件）	全国消费投诉办结（件）	全国消费投诉办结率（%）	为全国消费者挽回经济损失（万元）
2015	639324	545727	85.36	104669.00
2016	653505	529339	81.00	38721.43
2017	726840	552398	76.00	51639.00
2018	762247	556440	73.00	98090.00
2019	821377	614246	74.78	117722.00

资料来源：广西预付通科技发展有限公司

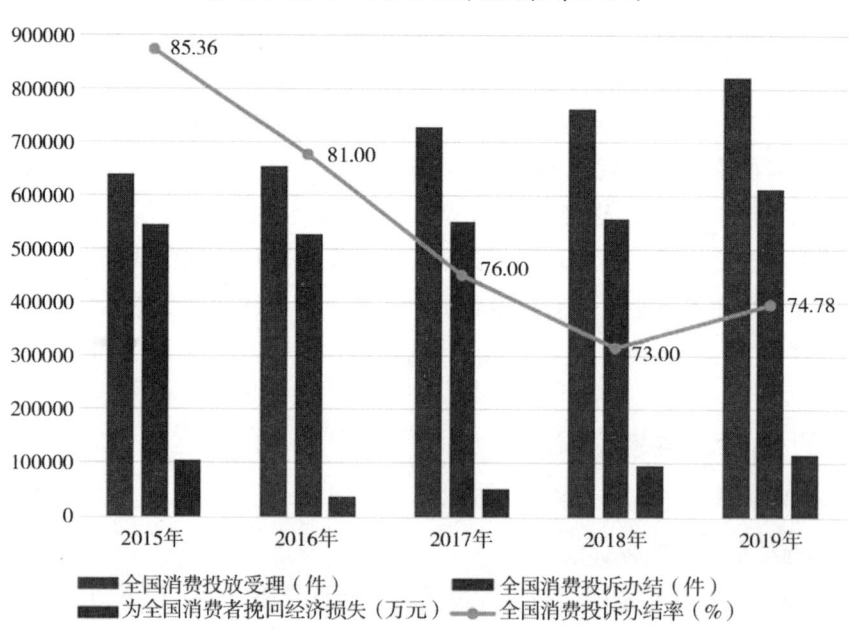

图 6-1　2015—2019 年全国消费投诉情况趋势图

资料来源：广西预付通科技发展有限公司

2. 全国部分省份2019年预付式消费投诉情况

分析表6-5、图6-2、图6-3中2019年五省份预付式消费投诉数量及比例发现，一是由于浙江、江苏、山东市场经济相对于广西与江西较发达，预付式消费市场交易基数大可能是导致以上三省份发生交易诉讼数量多的重要原因；二是山东2019年预付式消费投诉占各省消费投诉的比例最高，为26.54%，而广西2019年预付式消费投诉占各省消费投诉的比例最低，表明广西预付式消费治理探索初显成效。

表6-5 2019年我国部分省市预付式消费投诉数量及对应比例

省份	预付式消费投诉受理（件）	预付式消费投诉占各省消费投诉的比例（%）
江西	2079	3.21
浙江	16832	18.88
江苏	16328	12.66
山东	31000	26.54
广西	1599	2.16

资料来源：广西预付通科技发展有限公司

（二）预付式消费领域市场主体失信特点

通过以上相关案例分析，可以看出，我国预付式消费领域市场主体失信主要呈现以下几个特点。一是失信原因相似且集中于服务消费领域。失信原因主要表现在服务质量不达标、服务内容与承诺不符、因客观情况变化需要解除合同、服务提供者迁移店址或关门停业等方面，纠纷涉及娱乐健身、美容美发、教育培训、综合零售等服务消费领域[①]。二是消费者维权难度大，维权成本高。由于预付式消费缺乏行业统一的规范性合同，消费者与经营者往往以口头形式进行预付式消费交易，交易凭证往往限于各种形式的预付卡，当出现消费纠纷时，由于缺乏充分有效的维权证据，导致消费者维权成本高，维权难度大

---

① 南宁云—南宁新闻网：《2019年度广西消费维权十大典型案例出炉 涉及汽车纠纷健身预付卡等》，http：//www.bbrtv.com/2020/0312/536403.html（访问时间：2020年3月12日）。

且获偿甚微①，如遇商家"跑路"等更是无法追踪预付金余额去向。三是纠纷对社会稳定造成较大负面影响。由于预付式消费领域的信用纠纷多以经营者卷钱"跑路"为导火线，牵涉人员众多，涉案金额较大，易发生群体性事件，严重影响社会秩序与稳定②。

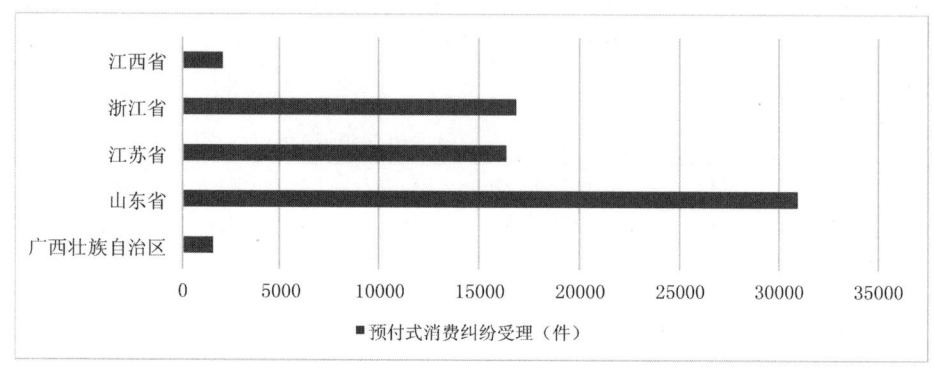

图 6-2　2019 年我国部分省份预付式消费投诉数量及对应比例

资料来源：广西预付通科技发展有限公司

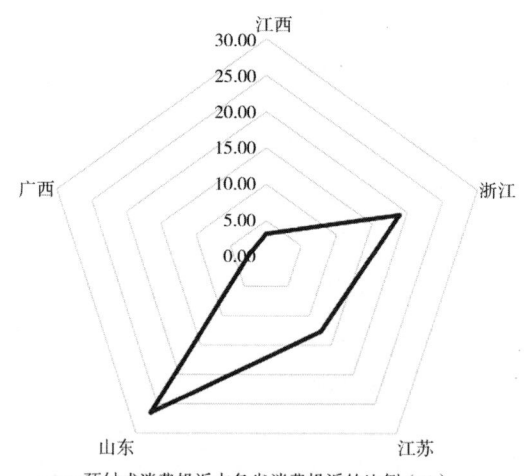

图 6-3　2019 年我国部分省份预付式消费投诉占比

资料来源：广西预付通科技发展有限公司

---

① 高宇峰：《广西消协提醒：发预付卡须签合同　切勿轻信口头承诺》，http://www.nnnews.net/p/2029484.html（访问时间：2018 年 3 月 14 日）。
② 《今年以来南宁 35 家健身馆"跑路"购买预付卡要三思》，http://www.cnqiu.net/html/shop/160188.html（访问时间：2020 年 10 月 27 日）。

三、预付式消费领域市场主体失信原因分析

（一）信用监管体系建设各自为政

一是现行法律法规缺失。我国缺乏针对预付式消费的专门性法律法规，唯一法律层级规定是《中华人民共和国消费者权益保护法》的第四十七条，但该条款并没有明确提及"预付式消费"概念，仅规定，"经营者以预收款方式提供商品或者服务的，应当按照约定提供。未按照约定提供的，应当按照消费者的要求履行约定或者退回预付款，并应当承担预付款的利息、消费者必须支付的合理费用"[①]，其他相关规定仅散见于不同的法规、规章、政策和文件中，且互相冲突，而很多地区、领域、行业目前尚未出台治理预付式消费乱象的地方性法规、规章或管理细则，尤其是关于企业资质认定、信息归集共享、监管职能划分、风险防范、纠纷处理、违规惩罚等，尚未出台详细的法律法规予以规范，出现部门间重复执法、边界不清、职责不明等问题，由于对市场主体失信行为的处罚缺乏法律依据，难以实现预付式消费精准监管、协同监管。二是信息化建设亟待加强。政府各部门间以及政府、企业、消费者之间的信息不对称是当前预付式消费失信乱象频发的重要原因，目前我国未充分利用大数据手段搭建信息化、智能化平台来开展预付式消费治理的执法工作，也未联结预付式消费各相关主体，消除"信息孤岛"，无法为政府监管、公众消费、企业经营提供便捷的信息获取、共享渠道，尚未达到多方"共赢"效果。三是监管部门对市场主体诚信宣传、教育不到位，社会中尚未形成"守信者荣，无信者耻，失信者忧"的良好信用氛围，部分市场主体诚信意识、观念淡薄，在失信成本低且面临巨大利益驱使的情况下，可能会急功近利，做出损害消费者利益的行为。

（二）社会共治能力不足

一是监管主体间职责分工不明确。当前，我国强调以政府为主导，社会多方协同参与预付式消费领域信用监管，但是受计划经济时期政府"大包大揽"的传统思维影响，社会各方主体的协同机制尚不健全，相应职责分工尚不明

---

① 全国人民代表大会：《中华人民共和国消费者权益保护法》，http://www.npc.gov.cn/npc/c12488/201310/79e83264f1b54635b7204ad0ff061928.shtml（访问时间：2013年10月26日）。

确,预付式消费领域的协同监管效应未能有效发挥。在当前监管实践中,政府常常作为单一监管主体参与预付式消费领域事前、事中、事后监管全过程(事前,政府及非政府机构提供有关商家的资质审核、经营状况及信用评级、风险评级等信息;事中,联合信用监管相关部门对采用预付式消费模式的商家进行"双随机"抽查,提高监管效力;事后,通过政府平台或第三方平台公示违法信息,并对违法商家进行联合惩戒),其目标是实现"一处违法,处处受限"的失信惩戒大格局。然而,当前政府各个部门仍面临着"条块分割、多头管理、各自为政"的监管困境,多头治理、重复执法带来的府际关系不清、遇事推诿、监管脱节等问题使市场主体失信问题屡禁不止。二是联合治理机制尚不健全。目前,我国预付式消费领域信用监管存在中央与地方间、地方与地方间、政府与社会组织间的信息壁垒,监管资源无法有效整合等问题,预付式消费领域相关合同规范、失信公示名单、相关惩戒制度无法在全国范围内形成统一。与此同时,与社会信用领域的相关信用评级机制、"红黑名单"制度、风险警示制度尚未与预付式消费治理实现有效对接,尚未形成"一处受限,处处受限"局面。三是行业自律能力不足。我国没有形成预付式消费行业协会、第三方大数据平台企业、金融保险机构等多方主体参与预付式消费治理的格局,缺乏政府监管部门与市场主体间的"中间桥梁",行业自律能力不足。四是市场主体自治能力不强。由于我国尚未有成熟的预付式消费服务产业生态对预付卡发卡商户给予支持,加上部分经营者缺乏遵纪守法及诚信经营意识,而消费者的维权意识与合法维权能力不强,在内、外部环境都尚未形成诚信践诺氛围的情况下,使市场主体自治能力明显不足。

(三)治理成果共享不充分

党的十七大报告[1]指出,"发展为了人民、发展依靠人民、发展成果由人民共享",解决了"为谁发展""靠谁发展""发展成果由谁共享"的关键性问题。2015年10月29日,习近平总书记再次将"共享"作为我国新发展理念的

---

[1] 中华人民共和国国务院新闻办公室:《胡锦涛在党的十七大上的报告(全文)》,http://www.scio.gov.cn/tp/Document/332591/332591.htm(访问时间:2007年10月26日)。

重要内容①，表明中国共产党始终把维护广大人民的根本利益作为深化改革的出发点和落脚点。然而，由于缺乏有效的治理模式、治理机制与实施路径，预付式消费领域失信问题仍未得到根本性解决，广大人民的根本利益尚未得到充分共享。一是消费者自身权益受到严重损害。由于预付式消费领域存在信息不对称、失信成本低、风险单向性等客观问题，再加之大多数消费者缺乏充分识别预付式消费固有风险的能力，使消费者无法有效管控预付资金安全管存、合理使用及退卡、退费等环节，一旦商家出现强制消费、合同欺诈拒不退款、卷款"跑路"等失信行为，消费者自身合法权益就难以有效保障。二是"诚信践诺"的社会舆论氛围难以形成。依照传统的运动式监管方式对预付式消费市场进行集中统一执法，往往只注重形式而忽略效果，造成"雷声大、雨点小"的情况，对预付式消费市场失信行为震慑力不足、威慑力不强，有法不依、执法不严、违法不究的现象依然普遍存在，部分不法商家卷款"跑路"并"摇身一变"在其他地区或其他领域继续申请营业执照重新开展不法经营，助长了"失信有收益"的不良风气，导致全社会范围难以形成"失信可耻"的舆论氛围，长此以往，预付式消费市场的规模也将受到限制。三是弱化了第三方信用服务机构的治理效能。预付式消费领域在缺乏法制约束与信用氛围的环境下"野蛮生长"，一方面助长了不法商家的违法气焰，另一方面降低了对预付式消费的信心与期待，使依托于交易双方信用与信任发展的第三方信用服务机构"举步艰难"，其提供的信用产品及服务的质量难以保障，导致产品及服务的认可度与推广度不高，受众群体及适用范围较小，进一步限制了该行业的独立健康发展。

综上所述，近年来，预付式消费领域"失信"乱象丛生，"失管"现象普遍，追其原因，一是相关法律体系尚未健全、信息化建设水平不高、诚信宣传教育方式落后带来的预付式消费领域"共建"不足；二是监管主体职责分工不明确、联合治理机制尚不健全、行业自律能力不足、市场主体自治能力不强、导致预付式消费领域"共治"不佳；三是消费者自身权益受损、社会信用舆论氛围难以形成、预付式消费领域成果"共享"不畅。因此，以"共建共治共

---

① 习近平：《在党的十八届五中全会第二次全体会议上的讲话（节选）》，http：//www.qstheory.cn/dukan/2020-06/04/c_1126073270.htm（访问时间：2015 年 10 月 29 日）。

享"理论为指引,以"社会化、法制化、智能化、专业化"为实施路径,借助"大智移云区"等现代科技手段,以市场主体信用监管为依托开展预付式消费领域失信治理,就显得尤为重要。

第三节　各地实践

为推进我国预付式消费市场健康有序发展、有效解决预付式消费领域的市场主体失信问题,国务院办公厅于 2011 年 5 月转发了人民银行监察部等部门《关于规范商业预付卡管理的意见》①,对单用途预付卡与多用途预付卡的种类划分、主管部门、职责范围、制度规范、风险管控等方面做出明确规定。2012年 9 月,国家商务部出台了《单用途商业预付卡管理办法(试行)》②,这是首次专门针对单用途商业预付式消费领域信用监管发布的部门规章,该办法对单用途商业预付卡的概念界定、监管范围、备案要求、发行管理、资金监测等方面做出进一步规范与量化。这两项由国家部委制定并颁布实施的预付式消费领域信用监管相关规范文件,为全国各省份积极开展预付式消费领域的信用监管实践创新提供了政策引领与制度保障。与此同时,我国预付式消费领域信用监管采取先地方试点再逐步推广的治理策略,其中,比较具有代表性的预付式消费信用监管模式可归纳为以下五类,一是主抓建章立制的北京模式,二是政府主导市场协同的上海模式,三是市场主导的浙江和广东模式,四是多路径协同并进的湖南模式,五是依托平台治理的广西模式。

表 6-6　单用途预付式消费相关政策制度

发布日期	具体文件
2011 年 5 月 23 日	国务院办公厅转发人民银行监察部等部门《关于规范商业预付卡管理的意见》

---

① 国务院办公厅:《国务院办公厅转发人民银行监察部等部门关于规范商业预付卡管理意见的通知》(国办发〔2011〕25 号),http://www.gov.cn/zwgk/2011-05/25/content_1870519.htm(访问时间:2011 年 5 月 25 日)。
② 中华人民共和国商务部:中华人民共和国商务部令 2012 年第 9 号《单用途商业预付卡管理办法(试行)》,http://www.mofcom.gov.cn/aarticle/b/c/201209/20120908362416.html(访问时间:2012 年 9 月 21 日)。

续表

发布日期	具体文件
2012年9月21日	中华人民共和国商务部令2012年第9号《单用途商业预付卡管理办法（试行）》
2013年10月17日	商务部与保监会联合发布《商务部保监会关于规范单用途商业预付卡履约保证保险业务的通知》[1]
2016年3月18日	中华人民共和国商务部发布《商务部办公厅关于进一步加强单用途商业预付卡管理工作的通知》[2]

表6-7 多用途预付式消费相关政策制度

发布日期	政策文件
2010年6月14日	中国人民银行发布《非金融机构支付服务管理办法》[3]
2010年12月1日	中国人民银行制定《非金融机构支付服务管理办法实施细则》[4]
2011年5月23日	国务院办公厅转发人民银行监察部等部门《关于规范商业预付卡管理的意见》[5]
2012年9月27日	中国人民银行制定《支付机构预付卡业务管理办法》[6]

---

[1] 中华人民共和国商务部市场秩序司：《商务部 保监会关于规范单用途商业预付卡 履约保证保险业务的通知》（商秩函〔2013〕881号），http://sczxs.mofcom.gov.cn/article/cbw/cl/201310/20131000372547.shtml（访问时间：2013年10月21日）。

[2] 中华人民共和国商务部：《商务部办公厅关于进一步加强单用途商业预付卡管理工作的通知》，http://www.mofcom.gov.cn/article/fgsjk/201603/20160302649447.shtml（访问时间：2016年3月18日）。

[3] 中国人民银行：《非金融机构支付服务管理办法》（中国人民银行令〔2010〕第2号），http://www.gov.cn/flfg/2010-06/21/content_1632796.htm（访问时间：2010年6月21日）。

[4] 中国人民银行：《非金融机构支付服务管理办法实施细则》（中国人民银行公告〔2010〕第17号），http://www.gov.cn/gzdt/2010-12/03/content_1759169.htm（访问时间：2010年12月3日）。

[5] 国务院办公厅：《国务院办公厅转发人民银行监察部等部门关于规范商业预付卡管理意见的通知》（国办发〔2011〕25号），http://www.gov.cn/zwgk/2011-05/25/content_1870519.htm（访问时间：2011年5月25日）。

[6] 中国人民银行：《支付机构预付卡业务管理办法》（中国人民银行公告〔2012〕第12号），http://www.pbc.gov.cn/goutongjiaoliu/113456/113469/1013860/index.html（访问时间：2012年9月27日）。

一、北京模式

为贯彻落实国家商务部关于《单用途商业预付卡管理办法（试行）》①，北京市商务局在 2013 年 1 月 7 日颁布了《北京市单用途商业预付卡备案管理办事指南》②。经过对预付式消费治理体系较长时间的探索和总结，为进一步规范预付式消费市场秩序，保护消费者合法权益，2019 年底，北京市市场消费环境建设联席会议办公室组织北京市市场监督管理局等 6 家单位，一次性推出了《关于加强预付式消费市场管理的意见（征求意见稿）》《北京市预付式消费市场监督和服务管理办法》《关于加强单用途商业预付卡管理的意见（征求意见稿）》《学科类校外培训机构预付式消费管理细则（征求意见稿）》《北京市体育健身经营场所预付式消费管理细则（征求意见稿）》《北京市交通运输新业态预付式消费管理细则（征求意见稿）》《北京市旅行社及在线旅游企业预付式消费管理细则（征求意见稿）》7 份旨在重拳治理预付式消费领域市场主体失信乱象的征求意见稿③。这些征求意见稿的集中发布，标志着北京预付式消费领域的市场主体信用监管道路逐步迈向法治化、制度化、规范化。关于北京预付式消费领域的监管实践，可以总结为以下几点。

一是明确监管主体，细化监管职责。依托"谁审批谁监管、谁主管谁监管"的监管原则，廓清各行业主管部门监管边界，明确各行业预付式消费监管主体、监管范围、监管重点、监管程序，力求通过构建以信用为基础的新型监管机制，破除多头治理、重复执法、无人负责的预付式消费监管困境。

二是扩宽监管领域，量化监管流程。重点通过"双随机、一公开"④"双

---

① 中华人民共和国商务部：《单用途商业预付卡管理办法（试行）》（中华人民共和国商务部令 2012 年第 9 号），http：//www.mofcom.gov.cn/aarticle/b/c/201209/20120908362416.html （访问时间：2012 年 9 月 21 日）。
② 北京市商务局：《北京市单用途商业预付卡备案管理办事指南》，http：//sw.beijing.gov.cn/bgsxhz_2989/201912/t20191219_1340833.html（访问时间：2013 年 1 月 7 日）。
③ 北京市市场监督管理局：《〈关于加强预付式消费市场管理的意见（征求意见稿）〉等 7 份文件公开征求意见》，http：//scjgj.beijing.gov.cn/hdjl/myzj/ywgzyjzj/201911/t20191130_759385.html（访问时间：2019 年 11 月 28 日）。
④ "双随机、一公开"，是 2015 年 8 月《国务院办公厅关于推广随机抽查规范事中事后监管的通知》中要求在全国全面推行的一种监管模式，即在监管过程中随机抽取检查对象，随机选派执法检查人员，抽查情况及查处结果及时向社会公开。

公示"① "失信联合惩戒备忘录"② 等机制，将监管范围拓展到校外学习培训、健身、在线旅游等国家商务部尚没有统一规范的具体预付消费领域，以"守信激励、失信惩戒"机制约束市场主体失信行为，推进各领域预付式消费信用监管程序规范化。

三是探索监管创新，提升监管效能。北京市《关于加强预付式消费市场管理的意见（征求意见稿）》《预付式消费市场监督和服务管理办法》等多项文件中明确指出，建设统一的预付式消费市场协同监管服务平台，推进该平台与业务处理系统、各公共信用信息系统平台实现全面互联互通，制定"事前信用承诺制度""事中信用信息自愿注册制度""事后信用联合奖惩制度"等信用监管制度，探索政府推动、市场主导的预付式消费服务产业生态，支撑第三方专业机构开展专业化的信用信息服务，以降低监管成本，提升监管效能。

表 6-8 北京市建设预付式消费治理制度的发展历程

日期	进展
2013 年 1 月 7 日	北京市商务局发布《北京市单用途商业预付卡备案管理办事指南》
2015 年 4 月 9 日	北京市商务局根据《单用途商业预付卡管理办法（试行）》完善责任体系，职权编号 CZ25013~C25044
2016 年 4 月 11 日	北京市商务局流通秩序处发布关于进一步加强单用途商业预付卡管理工作的通知③
2018 年 1 月 8 日	北京市商务委员会就《管理办法》执行过程中发卡企业和消费者共同关心的问题解答④

---

① "双公示"，是指行政许可、行政处罚等信用信息做出决定后上网公示的制度。
② 失信联合惩戒备忘录，是指由多方监管主体共同签署《关于对失信被执行人实施联合惩戒的合作备忘录》，基于该备忘录对失信主体开展各部门信用信息共享、协同监管和联合惩戒措施。
③ 北京市商务局：《关于进一步加强单用途商业预付卡管理工作的通知》（京商务秩字〔2016〕8 号），http：//sw.beijing.gov.cn/zt/dytyfk/yfktzgg/201912/t20191219_1315308.html（访问时间：2016 年 4 月 11 日）。
④ 北京市商务局：《〈单用途商业预付卡管理办法（试行）〉问答（已被修订）》，http：//sw.beijing.gov.cn/zt/dytyfk/yfk1/201912/t20191220_1380826.html（访问时间：2018 年 1 月 8 日）。

续表

日期	进展
2019年4月18日	印发《北京市提高商业服务业服务质量提升"北京服务"品质三年行动计划》的通知① 参与部门：北京市商务局、中国共产党北京市委员会宣传部、北京市经济和信息化局、北京市民政局、北京市人力资源和社会保障局、北京市市场监督管理局、北京市人民政府外事办公室、北京市知识产权局、北京市邮政管理局、中国国际贸易促进委员会北京市分会
2019年11月28日	北京市市场监督管理局官网发布了《关于加强预付式消费市场管理的意见（征求意见稿）》《北京市预付式消费市场监管和服务管理办法》《关于加强单用途商业预付卡管理的意见（征求意见稿）》《学科类校外培训机构预付式消费管理细则（征求意见稿）》《北京市体育健身经营场所预付式消费管理细则（征求意见稿）》《北京市交通运输新业态预付式消费管理细则（征求意见稿）》《北京市旅行社及在线旅游企业预付式消费管理细则（征求意见稿）》7项制度文件公开征求意见

二、上海模式

上海依托政府部门、第三方金融机构、发卡主体相互对接的三方预付式消费协同监管平台，创新性构建以政府为主导、市场协同为导向的"大数据+信用"监管模式，该监管模式在规范"大数据+信用"监管、搭建协同监管平台、构建监管平台对接制度三个层面进行重点部署，力求实现"政府主导、政社合作"的预付式消费信用监管体系。

一是规范"大数据+信用"监管。上海颁布实施《上海市单用途预付消费

---

① 北京市人民政府：《北京市商务局、中国共产党北京市委员会宣传部、北京市经济和信息化局、北京市民政局、北京市人力资源和社会保障局、北京市市场监督管理局、北京市人民政府外事办公室、北京市知识产权局、北京市邮政管理局、中国国际贸易促进委员会北京市分会关于印发〈北京市提高商业服务业服务质量提升"北京服务"品质三年行动计划〉的通知》（京商秩字〔2019〕8号），http://www.beijing.gov.cn/zhengce/zhengcefagui/202005/t20200514_1897756.html（访问时间：2019年4月18日）。

卡管理规定》①《上海市单用途预付消费卡管理实施办法》②等重要规范文件，重点对预付式消费大数据监管的平台构建、数据对接、场景应用、风险管控、惩戒措施等方面进行细化，使"大数据+信用"监管实践有法可依、有章可循。

二是搭建协同监管平台。上海市政府成立预付卡工作委员会，由上海市商务委员会牵头负责预付式消费治理工作，委托上海康存数科集团维护与运作全市统一的单用途预付消费卡协同监管平台③，实现该平台与业务处理系统、信用信息平台有效衔接，确保监管部门及时了解与管控与预付式消费相关的预付卡发行管理、资金结算、交易记录、经营者及消费者信息，消除政府部门之间的"信息孤岛"现象，在预付式消费领域实现了对市场主体的动态信用监管。

三是构建监管平台对接制度。根据上海市相关文件精神，引入第三方金融机构，实现单用途预付消费卡协同监管平台与公共信用信息服务平台（如信用中国平台、全国信用信息共享平台、全国企业信用信息公示系统）、相关投诉举报平台（如"12315"等投诉平台）等相互对接，推动信息共享与互联互通，通过在监管平台上建立风险警示制度、信用评级体系、"严重失信主体名单"筛选机制、奖惩机制，形成政府部门、第三方金融机构、发卡主体共同参与的三方协同监管格局，形成全社会共同参与信用治理的强大合力。④

2018年7月27日，为规范预付式消费市场秩序，上海市人大通过并颁布了《上海市单用途预付消费卡管理规定》⑤，这是上海市结合预付式消费领域多年的监管实践开展的立法探索，同时是中国首部针对单用途预付式消费的地方性法规，该法规量化了信息对接管理、预收资金余额管理、监督管理的相关

---

① 上海市人民政府：《上海市单用途预付消费卡管理规定》，https：//law.sfj.sh.gov.cn/#/detail？id=b0a17382e67ae10916b47eb76ed02898（访问时间：2019年1月1日）。

② 上海市人民政府：《上海市单用途预付消费卡管理实施办法》（沪府规〔2019〕17号），https：//law.sfj.sh.gov.cn/#/detail？id=6003ffc76ef4ead769526086（访问时间：2019年5月1日）。

③ 谢赠：《上海单用途预付卡监管服务平台上线》，http：//www.spcsc.sh.cn/n1939/n1944/n1945/n2300/u1ai192419.html（访问时间：2019年5月30日）。

④ 第一财经：《上海首创三方协同监管服务平台　金融机构助力整治预付卡乱象》，https：//finance.eastmoney.com/a/201905291137548755.html（访问时间：2019年5月29日）。

⑤ 上海市人民代表大会常务委员会：《上海市单用途预付消费卡管理规定》（上海市人民代表大会常务委员会公告　第3号），http：//shzw.eastday.com/shzw/G/20180730/u1ai11675575.html（访问时间：2018年7月30日）。

细则,力求形成覆盖预付式消费领域事前、事中、事后全过程的信用治理体系。一是事前信用核查。事前信用核查是指完善备案制度,一方面,通过"严重失信主体名单"设立商户的筛选机制。另一方面,通过综合数据平台对接保险机构和各公共服务平台,从而建立起预付式消费发行的信用准入制度。二是事中信用分类监管。在预付式消费治理的过程中,运用信用评级的大数据模型,针对预付式消费经营者建立信用评级体系,动态观测和评价商户的信用情况(信用评级结果为三星以下的,表示信用不佳,以黄灯显示向社会示警,政府部门同时加强重点监督;信用评级结果为三星以上的,表示信用良好),并分类监管。三是事后联合奖惩。在对相关公共系统信用信息和私营系统信用信息进行归集的基础上,通过政府和市场两个方面进行联合奖惩:一方面,通过财政支持、政府采购优先等方式奖励预付式消费中信用行为表现优异的商家;另一方面,通过引导消费者拒绝购买信用不良经营者发行的预付卡、调整保险或担保费率等方式,对预付式消费领域出现失信行为的不法商家进行联合惩戒。

上海市在预付式消费治理的制度建设方面有两大亮点:其一,对预付式消费的信用风险动态进行实时预警,并据以实施精准监控,严格监管和分类奖惩,例如,对"预收资金余额风险"进行分类警示,从而达到了及时、精准、有效的治理效果;其二,建立了商家、银行、保险和政府部门等多方"共治"的综合大数据监管平台,通过大数据监管、各方信用信息互联互通实现"事前信用核查、事中信用分类监管、事后联合奖惩"。

表6-9　上海市建设预付式消费治理制度的发展历程

日期	进展
2018年7月27日	《上海市单用途预付消费卡管理规定》上海市第十五届人民代表大会常务委员会第五次会议于2018年7月27日通过
2019年1月1日	《上海市单用途预付消费卡管理规定》开始施行①

---

① 上海市人民政府:《上海市单用途预付消费卡管理规定》,https://law.sfj.sh.gov.cn/#/detail？id=b0a17382e67ae10916b47eb76ed02898 (访问时间:2019年1月1日)。

续表

日期	进展
2019年4月1日	上海市人民政府公开发布《上海市单用途预付消费卡管理实施办法》①
2019年5月1日	《上海市单用途预付消费卡管理实施办法》于5月1日正式实施
2019年6月4日	上海市体育局公开发布《上海市体育健身行业单用途预付消费卡存量预收资金余额管理实施办法》，自2019年7月1日起施行②

三、浙江模式

为贯彻落实《单用途商业预付卡管理办法（试行）》（商务部令2012年第9号），2013年11月4日，浙江省政府办公厅下发了《关于规范单用途商业预付卡管理的实施意见》③，明确提出"拟设立单用途商业预付卡专业委员会，由发卡企业、有关协会（商会）、银行、担保机构等参加"以有效发挥市场调节作用的实施设想。2019年1月22日，经杭州市商务局、民政局批复同意，在浙江省银保监局、杭州市市场监管局、消费者权益保护委员会等部门的指导下，由银泰商业（集团）有限公司、康存网络科技有限公司、中国建设银行杭州分行、享安在线保险经纪公司、中国大地保险浙江分公司等数十家知名企业、数据科技公司和金融保险机构联合发起的杭州市单用途商业预付卡协会宣告成立，其中预付卡发卡龙头企业银泰商业（集团）有限公司、预付卡智能管理与服务科技创新企业康存网络科技有限公司，分别当选为第一届理事会会

---

① 上海市人民政府：《上海市单用途预付消费卡管理实施办法》（沪府规〔2019〕17号），https：//law.sfj.sh.gov.cn/#/detail? id = 6003ffc76ef4ead769526086（访问时间：2019年5月1日）。

② 上海市体育局：《关于印发〈上海市体育健身行业单用途预付消费卡存量预收资金余额管理实施办法〉的通知》（沪体规文〔2019〕3号），http：//www.shpt.gov.cn/tyj/zcyj/20190620/418613.html（访问时间：2019年6月20日）。

③ 上海市体育局：《关于印发〈上海市体育健身行业单用途预付消费卡存量预收资金余额管理实施办法〉的通知》（沪体规文〔2019〕3号），http：//www.shpt.gov.cn/tyj/zcyj/20190620/418613.html（访问时间：2019年6月20日）。

长、执行会长单位。①

浙江省作为大数据和云计算产业的集聚高地,在运用大数据、云计算、人工智能、区块链等市场监管新技术以实现科学高效监管目标方面具有强大技术性优势。因此,浙江省注重发挥市场在资源配置中的决定性作用,在监管实践中,把培育第三方大数据监管平台企业、组建预付式消费行业协会、打造预付式消费"一站式"服务作为出发点与落脚点,构建以市场为主导的预付式消费信用监管模式。

一是培育第三方大数据监管平台企业。杭州市通过政策支持、服务外包、补助奖励、机制保障等方式对康存数科公司进行扶持,同时给予该集团充分自由度,按照市场需求导向,引导消费者及预付卡发卡主体加入第三方大数据监管平台,壮大本土化数字经济龙头企业,建立本地化的交易支付通道、资金结算平台、纠纷解决通道。

二是组建预付式消费行业协会。在政府指导下,由预付卡发卡企业(银泰商业集团)、第三方大数据监管平台企业(康存网络科技有限公司)、多家第三方金融保险机构等共同组建单用途商业预付卡协会,组建规模庞大的预付卡协会服务专员队伍②,打造多方参与的综合监管大平台,创新平台对接、信息共享、资金监管、信用惩戒机制,完善预付式消费事前、事中、事后全环节信用监管,推进预付式消费的"行业自律"③。

三是打造预付式消费"一站式"服务。在政府引导下,康存数据集团依托第三方平台搭建预付式消费应用场景,实现平台与各公共信息系统充分对接,引导发卡主体加入平台,为消费者提供消费、监管、诉求"一站式"服务,为会员单位提供一系列专属会员服务,形成"社会共治、行业自律、社会监督、政府监管"全员、全过程监管,以此倒逼市场主体诚信经营,提升服务质量。

---

① 张昵:《杭州市单用途商业预付卡协会成立 预付消费市场难题找到破解之法》,http://www.thehour.cn/news/232729.html(访问时间:2019年1月23日)。
② 浙江在线:《预付消费市场难题找到破解之法 杭州市单用途商业预付卡协会成立》,http://zjnews.zjol.com.cn/zjnews/hznews/201901/t20190123_9316114.shtml(访问时间:2019年1月23日)。
③ 浙江省商务厅:《浙江省商务厅关于修订印发〈浙江省商务领域守信"红名单"和失信"黑名单"管理办法(试行)〉的通知》(浙商务发〔2018〕146号),http://zcom.zj.gov.cn/art/2018/12/21/art_1229268085_1232960.html(访问时间:2018年12月21日)。

浙江省预付式消费领域的市场主体信用监管模式主要是重视通过多方共建、社会共治、利益共享的方式来发挥市场在预付式消费信用治理中的基础性作用。

四、广东模式

广东省治理预付式消费领域的市场主体失信行为的做法特点与浙江省比较相似，都注重通过以市场为主导的监管方式来发挥市场在预付式消费信用监管中的基础性作用，只是在具体的"共治"监管方式创新上的切入点有所不同。浙江省率先设立了政府部门监管、行业自律、金融保险机构和第三方数据科技企业共同参与的商业预付卡协会，广东省则首先探索了预付卡履约保证保险共保体的设立和运行。

2018年2月6日，广东省广州市组建了单用途商业预付卡履约保证保险共保体[①]。在保险共保体各成员单位、广州市各区商务主管部门和有关发卡企业的合力下，由人保财险广州分公司为主承，平安财险广东分公司、太平洋财险广东分公司、中银保险广东分公司、中华联合财险广东分公司5家保险公司组成的，以领航国际保险经纪有限公司作为经纪公司的广州市单用途商业预付卡履约保证保险共保体正式成立[②]。

单用途商业预付卡履约保证保险共保体的成立，是广州市利用市场化机制进行预付式消费领域创新监管的一次重要探索，也是保障持卡消费者合法权益和应对信用风险的一个重要市场化措施。客观来看，单用途商业预付卡履约保证保险共保体在推进预付式消费市场健康发展、构建以信用为核心的新型监管机制方面发挥了重要作用。一方面，广州市单用途商业预付卡履约保证保险共保体可大大释放了管存资金，助力预付式消费市场良性健康发展。2018年8月，壳牌石油成为广州市单用途商业预付卡履约保证保险共保体的首单，壳牌石油在发卡备案方式的对比中，将原始的以管存资金作为备案方式更改为以购

---

① 保险共保体，是指由多家保险公司共同承保，按承保份额分摊风险和保费的一种保险联合体。
② 广州商务：《广州市单用途商业预付卡履约保证保险共保体举行成立仪式》，https://www.sohu.com/a/221867645_99901486（访问时间：2018年2月9日）。

买履约保证保险的备案方式①，这有效降低了其财务风险与经营风险，大大释放了包括壳牌石油在内的大多数预付式消费市场主体的活力，同时提高了单用途预付式消费领域市场主体发卡申请备案的积极性和主动性，通过以"企业自治、行业自律、社会监督、行政监督"的新型市场主体信用监管方式有效规范预付式消费市场秩序。另一方面，广州预付卡履约保证保险共保体的成立也是第三方信用服务行业的主动尝试。作为第三方信用服务行业核心成员之一的金融保险业通过共同联保的方式，不断创新和扩展信用产品及服务的应用场景和适用范围，引导更多的企业参与投保，不仅让发卡企业、消费者以及政府切实感受到预付式消费领域治理效能的提升，而且证明了信用产品及服务在信用监管领域的重要作用，推动了以金融保险机构为代表的第三方信用服务行业不断优化产品及服务方案，借助大数据、云计算、平台化、移动化等现代信息技术，提升市场主体信用信息公开程度，努力走出一条可持续发展之路，让第三方信用服务行业、发卡企业、消费者以及政府都能共享治理成果。

五、湖南模式

湖南省在预付式消费治理方面的主要特点体现在比较立体和扎实的治理工作体系上，具体可分为三层：一是动态跟踪预付式消费市场的运行状况；二是广泛开展公民诚信教育及消费者风险警示教育工作；三是集中开展专项整治工作。同时，湖南省商务厅正在着手联合第三方科技公司开发湖南智慧商务大数据及业务统一平台②，以期借助"大智移云区"等信息技术，为湖南省预付式消费信用监管工作提供模式创新。

首先，湖南省密切跟踪预付式消费领域监管状况，大数据平台虽然尚在建设阶段，但是通过有效的调查方式较为全面地了解和掌握了湖南省预付式消费的运行和维权状况，并定期以年度调查报告的方式进行公布③，这样既便于谋

---

① 领航保：《祝贺！广州单用途预付卡保险共保体出首单！》，https://www.sohu.com/a/249634643_100237040（访问时间：2018年11月23日）。
② 湖南省商务厅：《湖南省商务厅湖南智慧商务大数据及业务统一平台项目初步设计项目单一来源采购公示》，http://swt.hunan.gov.cn/hnswt/85753/fdzdgknr/caizhengxinxi/zfcgh/201903/t20190308_5287429.html（访问时间：2019年3月8日）。
③ 湖南省市场监督管理局：《【图解】2019年湖南省预付式消费维权状况调查报告》，http://amr.hunan.gov.cn/amr/xxx/tpxwx/202003/t20200327_11825296.html（访问时间：2020年3月27日）。

划部署治理工作,也便于市场各相关方悉知预付式消费领域治理情况,有助于推进社会共治的局面,形成全社会共同参与信用监管的合力。

其次,湖南省在治理过程中非常重视通过广泛开展诚信相关的宣传与警示教育以形成诚信践诺、理性消费的社会及消费舆论环境。以湖南省岳阳市为例,2020年4月,岳阳市市场监管局、岳阳市消费者委员会即联合发布消费警示,专门就预付式消费办卡充值中的风险和应对方式进行了详细的讲解和介绍。① 端午节前夕,岳阳市市场监管局、岳阳市消费者委员会又联合发布端午节消费提示,专门提醒消费者"理性对待商家促销,谨慎办理预付卡"。② 这样的警示教育涉及多个领域,除了商业消费、服务消费还包括教育消费领域等,同时充分利用各种便利的传媒和社交工具,例如,2020年6月10日,湖南省消费者权益保护委员会专门就预付式教育培训消费进行了专题的风险警示教育。③ 通过开展广泛细致的消费者教育工作,充分发挥了市场主体、社会组织、信用服务机构、社会公众和媒体参与信用监督的舆论监督作用。

此外,湖南省集中开展预付式消费治理活动,加大了对市场主体违法失信行为的打击力度,并取得了较好成效。2020年3月25日,湖南省市场监管局印发《预付式消费专项整治行动方案》④,明确自即日起至2020年5月10日,在全省消费维权领域集中开展预付式消费专项整治行动,严厉打击预付式消费的违法失信行为,切实保护消费者合法权益。以湖南省株洲市和永州市为例,株洲市市场监管局在召开规范预付式消费经营行为专项整治工作会之后,开展了为期一个多月的预付式消费专项整治工作,规范全市预付式消费市场秩序,严厉打击预付式消费中的违约、"霸王条款"、欺骗消费者等侵犯消费者合法权

---

① 岳阳市市场监督管理局:《岳阳市市场监督管理局 岳阳市消费者委员会2020年第2号消费警示》,http://amr.yueyang.gov.cn/59884/59886/content_1674778.html(访问时间:2020年4月9日)。

② 湖南省市场监督管理局:《岳阳市市场监管局、市消委发布端午节消费提示》,http://amr.hunan.gov.cn/amr/xxx/szdtx/202006/t20200615_12293957.html(访问时间:2020年6月15日)。

③ 新华网:《湖南省消委警示:预付式教育培训谨防"套路贷"》,http://www.xinhuanet.com/local/2020-06/10/c_1126097952.htm(访问时间:2020年6月10日)。

④ 湖南省市场监督管理局:《湖南集中开展预付式消费专项整治行动》,http://amr.hunan.gov.cn/amr/xxx/zyxxx/202004/t20200401_11868396.html(访问时间:2020年4月1日)。

益的违法失信行为①；永州市则广泛整合市场监管资源，开展预付式消费专项整治工作，疏通消费者维权痛点、堵点，截至2020年上半年，永州市市场监管部门共办结消费者咨询、投诉、维权16144件，为消费者挽回经济损失237.74万元，切实维护了消费者的合法权益②。湖南省各地区积极响应上级市场监管部门号召，先后开展预付式消费领域信用监管工作，表现出较好的贯彻执行能力，这也是湖南省预付式消费失信治理取得较好成效的重要因素之一。

六、广西模式

在"大智移云区"等信息技术快速发展的数字经济时代，推进预付式消费与大数据信息技术结合是切实加强市场主体信用监管、优化预付式消费治理效能的关键。由于受区域经济、科技、地域等客观因素影响，对于预付式消费领域信用监管工作，广西相关工作开展进度与监管体系构建程度相对滞后于上述列举的5个省份，但是当前广西正在充分总结借鉴其他省份相对成熟的预付式消费信用监管经验，着力引导并发展壮大本地化的第三方预付式消费服务平台，以广西柳州市作为试点，力求通过高强度监管、高程度协同、高科技应用、高水平服务、高质量建设，因地制宜打造广西"法制、科技、保障"三位一体的预付式消费服务产业生态，形成"市场自治、行业自律、消费理性、社会监督、政府监管"的共建共治共享新格局。目前，广西柳州正通过政策指引、机制协同、平台搭建等多种方式规范预付式消费市场，增强消费者信心，提升商户服务水平，促进本地区经济健康、可持续发展。

（一）加快出台相关政策文件

柳州市政府鼓励和支持本地第三方预付式消费服务平台利用大数据和区块链技术打造"第三方预付式消费服务平台"。目前，柳州市政府结合当前的预付式消费现状，正在借鉴北京、上海、杭州等地制定地方性预付式消费业务管理办法和细则，准备出台《柳州市预付式消费市场监督和服务管理办法》《柳

---

① 湖南省市场监督管理局：《株洲集中整治预付式消费市场》，http://amr.hunan.gov.cn/amr/xxx/szdtx/202004/t20200410_11876073.html（访问时间：2020年4月10日）。

② 湖南省市场监督管理局：《全省市场监管部门消费者权益保护工作推进会议在永州召开》，http://amr.hunan.gov.cn/amr/xxx/xtdtx/202007/t20200722_13029716.html（访问时间：2020年7月22日）。

州市关于加强预付式消费市场管理的意见》等系列政策文件，从制度层面支持和规范柳州市第三方预付式消费服务平台建设和管理。

（二）着力构建各项协同机制

一是加强部门协同监管。考虑到预付式消费领域的市场主体信用监管是一项持续性、艰巨性的系统性工程，柳州市筹划建立由商务部门牵头，涵盖市监、教育、文化、旅游等跨部门的预付卡消费协同监管机制及联席会议制度，加强部门合作及协同治理，确保形成监管合力。二是积极引入金融机构。为构建本地预付式消费支付结算平台，保障预付式消费资金安全，柳州市政府拟授权具备本地资质和资金实时监管能力的银行、保险及担保公司等金融单位，接入"第三方预付式消费服务平台"，做到保证金实时监管，通过建立健全有效的预付式消费保证金存管制度和预付金担保制度加强对第三方平台的自我管理，充分发挥第三方平台在信用监管中的重要作用，以保障消费者的资金安全。三是加快建立柳州市预付式消费协会。为有效发挥行业自律作用，柳州市政府正在加快成立市级层面的柳州市单用途预付式消费行业协会。通过授权，可赋予预付式消费行业协会受理消费者和发卡企业咨询投诉、参与处理行业和市场纠纷的权利，辅助政府对商户和企业进行备案管理、资金存管、履约保险、市场监管等，发挥预付式消费行业协会在市场主体信用监管的自律作用。

（三）打造本地第三方预付式消费服务平台

柳州市引进和支持广西预付通科技发展有限公司利用大数据和区块链技术，打造第三方预付式消费服务平台，通过开展专业化的信用信息服务规范预付式消费市场，并将其作为促消费扩内需、建立本地支付通道、资金清算平台和政府补贴平台的重大项目给予扶持。广西预付通科技发展有限公司（以下简称"预付通公司"）创办于2020年，其母公司为柳州智银通信息技术有限公司，共有研发人员200余人，深耕广西10多年，正在运用互联网、大数据、区块链技术打造智慧城市服务平台和本地数字化运营服务体系，并已为柳州银行提供IT架构咨询、互联网金融转型、PMO管理、应用及基础设施运维等服务。目前，第三方预付式消费服务平台已研发成功，拥有自主知识产权，基础监管服务平台已经投入运营，包括城市云食堂、智慧家政、螺蛳粉摩登卡等在内的业务场景也陆续推出。柳州市第三方预付式消费服务平台的主要功能和特点包括以下几个方面。

一是形成本地城市级支付结算平台。依托第三方预付式消费服务平台,以预付式消费为抓手,有效建立本地化的支付通道、资金清算平台和政府补贴平台,实现精准补贴等各项惠民政策落地,形成本地经济内循环。同时,地方政府可以借助平台准确掌握地方经济运行数据,通过平台合并业务有目的地支持本地供应链公司的发展,把大量零散的小微商户聚小成大,入归入统。

二是保障预付资金安全。第三方预付式消费平台可以建立全新的预付式消费监管服务模式,在资金管理上与商业银行建立了统一的预付资金存管平台,资金由银行专用账户监管,并由银行受托支付和实时动态追踪,可以帮助消费者随时查询预付资金,有效保障资金安全。在数据报送中建立有各种场景(零售、餐饮、生活服务等)的服务商体系,通过商户使用的收银、点餐等系统建立自动报送机制,既可保证数据真实连续性和准确性,也可实现对预付消费的实时追溯,实现预付式消费透明化。

三是支持和帮助商户拓展业务。第三方预付式消费服务平台可以形成统一的用户共享系统,帮助商户根据自身的策略向其他商户开放用户信息,并获得对方的用户信息,实现用户共享,实现同业联盟或异业引流。通过第三方预付式消费服务平台可以将实物商品或服务票券化,可以实现预售或远期交易合约,为商户、厂家、农户等各类服务或商品提供方提供专业支持,实现资产增值或保值。不仅如此,通过平台与银行、监管对接,可以让发卡企业享受更多优惠的融资额度,并降低融资成本,增强市场竞争力。

四是良好的应用场景和盈利模式。构建第三方预付式消费服务平台,实现商户、消费者、政府、市场和社会的多方联动与协同,业务形式多样、范围广泛,可依托政府服务、商务服务、金融服务实现较稳定的现金流,增加营收效益。如通过为政府部门、行业协会提供运营支持服务,获得政府服务收入;为商户提供行业认证服务、预付式消费场景服务和为消费者提供预付充值和提现服务,获得商务服务手续费用;为银行提供平台接入服务获得一定的交易费用以及通过预付充值资金在银行的沉淀资金获得溢价利息等。

五是构建智能化的内控体系。第三方预付式消费服务平台的各方参与者的风险往往交织在一起,与传统模式相比风险更为隐蔽和复杂,对企业的内部控制要求更高。第三方预付式消费服务平台通过持续积累与整合内、外部数据,不断提升数据、流程和风控的协同能力,重塑风控流程,构建与平台发展思路相匹配的、更加智能化的内部控制管理体系。通过建立有效的内部管理制度加强自我管理，强化第三方平台守信的自律性和自我管理能力。

柳州市政府委托预付通公司开发基于大数据、云计算和区块链技术的"柳州市预付式消费市场协同监管服务平台"，建立各类应用系统及场景，形成贯穿消费前、中、后全过程，集商户、消费者、政府、市场、社会于一体的第三方预付式消费治理平台。总结广西柳州基于本地第三方预付式消费服务平台开展的监管模式创新，可以发现其更偏向于学习浙江及广东的治理模式，即强调市场在资源配置中的决定性作用，而政府只是作为多方监管主体之一，起到的是政策引领的推动作用。一方面，广西柳州探索以信用为主线的预付式消费治理路径，通过统一社会信用代码认证，实现对发卡主体信用信息"应归尽归"，借助大数据平台及区块链技术，合理公正地对市场主体的信用评级提供有效依据，同时，引入监管金融保险机构，通过预付金监管制度、保证金监管制度，对发卡主体预付资金交易、管存情况、使用去向、信用评级实施动态监管与实时评价，可为政府监管、社会监督、行业自律提供基础依据。另一方面，倡导共建共治共享的预付式消费治理模式，首先，强调各方共建，广西柳州建立预付卡消费协同监管机制及联席会议制度，加强部门合作及协同治理，引入金融保险机构并组建了柳州市预付式消费协会，充分扮演"中间人"的角色，发挥政府与市场主体间的桥梁纽带作用；其次，强调多方共治，充分利用预付通公司搭建的第三方平台企业的技术优势和社会监督效能，协助包括政府、第三方信用服务机构、消费者在内的社会多方共同高效整治预付式消费领域失信乱象、规范预付式消费秩序、优化本地营商环境，促进本地经济实现内循环；最后，强调全民共享，基于"柳州市预付式消费市场协同监管服务平台"实现政府各监管部门、行业协会、金融保险机构、第三方大数据平台信息互联互通，同时畅通消费者交易咨询、风险警示、预付金去向查询、消费维权等服务渠道，让预付式消费领域信用监管成果惠及全民，成果共享。

第四节　经验总结

在预付式消费领域，对市场主体失信行为的治理来源于对市场主体信用监管的实践探索，因此，现阶段预付式消费领域信用监管也存在着建设主体单一、监管方式碎片化、监管成果利益分化等固有问题，新形势下面临深层次挑战。与此同时，基于预付式消费领域特有的预付性、代币性和长期性特征，再加之现在处于社会转型期，进一步加剧了预付式消费领域信用监管工作的难度。因此，如何有效破解近年来预付式消费市场层出不穷又越发严峻的失信问题，一直是社会各界重点关注的问题。总结各地区监管实践，有以下三个方面的共性。

一、探索以市场主体信用监管为主线的治理路径

不论是偏向制度规范导向型的预付式消费治理模式，还是侧重市场基础性配置功能的预付式消费治理模式，市场主体信用监管都是治理的主线与核心，而落脚点是发挥有效市场和有为政府作用，激发社会力量参与市场主体信用监管的活力。

各省的制度建设和实践做法表明，市场主体信用监管都是预付式消费治理的主线与核心。从原理上来说，预付式消费是从商业信用中衍生发展而来的，"信用"是其得以生长的基石。同时，预付式消费涉及社会各方的利益和关注，因此，要进行有效治理，需要从市场主体信用监管的层面来进行剖析。从各省实践来看，无论是北京"一体化、智能化、市场化"预付式消费监管和服务体系的建设，上海信用准入制度和分类预警制度等制度的实施，浙江、广西依托预付式消费大数据平台进行预付式消费治理，广东探索的预付卡履约保证保险共保体，还是湖南的专项整治和消费者教育活动等，其核心都是围绕市场主体信用监管的建设、动态评价和信息公开展开的。

从各省实践来看，建立健全市场主体信用监管机制，是控制预付式消费信用风险有效的直接抓手和落地工具。如浙江、广西等地对每个开展预付式消费的经营者发放主体资格认证（电子营业执照），同时基于统一社会信用代码开展认证，实现对发卡主体信用信息"应归尽归"。基于大数据平台及区块链技术，建立适用于不同应用场景的数据系统，提高信息公开、共享、联动、警示程度，可为合理公正地对市场主体进行信用评级提供有效依据。

发挥有效市场和有为政府作用，激发社会力量参与市场主体信用监管的活力，是有效治理预付式消费失信乱象的创新举措。如上海、浙江、广西等地引入监管金融保险机构，通过建立预付金监管制度、保证金监管制度，对发卡主体的预付资金交易、管存情况、使用去向、信用评级实施动态监管与实时评价，可为政府监管、社会监督、行业自律提供基础依据。广东则通过建立健全预付资金的存管制度和保险（保证金）制度——预付卡履约保证保险共保体的设立，提升预付式消费的公众信心和防范信用风险的安全边界，让保险机构、发卡企业、消费者以及政府能实现多方共赢和可持续发展。事实上，广东经验与国外实践也有相通之处。如美国《资金划拨法》规定，"发卡人应就未托管的未使用购物卡余额购买保险，在商家面临破产问题时，托管资金和保险赔偿不作为破产财产参加债权分配，而是作为消费者购物卡的担保，优先分配给购买购物卡的消费者"。[①] 美国《资金划拨法》这一规定体现的就是为保护预付式消费的健康发展而强化的预付余额保险（保证金）制度。

二、形成基于"大智移云区"技术的信用监管方案

在"大智移云区"等信息技术快速发展的互联网经济和数字经济时代，基于大数据平台构建预付式消费信用治理体系，是实现预付式消费高效监管的重要方向。建设和运行参与社会共治的各方信用信息互联互通的预付式消费大数据平台，是实践中探索出来的有效、可行的科学方式。其中，以上海、浙江为代表的长三角地区在预付式消费大数据平台建设和运用方面走在全国前列，最具代表性。

上海建立了由政府部门、商家、银行、保险等多方监管共同参与协同共建的综合大数据监管服务平台，平台可连接来自政府、第三方信用服务机构、商户、消费者等多方搜集共享的信用数据，从而通过大数据监管、云计算、各方互联互通来实现"事前信用核查、事中信用分类监管、事后联合奖惩"的预付式消费治理制度设计宗旨。

浙江杭州是在部门监管、行业自律、金融保险机构和第三方数据科技企业共同协作下，于2019年1月组建了杭州市单用途商业预付卡协会[②]。而杭州市单用途商业预付卡协会致力于建立的集"法治、科技、保障"三位一体的预付卡监管与服务的长效机制，通过独立的第三方综合大数据平台的建设和动态升

---

① 张凌、朱匡宇、黄钰、刘华、刘平、彭文皓、刘晓明、吴祖强、刘明明、雷瑶、陈素萍、刘莹、韩冰、赵如松：《上海市预付式消费卡管理研究》，见上海市行政法制研究所：《2011年政府法制研究》，上海：上海市行政法制研究所2011年版，第36页。

② 杭州运动休闲：《杭州市单用途商业预付卡协会今日成立！行业协会秘书长邹捷推选为第一届理事会副会长》，https://www.sohu.com/a/290753575_773837（访问时间：2019年1月22日）。

级，实现市场各方参与信用自治。

广东广州预付卡履约保证保险共保体的设立主旨之一就是"采用包括大数据、云计算、平台化、移动化等现代信息技术，不断推进信息共享和信息公开，提升监管水平、促进单用途预付卡市场的健康发展"。而北京市目前正着手筹划，在2019年11月28日发布的《北京市预付式消费市场监督和服务管理办法（征求意见稿）》中明确表示，北京市将专门建设统一的预付式消费市场协同监管服务平台，与电子营业执照、单用途预付费卡备案、发卡、公共信用、投诉举报等系统平台实现全面互联互通，以构建"一体化、智能化、市场化"的预付式消费监管和服务体系。

广西柳州则支持广西预付通科技发展有限公司基于大数据、云计算和区块链技术，建立各类应用系统及场景，形成贯穿消费前、中、后全过程，集商户、消费者、政府、市场、社会于一体的第三方预付式消费服务平台，可以有效保证预付式消费信用信息互联互通，发挥风险警示效力和协同监管效能，规范预付式消费市场秩序。

三、倡导共建共治共享的信用监管模式

从党的十八届五中全会[①]提出的"构建全民共建共享的社会治理格局"，到党的十九大[②]提出的"打造共建共治共享的社会治理格局"，再到党的十九届四中全会[③]提出的"坚持和完善共建共治共享的社会治理制度"，这并非简单的文字转档，而是概念的转档，更是国家治理体系和治理能力现代化理念的转变与升华[④]。预付式消费失信治理的共建共治共享路径并非理论空想，而是已有一定的实践基础。近年来，一些地方（如北京、上海、浙江、广东、湖

---

① 中华人民共和国中央人民政府：《中国共产党第十九届中央委员会第五次全体会议公报》，http：//www.gov.cn/xinwen/2020－10/29/content_5555877.htm（访问时间：2020年10月29日）。
② 习近平：《决胜全面建成小康社会　夺取新时代中国特色社会主义伟大胜利》，北京：人民出版社2017年版。
③ 中华人民共和国中央人民政府：《中国共产党第十九届中央委员会第四次全体会议公报》，http：//www.gov.cn/xinwen/2019－10/31/content_5447245.htm（访问时间：2019年10月31日）。
④ 马庆钰：《共建共治共享社会治理格局的意涵解读》，载《行政管理改革》，2018年第3期，第34~38页。

南、广西等）在实践中摸索出的新机制，无论是探索以市场主体信用监管为主线的预付式消费治理路径，还是基于"大智移云区"技术的预付式消费信用治理，都是对"共建共治共享"理念的遵循，虽然还不够完善，但是已产生一定的效果，这也为全面推进市场主体信用监管改革提供了经验和理论支撑。

首先，共建共治共享已经成为各地进行预付式消费信用治理的共识和理念。例如，"预付卡管理问题上，政府不能全包，要向市场借力"，就是2018年上海市人大常委会法工委在预付消费新制度发布会上强调的理念①。广西建立第三方预付式消费服务平台和协同监管平台，基于第三方预付式消费服务平台实现政府各监管部门、行业协会、金融保险机构、第三方大数据平台信用信息互联互通，充分利用第三方平台企业的技术优势和社会监督效能，提高预付式消费信用监管效率，同时畅通消费者交易咨询、风险警示、预付金去向查询、消费维权等服务渠道，可以有效实现全过程、全要素、多层次保障消费者合法权益，让利益相关者共同享有共建共治的监管成果，使人民群众的获得感、幸福感、安全感更有保障。

其次，共建共治共享的共识和理念也正在越来越深入地融合各地的预付式消费信用监管实践活动，并产生显著的"行政监管+市场化监督"的联合治理效应。例如，浙江杭州率先探索开创了组建单用途商业预付卡协会的多方协同治理模式：由政府部门监管、行业自律、金融保险机构和第三方数据科技企业等共同参与，建立了集"法治、科技、保障"三位一体的预付式消费领域新型长效监管机制。上海市则充分依托"大智移云区"等新技术，搭建上海市预付卡消费监管和服务平台，并基于平台优势形成多边治理体系，从根源出发保证预付式消费领域事前、事中、事后信用监管信息透明公开可追溯，有效保证包括消费者、发卡主体、第三方信用服务机构在内的社会多方的利益诉求。广西组建柳州市预付式消费协会，充分扮演"中间人"的角色，发挥政府与市场主体间的桥梁纽带沟通作用，强化协会及社会公众共治效能，有利于建设服务型政府。"行政监管+市场化监督"的全方位信用监管方式，是预付式消费信用监管中管理成本相对较小、各参与方收益相对较大的实现方式，而贯穿其中的

---

① 詹顺婉：《遏制预付卡发行乱象 大数据能否"一招鲜"？市人大开展立法调研》，http://www.spcsc.sh.cn/n1939/n1944/n1945/n2298/u1ai168030.html（访问时间：2018年3月9日）。

就是"共建共治共享"理念。

　　各地区预付式消费治理的共性经验是全面开展市场主体信用监管过程中应该着重参考的地方：重视多方共建共治共享的思想和方式，以协同发挥"行政监管+市场化监督"的合力作用；建设和运行社会共治各方互联互通的预付式消费大数据平台作为共建共治共享的监管和服务工具；建立健全以预付资金的存管和保险（保证金）为特征的风控制度等。

第七章

共建共治共享目标下市场主体信用监管改革：对策研究

随着改革开放的不断深入以及国内外复杂多变的发展环境，我国政府目前施行的管控型市场主体信用监管体制已不能适应当前的市场环境，无法满足加快社会信用体系建设、完善市场监管体系、推进国家治理能力和治理体系现代化的时代需求。我国的市场主体信用监管实践具有鲜明的时代特征，这就要立足于党和国家重大决策的政治需求、当前国内外经济发展的现实需求，并基于政治引领和发展规律做出突破和创新。因此，直接生搬硬套西方国家信用监管模式无益于改革的推进。

党的十九大报告提出"打造共建共治共享的社会治理格局"，成为新时代下我国为应对多重社会治理问题挑战、积极推进国家治理能力和治理体系现代化的重要战略部署的指导方针。① 党的十九届五中全会进一步提出："完善共建共治共享的社会治理制度，扎实推动共同富裕，不断增强人民群众获得感、幸福感、安全感，促进人的全面发展和社会全面进步。"② 这不仅意味着中国共产党对国家治理体系和治理能力现代化的认识不断深化，也为新时代市场主体信用监管指明了方向，提出了更加清晰、完整的理论架构和推进路径。

中国特色市场主体信用监管改革是一个长期、系统性的工程，具有耗时长、范围广、程度深等特点，需要在极长的时间维度和极广的空间维度中推进，因此，在党委、政府部门牵头推动的基础上，需要引导社会力量积极参

---

① 杨逢银：《新时代共建共治共享社会治理格局的实践逻辑研究——基于新世纪以来杭州城市社会治理先行经验的分析》，载《浙江学刊》，2018年第5期，第29~34页。
② 中华人民共和国中央人民政府：《中国共产党第十九届中央委员会第五次全体会议公报》，http://www.gov.cn/xinwen/2020-10/29/content_5555877.htm（访问时间：2020年10月29日）。

与,多元共建、协同共治、全民共享,把增进民生福祉、满足人民群众信用需求作为改革的出发点和落脚点。

第一节 总体思路与基本原则

一、总体思路

以党的十九大报告提出的"打造共建共治共享社会治理格局"为指导方针,牢固树立"共建共治共享"新发展理念,并按照国务院关于加快推进社会信用体系建设,构建以信用为基础的新型监管机制任务要求,将市场主体信用监管作为创新社会治理、推进社会信用体系建设的重要抓手,打造"共建共治共享+社会信用体系"的市场主体信用监管格局。以规范市场秩序和提升监管效能为目标,以数字技术为支撑,创新市场主体信用监管系统集成机制;以培育信用服务市场为重点,发挥有效市场和有为政府作用,深化党委、政府引领市场监管的动力,激发社会力量参与市场主体信用监管的活力;通过积极探索和试点引领,加快建设互联互通的信用监管等大数据平台,并加快与公共信息平台对接,拓展推广应用,打造市场主体信用监管全国"一张网";充分发挥市场在经济发展中的基础性作用,打通内循环梗阻,不断优化消费结构,促进消费提质扩容,营造良好的诚信经营和信用消费市场生态环境;着力提高市场主体信用监管的"社会化、法治化、智能化、专业化"水平,确保市场主体信用监管"共建共治共享"目标的实现,进而切实提高人民群众的信用获得感、幸福感和安全感。

二、基本原则

一是坚持系统布局,统筹推进。紧抓新时代发展的特点及趋势,加强市场主体信用监管的系统化部署,统筹推进产业、市场、创新与治理体系的现代化建设,提高市场监管水平,加强部门协调和区域联动,鼓励条件成熟的地区、企业、社会组织、中介机构等先行开展试点,充分发挥试点引领作用,及时总结经验,由点及面逐步推广。

二是坚持深化改革,规范发展。提升政府治理体系现代化水平,加快推进政府职能的转型；深入推进简政放权、放管结合，提升政府服务水平，顺应消费升级趋势，健全市场经济体系管理机制，坚持公平准入、公正监管、公开信息，形成高效规范、公平公正的统一市场，助推经济高质量发展。

三是坚持创新驱动，审慎监管。顺应科技创新、产业融合、跨界发展的趋势，通过"大智移云区"等现代科技手段推动市场主体信用监管创新，充分发挥政府的组织、引导、推动、示范作用的同时，坚持发挥市场作为市场主体信用监管创新主体的作用，对第三方信用大数据平台等新业态、新模式实行包容审慎监管，构建"共建共治共享"的市场主体信用监管格局。

四是坚持政府引导，合作共赢。更好地发挥政府在市场主体信用监管体系建设的顶层设计和规范引领作用，统筹各部门社会力量，强化"市场自治、行业自律、社会监督、政府监管"，充分发挥市场在资源配置中的决定性作用，以市场需求为导向加快培育信用服务市场，引导信用服务机构开发信用产品，形成政府引导、市场主导的信用服务产业生态。

第二节 总体目标

在新时代背景下，中国经济社会发展面临着前所未有的机遇与挑战：对内有人民群众对美好生活的企盼，对外有错综复杂的国际形势。立足新的时代坐标，结合新的市场需求和实际情况，对我国市场主体信用监管进行改革，既是社会信用体系建设的内在逻辑使然，也是建立现代化经济体系的重要制度保障，更是推动国家治理能力和治理体系现代化的必然要求，对营造公平公正的市场环境、推动我国经济从粗放增长转向高质量增长、建立统一开放竞争有序的现代化市场经济体系、构建新发展格局具有正向推动作用。因此，构建"共建共治共享+社会信用体系"的新型信用监管机制，需要围绕推进国家治理体系和治理能力现代化的要求，找准抓实共建、共治、共享三个着力点，创新监管体系、监管方式和监管理念，切实发挥信用在创新监管机制、提升监管效能等方面的基础性作用，进一步促进市场主体诚信经营、市场秩序正常维系和诚实守信社会氛围的营造。

一、围绕协同共建，推动新型信用监管体系建设

新时代之所以强调市场主体信用监管的共建，就是考虑到社会事务的复杂性。[①] 目前，我国市场主体信用监管体系建设是在政府行政力量推动下形成的[②]，政府统领一切市场主体信用监管体系建设事务，但更多时候是被动地承担建设主导责任，市场主体和社会组织并没有被吸纳到政府主导的市场主体信用监管体系建设中来，即便参与，也是有限参与，多元主体的权责缺乏清晰的界定和规范。进入新时代以后，面对层出不穷的失信问题、错综复杂的利益诉求，单一主体不足以应付如此盘根错节的情况，这意味着市场主体信用监管体系建设必须寻求共建之策。所以，在制度架构中，需要突破政府单一主体管控的局限性，将党委、政府、市场、社会、公众等多元主体吸纳到市场主体信用监管体系建设框架中，对市场主体信用监管体系的组织架构、权责利划分、协作模式、资源配置等进行顶层设计和制度安排。

针对我国市场主体信用监管体系建设主体单一、各自为政等突出问题，需要从制度建设、平台建设和文化建设三个方面建立起政府、社会组织、市场主体协同共建的新型信用监管体系。一是在制度建设层面，一方面，要加快统领性的国家级信用立法出台，积极推进相关行政法规、地方性法规、行政规章和规范性文件的修订工作，拓宽多元主体有序参与立法的途径和方法，从整体上构建起结构完整、层次分明的国家信用法制体系。另一方面，要坚持中央顶层设计与地方试点相结合，统筹推进信用监管体系改革，通过上下联动做到原则统一、因地制宜，保持中央、省、市、县、乡五级信用监管体系完整，加强与社会组织、信用服务机构等信用体系融合发展。二是在平台建设层面，要根据国家信用平台一体化建设和国家信用监管考核要求，提升信用监管信息化建设水平，在已建成"信用中国"等信用信息平台的基础上，加快建设涵盖市监、金融、生态、交通、文旅、农业等领域，覆盖企业、自然人、社会组织、中介机构、事业单位、政府部门等主体，贯穿事前、事中、事后监管全环节和全国、省（自治区、直辖市）、市（州）、县（区）四级的全国一体化公共信用

[①] 马海韵：《"共建共治共享社会治理格局"的理论内涵——基于社会治理创新的视角》，载《北京交通大学学报》（社会科学版），2018年第17卷第4期，第137~145页。

[②] 张卫、成婧：《协同治理：中国社会信用体系建设的模式选择》，载《南京社会科学》，2012年第11期，第86~90页。

监管平台，推进与地方信用监管平台、行业信用信息平台和信用服务机构信用信息平台深度融合，实现信用信息的互联互通，形成以公共信用监管平台为基础，以业务管理系统、专业应用系统和信用服务机构信用信息平台为补充，全面覆盖各市场主体、全部信用信息类别以及所有区域的市场主体信用信息网络。三是在文化建设层面，要加快推进诚信教育和诚信文化建设，重塑诚信道德体系，积极实施信用人才战略，加快培育信用服务市场，鼓励社会组织、信用服务机构优化产品结构和提升服务水平，培育一批具有国际竞争力和影响力的信用服务品牌，通过转变人民群众的思想认识，将信用意识培育和社会美德形塑有机结合起来，培养市场主体的信用意识，让市场主体将诚实守信的经营理念根植于日常经营活动，内化为道德标准和行动自觉，通过"柔性引导"，让市场主体将诚实守信内化为"道德自觉"，同时强化社会公众的守信意识，让诚实守信的价值观成为全社会的共识。

二、创新多元共治，构建多维信用监管大格局

新时代之所以强调市场主体信用监管的共治，就是为了回应失信治理中的"碎片化"失序问题。① 由于"条块"部门的"分利秩序"，造成了市场主体信用监管的制度壁垒和信息壁垒，进而影响了市场主体信用监管体系的有效运转。因此，激励和引导多元主体参与市场主体信用监管，成为市场主体信用监管的内在要求。党的十九大提出："完善党委领导、政府负责、社会协同、公众参与、法治保障的社会治理体制。"② 这要求市场主体信用监管的根本架构就是要形成"党、政、社、公、法"的共治模式。一方面，党委、政府是市场主体信用监管的天然主角，是制度的制定者、监管的执行者和联动的协调者，且党委、政府自身的信用建设是构成市场主体信用监管体系建设中最重要的组成部分。另一方面，共治要求市场主体信用监管要一改过去由政府单方面管控的模式，通过跨部门协作整合体制内资源并积极培育信用中介机构，充分发挥市场和社会的作用，拓宽社会组织、企业、公众等多元主体参与信用治理的渠道，围绕建设目标，理顺各方关系，建立联动机制，实现由行政主导向党委、

---

① 张国磊、张新文：《基层社会治理的政社互动取向：共建、共治与共享》，载《内蒙古社会科学》（汉文版），2018年第39卷3期，第131~137页。
② 《中国共产党第十九次全国代表大会文件汇编》，北京：人民出版社2017年版。

政府、市场、社会和公众等协同共治转变。

随着经济社会的发展，面对数量众多、区域分布广泛、业态形式多样的市场主体，市场监管工作陷入执法任务繁重和公共监管资源不足的双重困境，因此，在市场主体信用监管方式上，政府监管部门要有所为、有所不为，在发挥政府引导作用的同时，充分调动各方力量参与信用共治。一是以新一轮机构改革为契机，整合监管职能和监管资源，强化信用监管机制的信息化、智能化支撑，建立健全相关职能部门相互配合、行政执法部门相互协调的联动响应机制，加强信用监管业务统一管理，逐级配置监管机构权限，确保相关内容的发布、变更和管理与监管职能相匹配，建立以信用为核心并覆盖事前、事中、事后全监管环节的综合监管体系，积极探索"依法监管+依约监管+信用分类监管"的新型监管模式，不断提升行政资源配置效率，真正发挥信用约束在市场监管的基础性作用，从根本上实现跨地区、跨行业、跨领域的市场主体信用监管。二是积极围绕高质量发展的信用需求，进一步厘清各方权、责、利关系，在有效发挥党委、政府引导作用的同时，通过支持和鼓励社会组织、信用服务机构运用现代化信用工具开展信用服务业务，完善行政性、市场性、社会性和行业性奖惩措施，打造多元主体广泛参与的信用联合奖惩机制。三是充分发挥市场主体、社会组织、信用服务机构、社会公众和媒体的作用，通过建立自我管理机制强化市场主体、社会组织和信用服务机构的自律性，通过健全全社会参与监督的激励机制进一步发挥舆论监督作用，形成全社会共同参与信用治理的强大合力。四是以"信用中国"等公共信用信息平台以及政府部门数据库中的信用数据为基础，打造集信用信息公布、查询、异议、修复于一体的市场主体信用信息公开平台，着力研发市场主体信用档案、"红黑名单"、信用评价、信用预警、专项信用产品、专项信用数据等信用产品，建成以信用信息公开平台和信用产品应用为基础，守信联合激励和失信联合惩戒为主要特征的市场主体信用协同监管机制，并将该机制与审批服务、执法监管、应急管理、预警监测、投诉举报等其他公共服务相结合，为政府部门履行宏观经济调节、市场监管、公共服务、社会治理等职责提供支撑。①

---

① 陈海盛、白小虎、郭文波、吴淑君：《大数据背景下信用监管机制构建研究》，载《征信》，2019年第37卷第5期，第11~16页。

三、实现全民共享,践行以人民为中心的发展思想

新时代之所以强调市场主体信用监管成果的共享,是因为社会结构和利益诉求分化。① 关于市场主体信用监管的论述多集中于对多元主体的共建和共治方面,而成果的共同享有则缺乏系统性论述,因此,不能精准反映和协调各参与主体的利益诉求,使相关者对市场主体信用监管体系的建设缺乏动力。党的十九大提出:"不断满足人民日益增长的美好生活需要,不断促进社会公平正义,形成有效的社会治理、良好的社会秩序,使人民获得感、幸福感、安全感更加充实、更有保障、更可持续。"② 在市场主体信用监管体系中形成的信用秩序将会成为全社会都受益的公共品③,因此,满足各方利益诉求成为改革推动的根本动力。这意味着市场主体信用监管强调公共利益至上,能让所有参与者都有机会参与建设、分享建设成果,重塑政府、市场与社会的关系,积极培育和规范信用中介机构,建立跨部门、跨地区、跨领域的守信联合激励和失信联合惩戒机制(尤其是扩大守信激励在行政审批、提供公共服务等场景的运用),建立健全信用修复机制和信用主体权益保护机制,"让守信者一路畅通,失信者处处受限"。市场主体信用监管的目标就是通过共建、共治,让所有参与者的信用获得感、幸福感、安全感更加充实和可持续,从而营造诚实守信的社会环境。

为了避免陷入由政府、市场和社会单方面主导而造成的利益失衡困境,市场主体信用监管改革应该以共享发展成果为目标,把满足人民群众日益增长的信用需求作为工作的出发点和落脚点,促进市场主体信用监管改革成果由全民共享,不断提升人民群众的信用获得感、幸福感和安全感。一是深入推进"放管服"改革,创新信用监管方式,简化监管流程,提高监管效率,更好地激发市场主体活力,优化诚实守信的营商环境,让市场主体信用监管改革成果惠民便企。二是建立健全由党委、政府、社会、公众共同参与的守信激励和失信惩戒机制,在强化失信联合惩戒的同时,进一步探索守信联合激励机制,丰富、

---

① 马海韵:《"共建共治共享社会治理格局"的理论内涵——基于社会治理创新的视角》,载《北京交通大学学报》(社会科学版),2018 年第 17 卷第 4 期,第 137~145 页。
② 《中国共产党第十九次全国代表大会文件汇编》,北京:人民出版社 2017 年版。
③ 陈丽君、杨宇:《构建多元信用监管模式的思考》,载《宏观经济管理》,2018 年第 12 期,第 45~54 页。

拓展信用产品和应用场景，充分发挥信用信息价值的杠杆效应，让信用创造财富、积累财富，使人民群众切实感受到守信惠民的好处。三是依法廓清市场主体信用监管的权利边界，统一失信行为和失信惩戒的程序、标准，规范失信惩戒权责，完善信用监管争议的自行调节与解决机制、司法救济机制，建立市场主体信用更正、更新和修复机制，建立"可上可下""可进可退"的动态信用监管机制，实现市场主体信用管理动态化，更好地激励企业自觉维护自身信用，形成诚实守信的社会氛围，防止失信惩戒的泛化和扩大化。

第三节　实施路径

党的十九大在总结以往社会治理经验的基础上，对"共建共治共享社会治理格局"做出了重要部署，即要提高社会治理社会化、法治化、智能化、专业化水平。遵循这一思路，新时代共建共治共享的市场主体信用监管改革，必须沿着社会化、法治化、智能化、专业化的路径推进。

一、社会化

随着市场需求日益多样化，随之而来的公共问题也日趋复杂多样，当前采取的仅依靠整合公共行政部门内部资源的信用监管方式已经不足以有效应对错综复杂的公共问题。① 市场主体信用监管的社会化要求党委在建设中起总揽全局、协调各方的领导作用，将政府、市场、社会等主体调动起来，充分发挥全社会各主体的力量，满足人民群众日益增长的信用需求。

首先，党委要坚持以人民为中心，科学制定市场主体信用监管改革的总体规划，明确各类主体在建设中的功能定位和权责分配。各级政府部门，尤其是市场主体信用监管的牵头部门应通过强化专业化分工、职能权责提升宏观主导地位，确保"条块"部门和市场、社会联建联动机制畅通，平衡各领域市场主体信用监管的协同发展②，通过强化有效的联动响应机制，形成"一处违法，

---

① 张天萌：《政府部门间协作机制建构研究》，载《管理观察》，2016年第29期，第88~91页。
② 王翊亮、郭文波：《协同治理模式下推进信用体系建设的思考》，载《宏观经济管理》，2018年第10期，第52~57页。

<<< 第七章 共建共治共享目标下市场主体信用监管改革：对策研究

处处受限"的市场主体信用监管局面，真正发挥信用激励与约束机制的根本性监管功能。

其次，在市场主体信用监管机制上，要提升非政府组织在市场主体信用监管中的地位，建立健全多主体参与的监督机制，逐步形成政府主导、企业自治、行业自律、社会监督的多主体参与的市场主体信用监管格局。一要鼓励各行业建立自律协会，通过制定全行业经营自律规范、自律公约和职业道德准则来规范行业内各主体的经营活动，归集行业内各主体的信用信息并及时公示，提供信用评价、信用修复、"红黑名单"等信用产品和信用服务；同时，整合各行业自律协会成立统领全行业的信用行业协会，建立跨地区、跨行业、跨市场的激励约束机制（会员守信则予以激励和便利；反之，则予以惩戒和限制），充分发挥信用行业协会在市场主体信用监管中的作用，引导、督促会员加强自我约束，通过从源头上减少失信行为，从而达到提升信用水平的目的，让信用行业协会在市场监管机制中成为辅助政府、维系行业、服务市场主体的重要力量，实现信用行业协会的市场治理目标。① 二要通过支持会计师事务所、专利事务所、税务师事务所、律师事务所、资产评估机构、企业注册代理机构等独立第三方机构，依法对市场主体的交易活动、财务状况、纳税情况等经营活动的真实性、合法性进行鉴定证明，发挥独立第三方在市场主体信用监管中的监督作用，提升信用监管服务的水平和质量。三建立有奖举报机制，鼓励社会公众参与监督，同时发挥媒体在监管中的社会舆论作用，让社会力量在市场主体信用监管中发挥作用。四要大力支持信用中介机构开展专业化的信用信息服务，提供信用评级、信用信息修复等专业化服务，提供客观公正的市场主体信用信息，充分发挥信用等级评价等信用服务在市场主体信用监管中的作用。

再次，充分发挥各级党委政府在市场主体信用监管工作中的引导作用，积极培育信用服务市场，将公共信用中介机构和社会信用中介机构相结合，构建全方位、多层次的社会信用中介体系，完善社会信用中介机构参与的"红黑名单"认定、守信联合激励与失信联合惩戒等机制。② 一是各级党委、政府应积

---

① 祝丽丽、周雨、吴瀚然：《强化行业自律 完善市场信用监管》，载《宏观经济管理》，2019 年第 7 期，第 28~33、46 页。
② 于凤霞：《完善社会信用体系促进我国共享经济发展的思考与建议》，载《电子政务》，2018 年第 8 期，第 81~87 页。

极引导各部门加强对社会信用中介机构的认识，提升各部门对信用服务机构的认可程度，鼓励和支持各部门在开展如政府采购、招投标、申请政府补助支持、项目立项等经济社会管理活动中提高对其提供的信用信息和信用产品的使用频率，为其提供生长的土壤，提升信用产品的市场化和社会化程度，拓宽信用产品的应用场景。二是在经济社会的重点领域和关键行业（如环境保护、医药卫生、食品药品安全、建筑工程、证券期货、保险理赔、融资担保等）试点推行信用报告制度，加强市场主体信用信息的应用示范。三是鼓励金融机构在信贷审批、股权投资、信用担保、证券发行等方面采用第三方机构的信用报告和评级报告，在减少融资成本和缩短融资时间的同时，扩大信用产品在市场主体信用监管中的运用。

最后，在市场主体信用监管逐步从单一的行政监管机制转为社会共治模式的背景下，通过强化市场主体自治，充分体现"意思自治、责任自负"的现代民商法精神就显得尤为重要。一是在市场准入门槛大幅放宽的背景下，各企业应结合自身情况，主动建立和完善自我管理制度，提升内部治理机制有效性，充分发挥独立董事、监事制度在内部治理中的作用，确保公司诚信经营。二是应强化市场主体的主体责任①，通过建立有效的内部管理机制加强企业自我管理能力，在制度上加强股东对实际出资责任的履行。与此同时，要求市场主体积极履行对不合格产品的强制性召回义务，并承担由此造成的损害赔偿责任，通过市场主体信用责任制度强化其自觉诚信经营，主动提升自我管理能力。②三是应让市场主体对于自身的信用信息和信用评级享有知情权、异议权和修复权，一方面，市场监管部门对外公示市场主体信用信息时，如果存在可能对市场主体商誉产生不利影响的信用信息，应向市场主体发出告知通知书，尊重市场主体的知情权。另一方面，市场监管部门应建立畅通的反馈渠道让市场主体对负面信用信息做出认可或不认可的表示，并接收不认可的相关证据，以确保

---

① 国务院：《国务院关于促进市场公平竞争维护市场正常秩序的若干意见》，http://www.gov.cn/zhengce/content/2014-07/08/content_ 8926.htm（访问时间：2014年7月8日）。

② 王作全：《论我国的商事制度改革：宗旨、内容与法制化进程》，载《青海社会科学》，2017年第4期，第141~149页。

市场监管部门公布的信用信息准确无误①。

二、法治化

完备的信用法律制度是建立健全市场主体信用监管制度的必要步骤，是实现共建共治共享市场主体信用监管的基本保障。一方面，由于当前国家层面缺乏一部统领性的信用立法，而使地方层面的信用法律制度建设缺乏基本的法律依据，各部门之间难以形成一个覆盖全面、责任清晰的体系架构。另一方面，共建共治共享的市场主体信用监管要求社会各方参与其中，而多主体的参与需要有制度的约束才能实现合作的有序性。最重要的是，市场主体信用监管制度要求市场主体具有信用意识、法律意识，而这些都需要以完备的法律制度为前提。因此，加强信用立法已经成为新时代信用经济下实施市场监管的前提，只有通过统一的立法，才能使新构建的市场主体信用监管体系成为一个整体，使市场主体信用监管做到协调一致，从而最大限度地发挥信用在新型市场监管中的基础作用。因此，在共建共治共享目标下，要培养法治思维，运用法治方式，从而推动落实市场主体信用监管体系建设的法治化进程。

首先，由于我国市场主体信用监管起步时间晚，在监管过程中存在法制不健全的问题。因此，要针对市场主体信用监管制度推进顶层设计，完善信用监管相关法律制度，建立健全与信用相关的国家法律体系。一是将社会信用立法作为切入点，全面推进市场主体信用监管的法治化进程，加快制定基本信用法，将市场主体信用监管纳入规范化和法制化轨道，以法律形式将共建共治共享的市场主体信用监管进行规范，解决信用领域缺乏高层次法律依据的问题。② 二是在高层次法律框架下，明确市场主体信用监管的目标、原则以及各方的权、责、利，厘清各部门的职责范围，明确各单位的分工，规定信用信息公开使用范围兼顾隐私安全等问题。三是各级党委、政府需要在法律规范下加强自身信用建设，以法律的形式将参与协同监管的各方主体的行为、权益等予以明确和规范，优化共商机制，完善总体框架设计，加大前期研究的投入力

---

① 倪楠：《以信用为基础的新型市场监管模式、动因、框架与构建路径》，载《江海学刊》，2020年第5期，第237~241页。
② 唐晓鹰、孙振华、王树韧、陈忠：《纳税信用与社会信用体系的融合》，载《税务研究》，2016年第10期，第112~114页。

度，做好制度储备工作，为专业化的信用制度供给研究机构提供成长空间。四是建立相关的法制需求反馈机制，鼓励有条件的地方先行开展信用立法相关的创新和试点工作，不断缩小监管实践与"法律真空"之间的差距。五是按照市场主体信用监管的征信、评信和用信等环节，制定并颁布一部统一的信用监管行政法规①。

其次，在总体推进信用立法的同时，应针对在实施信用监管过程中各个环节可能出现的问题拟定应对措施和解决方案，在信用信息归集与共享、守信联合激励和失信联合惩戒、信用工具与信用产品应用、信用信息异议处理与信用数据修复等方面制定统一标准。一是通过出台一部统一的市场监管法规，明确各级市场监管机构的法律地位、权力及职责范围，明确各级市场监管机构的监管内容及各项数据指标，明确各类专项信用治理的联动机制和长效机制，明确信用信息归集与共享、信用信息异议处理与信用数据修复等各项监管工作的考核评估内容和方法，明确信用工具与信用产品应用环节相关配套机制的制定和落实。二是结合经济环境的变化情况，及时修订相关规章制度及法律文件，建立健全各部门的统一协调机制，利用信用信息共享平台破解"信息孤岛""数据烟囱"等问题；针对各区域、各环节、各流程的信用问题分类施策开展专项督查和治理工作，确保治理措施落实到位；同时，做好市场主体信用数据的分析、梳理等工作，结合大数据等新兴技术提高市场主体信用数据使用效率，建立完备的市场主体信用预警机制，提升市场主体信用监管的效率。三是以政策指引和相关法律法规为依据，对照联合奖励和惩戒备忘录，按照"谁认定、谁负责"的原则，各部门、各地区可先行先试制定、修订本领域、本地区"红黑名单"认定标准和惩戒标准以及信用修复和黑名单退出办法，在此基础上，汇总形成标准清晰、认可科学、管理规范的市场主体信用监管应用清单和联合奖惩措施清单，当基础条件逐渐完备时，可在信用法律法规条款设计中，确立守信联合激励和失信联合惩戒具体实施清单和执行标准，建立市场主体信用监管投诉处理、信用主体权益保护、侵权责任追究、事后救济制度的操作细则。

最后，市场主体信用监管是基于我国国情开展的一项市场监管工作，针对

---

① 市场主体信用监管作为市场监管部门开展全过程监管的一种手段，在实际运行中，市场主体信用监管的征信、评信和用信等环节选择的标准对信用产品和评级划分有重要影响。目前，虽然在征信环节已有《企业信息公示暂行条例》，但是评信和用信环节尚缺乏相对应的法律设定。

立法层面鲜有其他国家的经验可以借鉴,"作为渐进性转型路径和'摸着石头过河'思维的具体实现形式,'试点—推广'式改革在中国改革实践中的普遍性和重要性有目共睹"①,因此,可通过各地区大量实践活动进行立法方面的实践探索。当前,各省份都在积极加快制定地方性的相关信用法规,全国各地在推动市场主体信用监管过程中面对的问题各不相同,处理的方式互有差异,因此,形成了多个立法试验样本,地方立法经验为建立通行的信用法律法规体系提供理论和实践方面的借鉴,中央层面的信用立法应当充分总结地方立法经验和教训,提高市场主体信用监管的法治化水平。② 同时,地方在信用立法的实践过程中,应注意保护个人信息自决权,避免信用法律泛道德化倾向的出现③,争取在立法权限范围内实现"共建共治共享"的价值目标。

三、智能化

市场主体信用监管的产生和发展都是建立在现代信息技术发展的基础上的,正是互联网、大数据、人工智能、云计算等技术的跨越式发展,才使市场主体信用监管成为可能。因此,市场主体信用监管不仅需要转变思想理念,还需要推动技术层面的创新,使其更加智能化。伴随着信息化社会的到来,数据归集更加自动化、准确化和及时化,同时对市场主体信用信息数据归集提出了新的发展要求。大数据、人工智能、移动互联网和云计算等技术逐渐成为市场主体信用监管的重要前提和基础,将助力信用监管由单向度管理向多元主体共治转变,由碎片化管理向全覆盖网络化共治转变,进而推动共建共治共享社会治理格局下市场主体信用监管智能化发展。

首先,共建共治共享的市场主体信用监管制度是以充分共享信用信息为前提。④ 因此,要加快构建科学化、智能化、人性化的信用信息归集机制,不断筑牢信用信息监管基础。遵循"一个中心、多元参与"的原则,在已建成全国

---

① 周望:《如何"由点到面"?——"试点—推广"的发生机制与过程模式》,载《中国行政管理》,2016年第10期,第111~115页。
② 田禾:《推动信用体系立法需注意四个问题》,载《中国党政干部论坛》,2018年第7期,第87~88页。
③ 罗培新:《善治须用良法:社会信用立法论略》,载《法学》,2016年第12期,第104~112页。
④ 王翊亮、郭文波:《协同治理模式下推进信用体系建设的思考》,载《宏观经济管理》,2018年第10期,第52~57页。

信用信息平台和"信用中国"的基础上，政府部门、行业协会、社会组织等参与共治的各方主体要在信用信息系统共享数据信息，实现数据的互联互通，让静态的信用信息与动态的监管执法信息实现有机统一，打破"信息孤岛"，实现对所有市场主体信用信息全覆盖的目标。一是实现市场主体信用信息互联互通。在各级地方政府层面，推动实现信用数据跨省、跨区交换共享，实现"数据全国跑"的信息共享格局；在行业层面，实现信用数据能跨行业进行交换与共享，并最终解决政府各部门之间，政府部门与行业之间，行业与行业之间的"信息孤岛"问题。① 二是统一数据标准，消除数据的歧义性。通过将元数据进行标准化、统一化，一方面可以消除各数据项的歧义性，将信息存储和展现格式规范化。另一方面可以将标准元数据作为基准，对归集来的其他数据进行"标准化"，提高信息系统的数据质量②。此外，在对各数据属性进行定义时，需要明确概念，确定含义，杜绝存在歧义。③ 三是确保市场主体信用信息准确。通过云计算技术将收集来的数据进行进一步挖掘，能发掘出更多有价值的信息。④ 同时，通过云计算强大的数据处理能力，可以实现信用数据信息的批量处理、自动归集、智能化精准对比并实现数据信息实时更新，确保市场主体信用数据的准确性、及时性和全面性。⑤

其次，在对信用信息系统进行整体性、系统性和精准化建设时，这些信用信息可能涉及国家秘密、商业秘密和个人隐私。因此，需要建立健全信用信息的安全监控体系和安全保障体系。一方面，应确立信用信息处理准则和操作规范，加强在市场主体信用监管工作中对信用信息的全流程管理，尤其是政府部门之间进行信用信息共享过程中，必须高度重视依法保护国家秘密、商业秘密和个人隐私等信息安全，严格依法依规进行信息处理活动，确保信用信息交

---

① 曾光辉：《促进我国信用服务业发展的思路研究》，载《现代经济信息》，2016年第10期，第360~363页。
② 建立一套统一的社会信用代码，可以以此为基础建立一套全国统一的系统建设标准、信息安全技术标准、公共信用信息目录标准和信用行业服务标准。其中，最为主要的就是建立数据资源的标准元数据。
③ 贺德荣、蒋白纯：《提高电子政务信息共享平台数据质量的对策与方法——一个省级信用信息服务平台数据处理实例》，载《电子政务》，2010年第7期，第67~76页。
④ 赵震、任永昌：《大数据时代基于云计算的电子政务平台研究》，载《计算机技术与发展》，2015年第10期，第145~148页。
⑤ 蒋美玲、王芹：《大数据时代公共信用信息数据归集的原则与策略——基于苏州市的分析》，载《电子政务》，2018年第6期，第99~104页。

流、使用的合法性。另一方面，要建立健全信息安全保障机制，各主管部门应将市场主体的信用信息按照敏感程度进行分类、分级，界定查询权限，如遇特殊查询需求则需要进行特殊申请，确保市场主体信用信息得到依法披露、合法使用。①

最后，各方在信用信息归集的过程中应保障基础信息的时效性、完整性和准确性，持续更新对市场主体的相关行政处罚和检查信息等信用监管动态，及时反映市场监管部门对市场主体的信用监管状况，这样才能保障生成的信用信息的真实性、信用产品和服务的公正性。一是市场主体信用信息的更正是对市场主体信用信息归集中的错误信息予以纠正，这些信息的变化将对市场主体的信用产品产生直接影响②，市场监管部门应在市场监管过程中运用"大智移云"等信息技术及时公示市场主体基础信用信息变化的情况，定期发布对市场主体的检查、处罚和奖励等相关信息，以保障信用产品和信用服务的时效性。二是对市场主体的信用修复是实现科学、智能信用监管的基础，信用评级应该是一个动态联动机制，市场主体信用评级也应注意时效性，不断更新，信用评级机构应按照有无新增违法行为或消费者举报、投诉等情况重新对其进行信用评级，信用评级机构应提供智能化的信用修复服务，协助市场主体维护信用，相关市场监管部门也应依靠智能化手段对信用修复中存在的欺诈行为进行处罚。③ 三是加强行政许可、行政处罚"双公示"等信息的集中公示，通过规范文件来确立全国统一的市场主体信用评价标准，各部门、各地区基于此标准建立本部门、本地区的市场主体信用档案，同时将信用信息以清单的形式进行汇总，形成科学统一的市场主体信用信息目录，完成信用档案统一，一户一册，实现市场主体信用信息"一处归集、全国通用"的结果。④

---

① 汪育明：《信用信息共享支撑"放管服"的实践探索与改革建议》，载《宏观经济管理》，2020年第11期，第14~19、32页。
② 市场主体信用信息的更新是根据情况变化对信息变更，主要来自两个方面：一方面是市场主体基础信用信息发生变化，另一方面是市场监管部门对市场主体进行监管后做出新的行政处罚或者市场主体被授予某种奖项。
③ 倪楠：《以信用为基础的新型市场监管模式、动因、框架与构建路径》，载《江海学刊》，2020年第5期，第237~241页。
④ 陈海盛、白小虎、郭文波、吴淑君：《大数据背景下信用监管机制构建研究》，载《征信》，2019年第37卷第5期，第11~16页。

四、专业化

专业化要求共建共治共享社会治理格局下市场主体信用监管改革全过程都强调各主体的有效参与和权责利界限的清晰划分，运用专业知识，培育专业人才，精准解决市场主体失信问题。

第一，市场主体信用监管改革是一个庞大且复杂的系统性工程，其中不仅涉及中央与地方政府之间、各级政府之间以及政府内各部门之间的协调与联动，还涉及政府与非政府之间、非政府内部之间的协调与合作。① 一是加强市场主体信用监管牵头部门的专业化分工与合作，提升人才资源的优化配置，提升其管理地位，确保牵头部门与各方利益主体衔接的有效性，确保不同系统中的监管政策效果能有机融合，保障市场主体信用监管方向的正确性和规则的科学有效性。二是在构建制度化沟通渠道的同时优化决策流程，让参与共治的各主体有效参与决策并达成共识，让决策结果能在市场主体信用监管过程中有效实施，通过构建全方位、多层次的共享平台与试点项目，让参与共治的主体能在不同方位、不同层面的监管中找到适当的位置与合理的切入点，扩大监管的覆盖范围和覆盖领域。三是根据市场主体信用监管内容的范围属性与行业属性，厘清"政府—市场—社会"、"中央政府—地方政府"、地方政府各部门之间的市场主体信用监管职责。

第二，信用专业人才培养是实现专业化的必要步骤。一是要将信用管理列为国家重点学科，予以重点培养与扶持，对于有条件的高校可以率先开展信用领域科学研究工作、培养信用领域专业人才，同时将信用知识教育纳入学校的教育教学，开展信用知识教育，培养大学生主体的信用意识和诚信道德素养。二是加强在职培训，提升市场主体信用监管执法人员和相关从业人员的理论素养，加强与信用建设领域有丰富经验的国家或地区交流合作，建立健全社会信用管理职业培训和专业考评机制，为政府、社会企业等提供人才支撑，努力营造诚实、自律、守信、互信的市场环境和社会风貌。

第三，各级党委、政府应基于社会主义核心价值观开展诚信专题建设，倡

---

① 陈丽君、杨宇：《构建多元信用监管模式的思考》，载《宏观经济管理》，2018年第12期，第45~54页。

导诚实守信的道德准则①，要将市场主体信用监管纳入公益宣传范围，充分利用现代传媒工具，加强宣传各类信用知识，加大守信激励和失信惩戒的宣传力度，增强全民的信用意识，各部门要定期动员和组织社会各方面力量广泛参与"诚信在身边""诚信企业分享会""诚信活动周"等主题活动，积极开展信用知识进社区活动，提升全社会的信用观念，强化社会监督和舆论监督，营造社会守信风气，不断提升市场主体信用监管工作的社会影响力。

第四，应积极为社会信用中介机构创造条件和空间，鼓励其与政府在医疗卫生、商业金融等领域展开合作，利用独立第三方的身份优势和信息咨询公司的技术优势，为市场提供专业化、精细化的信用产品与信用服务。同时要逐渐建立起公共信用组织与社会信用中介机构互为补充的多层次、差异化、全覆盖的信用服务体系，强化信用信息和信用产品在公共服务与市场交易中的运用，鼓励信用服务产品的创新与开发，推动深化市场主体信用监管专业化分工，构建起分业监管、信息共享、协同治理的行业综合监管体系，弥补市场主体信用监管空白领域。

第五，要加快培育和规范信用中介机构，从制度上确保信用中介机构的公信力，提高信用中介机构的服务质量。一是各地区、各行业应该积极出台优惠政策来扶持培育一批具有较强公信力、竞争力的本土信用服务机构，尤其是第三方信用中介服务机构，包括向其无偿提供企业、个人等市场主体信用信息和政府信息，带动信用服务机构创新信用产品，拓宽信用服务范围。二是要着力提升信用服务机构的服务质量，建立健全信用服务相关法律制度，制定信用服务机构的市场准入与退出机制，在鼓励良性竞争的同时维护公平公正的市场秩序；不仅要加大力度引进国外先进的信用技术、信用人才和管理理念，也要加快培育本土信用服务机构，支持大型本土信用服务机构从单一服务机构向产业化、规模化、集团化、国际化的综合信用服务机构发展。②

---

① 董树功、杨峙林：《基于社会治理的社会信用体系建设研究：学理逻辑与路径选择》，载《征信》，2018年第6期，第67~72页。
② 郑洁、余丽霞：《成都市社会信用体系建设模式选择及政策建议》，载《农村金融研究》，2018年第3期，第38~42页。

第四节 保障措施

一、加强组织领导

尽管市场主体信用监管需要发挥市场的决定性作用,但结合我国的国情,在当前的政治、经济制度下,政府自身的信用建设以及政府对市场主体的信用监管都需要发挥政府的主导作用。我国经济社会发展的历史阶段和实际国情决定了党委、政府在共建共治共享市场主体信用监管中的主导地位。共建共治共享市场主体信用监管并非无领导和无核心监管,政府部门尤其是市场主体信用监管牵头部门,在协同监管过程中需要不断调整多元主体中复杂的利益关系与治理诉求,因此,政府间的部门协作日益成为市场主体信用监管的新方式,而如何通过加强组织领导实现部门间的协作也成为亟待解决的现实问题。一是应进一步明确和落实各类主体责任,强化党委统一领导、政府具体负责,发挥督导作用,及时发现整改不正规、不合法、不合理的问题,通过社会协同、市场自律,发挥消费者、第三方机构、行业组织的社会监督作用,引导消费者理性消费、市场主体自律经营,形成上下联动、左右协同、内外联合的"共建共治共享"市场主体信用监管格局。二是各地应结合实际情况和具体特点,坚持问题导向,切实制定责任措施,层层落实任务,列出任务清单、责任清单、问题清单,专项突破、专项解决,避免搞形式、走过场,切实将市场主体信用监管改革做深做实。三是应加强绩效考核,加大对监管部门、行业组织和经营单位的奖惩力度,切实做到日清算、周汇报、月总结,将各监管部门的绩效考核与市场主体信用监管工作相挂钩,激发工作积极性,加大监管力度和提高治理效率。四是加强各级政府自身的诚信建设,发挥党委牵头、政府引领示范作用。各级党委、政府应大力发展电子政务,着力开展政务信息公开服务,提高行政审批透明度,同时坚决落实行政执法责任制,建立公务员诚信档案,建立健全政府失信责任追究制度,使政府职能逐步从"行政审批+资质监管型"转为"公共服务+行为监管型"并接受社会各界监督。

二、加大政策支持

"共建共治共享"市场主体信用监管格局不仅政策性强、涉及面广,而且关联度高、耦合性强,因此,其构建过程离不开配套政策的支持。想要获得高质量的市场主体信用监管改革成果,必须结合我国当前的实际情况,整体谋划、稳步实施,将各项配套政策落实到位。一是加大市场主体信用监管的财政资金支持力度,充分利用现有的资金渠道,积极争取国家专项资金扶持,带动政府、市场主体、社会组织、信用中介机构开展数字化升级,间接撬动社会资金投资市场主体信用监管体系建设相关领域,提升市场主体信用监管的社会化影响;同时,各级政府要设立信用监管专项资金,保障本级条线部门信用信息平台的搭建、运行及维护,定期开展信用监管业务培训,鼓励各级政府购买第三方信用产品或服务,全面提升市场主体信用监管效率。二是充分落实现有的高新科技企业、小微企业税收优惠政策,引导科技企业、金融机构、社会组织和市场主体参与信用服务产业,培育壮大本土第三方信用服务平台企业。三是围绕着市场主体信用监管领域发展需求,加大引进具有国际视野和能力的高层次人才与团队力度,加快本地区高层次研究型和应用型人才培养。四是充分发挥政府的扶持作用,设立市场主体信用监管体系建设专项基金,并纳入各级部门财政预算,以此加大对信用基础设施和创新示范区等方面建设的资金支持,形成一个高效率、广覆盖的信用信息平台,具备"一揽子、全链条"信用监管和信用服务能力。

三、强化协调沟通

目前,我国市场主体信用监管体系中仍然存在监管法规不健全、信用信息未实现共享、信用监管标准不一致、诚信社会环境氛围不足、信用服务尚未充分市场化等问题,这些问题助长了市场主体的失信行为。因此,构建"共建共治共享"市场主体信用监管格局,不仅要加快政府职能转变,还要切实强化协调沟通。一是积极培育市场和社会中介组织,增强政府与社会、市场之间的良性互动,构建政府、公民、市场主体、媒体等利益相关者的信用信息综合协商沟通平台。在信用信息综合协商沟通平台上,通过常态化、长效化沟通机制,各利益相关者采用听证会、研讨会、交流会、专业服务等多种形式进行信用信息沟通、政策执行反馈交流。另外,相关政府部门应成立专职部门或者委派专职人员进行社会监督和举报信息的接收与处理。专职部门或者专职人员应在核实信息真实性的前提下，按规章制度进行处罚，确保监督投诉渠道的畅通，保证全民参与市场主体信用监管的便捷性，进而形成全民积极参与市场主体信用监管的良好氛围。二是建立失信行为的联防联控机制，加大各类市场主体对查处失信行为的参与程度，动员社会各界积极参与监督，树立坚决抵制不诚信行为的观念，在全社会形成全民诚信的良好风气。三是针对市场主体信用问题的传染性和扩散性等特征，构建跨区域、跨行业、跨领域的市场主体信用监管协调沟通机制，建立专门小组对省、市、县、乡的市场主体信用问题进行统一调度和处理，防止信用问题更趋恶化和扩大化。

四、凝聚社会共识

构建"共建共治共享"市场主体信用监管格局，要坚持以满足人民群众信用需求和增强国家综合实力为根本目的。因此，要注重宣传引导，从简政放权、转变政府职能、提升社会治理能力的角度进行广泛宣传，使社会各界准确理解改革的目的，了解市场主体信用监管改革后全社会都能享有改革成果；要从全面推进社会信用体系建设的角度进行广泛宣传，使市场主体积极主动地加强自律自治、自觉开展诚信经营，维护公平公正的市场环境，加强全社会对改革的认识和理解，形成全体社会公民支持改革、参与改革的良好社会气氛，凝聚社会共识。

一是应凝聚监管共识，吸纳各类主体积极参与市场主体信用监管，实现政府监管、行业自律与社会监督的有机统一。一方面，应加快构建政府部门间的协同联动工作机制，搭建各相关监管部门互联互通、共享共用的市场主体信用监管沟通渠道，实现信息共通、监管共商、资源共享，着力强化协同监管效能。另一方面，应积极发挥行业组织和第三方服务平台的监管辅助作用，通过行业组织的规范引导加强行业自律，通过第三方服务平台的中微观服务提高监管效能，凝聚多元参与、多维吸纳的监管共识，实现监管方式多样化和监管效果最大化。

二是应凝聚市场主体共识，发挥市场主体自律作用，营造守信践诺的市场环境和社会氛围。一方面，要继续深化社会信用体系建设，以柔性监管强化信用自律，推动市场主体主动承担法定责任，自觉接受部门监管和行业监督，诚信、守法、合规经营。另一方面，要自觉搭建和消费者的沟通渠道，倾听消费者诉求,不断提升产品和服务质量,落实市场第一主体责任,营造满足人民群众美好生活需要的诚信市场环境。

三是应凝聚消费者共识,不断拓宽消费者参与市场主体信用监管的深度和广度,充分发挥消费者的监督作用。一方面,应加强对消费者的消费及维权教育,既要培育全民树立科学、理性的消费观,又要不断加强对消费者的法治维权教育,实现科学消费与主动维权的有机统一。另一方面,应鼓励和引导消费者树立监管主体责任和意识,积极参与信用管理工作,为各类监管主体提供更多消费相关的经营信息,以利于各类监管部门、行业组织、第三方机构等,有方向、有目标、有针对性地开展市场主体信用监管和治理工作。

参考文献

[1] ASIC. (2018): Surveillance of Credit Rating Agencies, AU: ASIC.

[2] M. Brown, T. Jappelli, and M. Pagano, "Information Sharing and Credit Market Performance: Firm-Level Evidence from Transition Countries", CEPR Working Paper, 2006.

[3] R. Cooter, "Normative Failure Theory of Law", *Cornell L. Rev.*, Vol. 82, 1996, pp. 947.

[4] T. B. A. Demirgüç-Kunt, and R. Levine, "Law and Firms' Access to Finance", *American Law and Economics Review*, Vol. 7, No. 1, 2005, pp. 211-252.

[5] M. Deutsch, "Trust and suspicion", *Journal of conflict resolution*, Vol. 2, No. 4, 1958, pp. 265-279.

[6] D. W. Diamond, "Reputation Acquisition in Debt Markets", *Journal of Political Economy*, Vol. 97, No. 4, 1989, pp. 828-862.

[7] D. W. Diamond, "Monitoring and Reputation: The Choice Between Bank Loans and Directly Placed Debt", *Journal of Political Economy*, Vol. 99, No. 4, 1991, pp. 689-721.

[8] A. M. Froomkin, (2015): From Anonymity to Identification.

[9] A. George, (1970): The Market for Lemons: Quality Uncertainty and the Market Mechanism.

[10] E. Goldman, "Regulating Reputation", *The Reputation Society: How Online Opinions Are Reshaping the Offline World*, 2011, pp. 51-62.

[11] R. Haselmann, K. Pistor, and V. Vig, "How law affects lending", *The Review of Financial Studies*, Vol. 23, No. 2, 2010, pp. 549-580.

［12］T. Jappelli, and M. Pagano, "Information Sharing in Credit Markets: A Survey", CSEF Working Paper, Vol. 36, 2000.

［13］N. Jentzsch, "Best World Practices in Credit Reporting and Data Protection: Lessons for China", In International Workshop on Household Credit, January, 2005.

［14］O. Juurikkala, "Credit Default Swaps and the EU Short Selling Regulation: A Critical Analysis", *European Company and Financial Law Review*, Vol. 9, No. 3, 2012, pp. 307-341.

［15］D. B. Klein, "Promise Keeping in the Great Society: A Model of Credit Information Sharing", *Economics and Politics*, Vol. 4, No. 2, 1992, pp. 117-136.

［16］R. Levine, "Law, Finance, and Economic Growth", *Journal of Financial Intermediation*, Vol. 8, No. 1-2, 1999, pp. 8-35.

［17］R. E. Levy, and R. L. Glicksman, "Agency-Specific Precedents", *Tex. L. Rev*, Vol. 89, 2010, pp. 499.

［18］I. Love, and N. Mylenko, "Credit Reporting and Financing Constraints", *World Bank Publications*, Vol. 3142, 2003.

［19］N. Luhmann, *Trust and power*, UK: Wiley, 1979.

［20］M. Miller, "Credit Reporting Systems Around the Globe: The State of Art in Public Credit Registers and Private Credit Reporting Firms", *Credit Reporting Systems and The International Economy*, 2003, pp. 25-80.

［21］M. J. Miller, (eds), "Credit Reporting Systems and the International Economy", *Mit Press*, 2003.

［22］J. Padilla, and M. Pagano, "Sharing Default Information As a Borrower Discipline Device", 1999.

［23］M. Pagano, and T. Jappelli, "Information Sharing in Credit Markets", *The Journal of Finance*, Vol. 48, No. 5, 1993, pp. 1693-1718.

［24］L. J. Strahilevitz, "How's My Driving-For Everyone (and Everything)", *NYUL Rev.*, Vol. 81, 2006, pp. 1699.

［25］W. Van den Bos, E. vanDijk, M. Westenberg, S. A. Rombouts, and E. A. Crone, "What motivates repayment? Neural correlates of reciprocity in the Trust

Game", *Social Cognitive and Affective Neuroscience*, Vol. 4, No. 3, 2009, pp. 294-304.

[26] J. A. Vercammen, "Credit Bureau Policy and Sustainable Reputation Effects in Credit Markets", *Economica*, 1995, pp. 461-478.

[27] S. Zuboff, "The Age of Surveillance Capitalism: The Fight for A Human Future At the New Frontier of Power: Barack Obama's Books of 2019", *Profile Books*, 2019.

[28] [德] 格奥尔格·齐美尔:《货币哲学》,朱桂琴译,北京:金城出版社 2020 年版。

[29] [德] 马克思:《资本论》(第 3 卷),北京:人民出版社 2004 年版。

[30] [德] 尼克拉斯·卢曼:《信任:一个社会复杂性的简化机制》,瞿铁鹏、李强译,上海:上海人民出版社 2005 年版。

[31] [德] 伊曼努尔·康德:《道德形而上学原理》,苗力田译,上海:上海人民出版社 2002 年版。

[32] [法] 涂尔干:《社会分工论》,渠东译,上海:上海三联书店 2017 年版。

[33] [美] 阿尔文·H. 汉森:《货币理论与财政政策》,李凤圣、李树人、张骏生译,太原:山西经济出版社 1972 年版。

[34] [美] 埃莉诺·奥斯特罗姆:《公共事务的治理之道:集体行动制度的演进》,余逊达、陈旭东译,上海:上海译文出版社 2012 年版。

[35] [美] 保罗·萨缪尔森、威廉·诺德豪斯:《经济学》(第 16 版),萧琛译,北京:华夏出版社 2002 年版。

[36] [美] 彼得·布劳:《社会生活中的交换与权力》,李国武译,北京:商务印书馆 2008 年版。

[37] [美] 戴维·约翰逊:《语言政策》,方小兵译,北京:外语教学与研究出版社 2016 年版。

[38] [美] K. 杜加克斯、L. S. 赖茨曼:《八十年代社会心理学》,矫佩民译,北京:生活·读书·新知三联书店 1988 年版。

[39] [美] 弗朗西斯·福山:《信任:社会美德与创造经济繁荣》,彭志华译,海口:海南出版社 2001 年版。

[40][美]马克·格兰诺维特:《镶嵌:社会网与经济行动》,罗家德译,北京:社会科学文献出版社2007年版。

[41][美]斯坦利·麦克里斯特尔:《赋能:打造应对不确定性的敏捷团队》,林爽喆译,北京:中信出版社2017年版。

[42][美]约瑟夫·熊彼特:《经济发展理论》,王永胜译,上海:立信会计出版社2017年版。

[43][美]詹姆斯·科尔曼:《社会理论的基础》,邓方译,北京:社会科学文献出版社1992年版。

[44][英]安东尼·吉登斯:《超越左与右——激进政治的未来》,李惠斌、杨雪冬译,北京:社会科学文献出版社2000年版。

[45][英]达尔文:《人类的由来及性选择》,叶笃庄、杨习之译,北京:北京大学出版社2009年版。

[46][英]大卫·休谟:《人性论》(下),关文运译,北京:商务印书馆1980年版。

[47][英]霍布斯:《利维坦》,黎思复、黎廷弼译,北京:商务印书馆1985年版。

[48][英]霍曲莱:《中央银行经营论》,谭寿清译,上海:世界书局1947年版。

[49][英]亚当·斯密:《国民财富的性质和原因的研究》,富强译,北京:北京联合出版公司2014年版。

[50][英]约翰·穆勒:《政治经济学原理及其在社会哲学上的若干应用》(下卷),朱泱、赵荣潜、桑炳彦译,北京:商务印书馆1997年版。

[51]巴劲松:《信用涵义的经济解读和法律解读——一个比较的视角》,载《江西财经大学学报》,2003年第4期,第64~66、103页。

[52]包雅钧:《十八大以来政府职能转变改革进展与成效评估》,载《新视野》,2017年第1期,第49~54页。

[53]本书编写组:《党的十八届三中全会决定学习辅导百问》,北京:党建读物出版社2013年版。

[54]本书编写组:《十届全国人大一次会议〈政府工作报告〉学习辅导》,北京:中共党史出版社2003年版。

[55] 本书编写组：《以科学发展观统领经济社会发展全局——"十一五"规划纲要学习辅导》，北京：人民出版社2006年版。

[56] 比尔·卢卡雷利、周亚霆：《马克思关于货币、信用和危机的理论》，载《国外理论动态》，2011年第2期，第32~40页。

[57] 蔡力坚：《〈社会信用体系建设规划纲要（2014—2020年）〉发布》，载《中国翻译》，2017年第38卷第6期，第105~106页。

[58] 陈海疆、陈秀新、焦勇、刘晓青：《商事制度改革背景下市场监管工作转型研究》，载《中国工商管理研究》，2015年第2期，第30~35页。

[59] 陈海盛、白小虎、郭文波、吴淑君：《大数据背景下信用监管机制构建研究》，载《征信》，2019年第37卷第5期，第11~16页。

[60] 陈晖：《商事制度改革成效与完善对策——以珠海横琴新区为例》，载《经济纵横》，2017年第2期，第10~16页。

[61] 陈丽娟：《以社会信用体系建设保障经济高质量发展》，载《中国党政干部论坛》，2018年第12期，第68~69页。

[62] 陈丽君、杨宇：《构建多元信用监管模式的思考》，载《宏观经济管理》，2018年第12期，第45~54页。

[63] 陈世良：《我国经济转型期社会主义市场监管研究》，华中师范大学博士学位论文，2008年。

[64] 陈新年：《从社会治理创新视角看推动社会信用体系建设》，载《宏观经济管理》，2017年第11期，第57~60页。

[65] 陈兴华：《浅析市场主体信用承诺的分类实施》（上），载《中国信用》，2019年第3期，第115~117页。

[66] 陈兴华：《市场主体信用承诺监管制度及其实施研究》，载《中州学刊》，2019年第5期，第53~60页。

[67] 程萍：《实现共建共治共享的重点和难点是什么》，载《人民论坛》，2017年第32期，第72~74页。

[68] 池凤彬、刘力臻：《日本征信业的历史沿革及运营机制分析》，载《现代日本经济》，2018年第37卷第5期，第81~94页。

[69] 邓龙安：《新发展格局的演进历程、内在要求与实现路径》，载《中国经贸导刊》（中），2021年第12期，第4~6页。

[70] 翟学伟:《中国社会信用理论、实证与对策研究》,载《中国信用》,2018 年第 8 期,第 126 页。

[71] 丁海江:《论社会管理创新的宪法框架与制度支持》,载《求索》,2013 年第 6 期,第 234~236 页。

[72] 董树功、杨峙林:《基于社会治理的社会信用体系建设研究:学理逻辑与路径选择》,载《征信》,2018 年第 6 期,第 67~72 页。

[73] 方俊:《商事制度改革背景下的政府监管——以广州市 P 区为例》,载《理论探索》,2018 年第 1 期,第 69~74 页。

[74] 冯仕政:《信用问题的社会学视角》,载《世界知识》,2004 年第 22 期,第 53~55 页。

[75] 冯艳红:《马克思信用理论及实践意义》,载《河北理工大学学报》(社会科学版),2010 年第 10 卷第 2 期,第 5~7 页。

[76] 顾功耘:《市场监管法律制度的改革与完善》,北京:北京大学出版社 2014 年版。

[77]《关于〈国家市场监督管理总局关于修改和废止部分规章的决定〉的解读》,载《中国市场监管报》,2021 年 1 月 6 日,第 3 版。

[78] 郭文波:《我国信用监管制度的构建与建议》,载《征信》,2021 年第 39 卷第 4 期,第 39~43 页。

[79] 郭瑛琰、赫明刚:《应用农业大数据建设农村信用体系的路径探析——以黑龙江省为例》,载《征信》,2019 年第 11 期,第 69~72 页。

[80] 国家统计局:《中华人民共和国 2020 年国民经济和社会发展统计公报》,北京:中国统计出版社 2021 年版。

[81] 国家信息中心中国经济信息网:《中国城市信用状况监测评价报告》,北京:中国经济出版社 2018 年版。

[82] 韩家平:《社会信用体系的内涵与外延》,载《经济日报》,2014 年 7 月 12 日,第 4 版。

[83] 韩家平:《数字时代的交易模式与信用体系》,载《首都师范大学学报》(社会科学版),2020 年第 4 期,第 59~66 页。

[84] 韩家平:《信用监管的演进、界定、主要挑战及政策建议》,载《征信》,2021 年第 39 卷第 5 期,第 1~8 页。

[85] 郝雅立、温志强：《共建共治共享：大数据支持下共享单车智能化治理路径》，载《管理评论》，2019年第31卷第1期，第249~254页。

[86] 河南省市场主体信用评价体系构建及应用研究课题组、雷生云、邹丽、田文才、温荣斌、陆诗秦、史娟、谢海宝、孟祥斌：《国内外市场主体信用监管的主要模式研究》，载《中国市场监管研究》，2016年第1期，第39~42页。

[87] 贺德荣、蒋白纯：《提高电子政务信息共享平台数据质量的对策与方法——一个省级信用信息服务平台数据处理实例》，载《电子政务》，2010年第7期，第67~76页。

[88] 衡霞、谭振宇：《共建共治共享视角下以人民为中心的公共价值治理框架构建》，载《财政研究》，2019年第7期，第117~125页。

[89] 洪隽：《商事登记制度改革后的市场主体信用监管》，载《中国工商管理研究》，2014年第8期，第32~35页。

[90] 洪志生、薛澜、周源：《以"共享"理念驱动产业创新和经济转型》，载《光明日报》，2016年5月11日，第10版。

[91] 侯恩宾：《从社会管理到共建共治共享社会治理：内涵、逻辑及其方式的转换》，载《理论导刊》，2018年第7期，第60~67页。

[92] 胡贵勇、王婷婷：《论"与时俱进"作为马克思主义理论品质的科学性》，载《遵义师范学院学报》，2003年第3期，第4~5页。

[93] 胡仙芝、马长俊：《市场信用监管的政府责任及其实现机制》，载《中国行政管理》，2020年第3期，第40~44页。

[94] 胡颖廉：《"中国式"市场监管：逻辑起点、理论观点和研究重点》，载《中国行政管理》，2019年第5期，第22~28页。

[95] 户兴磊：《我国企业征信机构发展路径探析——美国邓白氏公司的经验及启示》，载《征信》，2018年第36卷第11期，第62~65页。

[96] 华忆昕、林泰：《论商事信用视角下我国企业"黑名单"制度的完善》，载《商业经济与管理》，2018年第3期，第66~73页。

[97] 黄慧微、沈涛：《马克思信用理论及当代价值探析》，载《河北经贸大学学报》，2019年第40卷第2期，第7~12、72页。

[98] 纪正昆：《中华人民共和国工业产品许可证管理条例实用问答》，北

京：中国计量出版社2005年版。

[99] 江国华、刘文君：《习近平"共建共治共享"治理理念的理论释读》，载《求索》，2018年第1期，第32~38页。

[100] 江平、程合红：《论信用——从古罗马法到现代社会》，载《东吴法学》，2000年第11期，第36~38页。

[101] 蒋美玲、王芹：《大数据时代公共信用信息数据归集的原则与策略——基于苏州市的分析》，载《电子政务》，2018年第6期，第99~104页。

[102] 焦国成：《中国社会信用体系建设的理论与实践》，北京：中国人民大学出版社2009年版。

[103] 靳永茂：《〈资本论〉语境中信用与货币的逻辑关系演进——兼论虚拟经济同实体经济动态发展的历史生成》，载《内蒙古社会科学》，2020年第41卷第2期，第117~126页。

[104] 孔婷、刘莉：《欧盟信用评级机构最新监管草案研究及启示》，载《征信》，2019年第37卷第4期，第68~71页。

[105] 孔祥稳：《作为新型监管机制的信用监管：效能提升与合法性控制》，载《中共中央党校（国家行政学院）学报》，2021年12月30日，第1~19期。

[106] 邝兵：《关于深圳市市场监管体制改革的思考》，载《中国工商管理研究》，2010年第7期，第24~27、1页。

[107] 李昌麒：《直面中国经济法学的贡献、不足与未来》，载《法学家》，2009年第5期，第25~27页。

[108] 李朝霞：《服务类预付卡消费合同法律适用研究》，河南大学硕士学位论文，2014年。

[109] 李德洗、张晓波：《商事制度改革效应研究》，载《中国市场监管研究》，2017年第11期，第11~15页。

[110] 李东雷：《中国古代信用和信用机构的发展轨迹》，载《河海大学常州分校学报》，2001年第4期，第61~65页。

[111] 李锋：《社会主体信用奖惩机制研究》，北京：人民出版社2017年版。

[112] 李汉林：《转型社会中的整合与控制——关于中国单位制度变迁的

思考》，载《吉林大学社会科学学报》，2007年第4期，第46~55页。

[113] 李健：《论加强社会信用的基础建设》，载《财贸经济》，2002年第5期，第35~39页。

[114] 李亮学：《信用伦理研究》，湖南师范大学博士学位论文，2004年。

[115] 李泰：《失信惩戒制度的法理研究》，辽宁师范大学硕士学位论文，2017年。

[116] 李伟民、梁玉成：《特殊信任与普遍信任：中国人信任的结构与特征》，载《社会学研究》，2002年第3期，第11~22页。

[117] 李文彬、陈晓运：《政府治理能力现代化的评估框架》，载《中国行政管理》，2015年第5期，第23~28页。

[118] 李新庚：《社会信用体系运行机制研究》，载《中国信用》，2018年第9期，第128页。

[119] 厉以宁：《厉以宁改革论集》，北京：中国发展出版社2008年版。

[120] 廖媛、林佳、陈清：《中国社会信用体系研究：基于知识产权领域的分析》，载《中国科技论坛》，2019年第8期，第150~160页。

[121] 林斐：《共建共治共享：创新经济视域下的区域一体化——以长三角一体化发展为例》，载《西部论坛》，2020年第30卷第3期，第68~77页。

[122] 林钧跃、方向军：《城市信用体系完善程度和运行效果的指数评测方法——中国城市商业信用环境指数（CEI）及其应用》，载《征信》，2013年第31卷第4期，第5~12页。

[123] 林钧跃：《中国城市商业信用环境指数研制与分析》，载《财贸经济》，2012年第2期，第89~97页。

[124] 林钧跃：《论政府市场信用监管的创新方向》，载《中国信用》，2019年第29卷第5期，第116~118页。

[125] 林钧跃：《社会信用体系原理》，北京：中国方正出版社2003年版。

[126] 刘驰：《中国古代的信用与"信"》，载《中华文史论丛》，2007年第4期，第323~347、367页。

[127] 刘凤：《我国信用评级行业监管问题研究》，载《西南金融》，2017年第8期，第72~76页。

[128] 刘洪波、安丽超、程宇翔：《时空融合的市场主体监管平台建设与

实践》,载《地理空间信息》,2021年第19卷第5期,第6~9、4页。

[129] 刘俊海:《信用责任:正在生长中的第四大法律责任》,载《法学论坛》,2019年第34卷第6期,第5~17页。

[130] 刘凝霜:《中国共产党领导政企关系百年建构:思想、实践与经验》,载《财经研究》,2021年第47卷第12期,第4~18页。

[131] 刘鹏:《中国市场经济监管体系改革:发展脉络与现实挑战》,载《中国行政管理》,2017年第11期,第26~32页。

[132] 刘少波、杨代平:《信用缺失:表现危害原因与治理》,载《学术研究》,2001年第8期,第17~19页。

[133] 刘亚平、苏娇妮:《中国市场监管改革70年的变迁经验与演进逻辑》,载《中国行政管理》,2019年第5期,第15~21页。

[134] 刘叶婷、陈立松、金双龙:《信用报告在社会治理中的应用价值探究》,载《南方金融》,2020年第8期,第81~91页。

[135] 刘叶婷、陈立松、隆云滔:《以社会信用为基础新型治理模式的探索创新》,载《南方金融》,2020年第4期,第45~55页。

[136] 刘英奎、吴文军、李媛:《中国营商环境建设及其评价研究》,载《区域经济评论》,2020年第1期,第70~78页。

[137] 娄成武、张国勇:《基于市场主体主观感知的营商环境评估框架构建——兼评世界银行营商环境评估模式》,载《当代经济管理》,2018年第40卷第6期,第60~68页。

[138] 卢超:《行政许可承诺制:程序再造与规制创新》,载《中国法学》,2021年第6期,第80~98页。

[139] 卢代富、刘云亮:《诚实信用原则的经济法解读》,载《政法论丛》,2017年第5期,第30~37页。

[140] 卢护锋:《信用修复的实践误区及其立法应对》,载《广东社会科学》,2020年第6期,第226~233页。

[141] 吕永刚:《政务公开是社会主义政治文明建设的基础性工程》,载《新疆社科论坛》,2005年第3期,第45~47、38页。

[142] 罗培新:《善治须用良法:社会信用立法论略》,载《法学》,2016年第12期,第104~112页。

[143] 罗云、万斌:《论马克思主义信用思想与社会主义和谐社会的构建》,载《学术论坛》,2013年第36卷第8期,第1~6页。

[144] 麻宝斌:《公共治理理论与实践》,北京:社会科学文献出版社2013年版。

[145] 马宝成、吕洪业、王君琦、安森东:《党的十八大以来政府职能转变的重要进展与未来展望》,载《行政管理改革》,2017年第10期,第28~34页。

[146] 马超:《马克思信用理论再辨析》,载《云南社会科学》,2008年第S1期,第197~198页。

[147] 马海韵:《"共建共治共享社会治理格局"的理论内涵——基于社会治理创新的视角》,载《北京交通大学学报》(社会科学版),2018年第17卷第4期,第137~145页。

[148] 马海韵:《共建共治共享:国家级新区社会治理格局》,载《学海》,2018年第5期,第89~95页。

[149] 马建堂:《建设高标准市场体系与构建新发展格局》,载《管理世界》,2021年第37卷第5期,第1~10页。

[150] 马克思、恩格斯:《马克思恩格斯全集》(第46卷)(下册),北京:人民出版社1975年版。

[151] 马克思、恩格斯:《马克思恩格斯全集》,北京:人民出版社2016年版。

[152] 马庆钰:《共建共治共享社会治理格局的意涵解读》,载《行政管理改革》,2018年第3期,第34~38页。

[153] 马占飞:《市场主体对信用修复的若干认识误区》,载《中国信用》,2019年第10期,第117~118页。

[154] 孟融:《国家治理体系下社会信用体系建设的内在逻辑基调》,载《法制与社会发展》,2020年第4期,第162~179页。

[155] 莫易娴:《信用的经济学分析述评》,载《重庆工商大学学报·西部论坛》,2005年第4期,第52~55、81页。

[156] 倪楠:《以信用为基础的新型市场监管模式、动因、框架与构建路径》,载《江海学刊》,2020年第5期,第237~241页。

[157] 欧阳洁：《让信用不再"碎片化"》，载《人民日报》，2014年11月10日，第18版。

[158] 漆世濠：《多元化信用服务市场发展与信息主体权益保护的权衡——美国信用修复市场监管的矛盾与启示》，载《征信》，2018年第36卷第5期，第41~44页。

[159] 齐萌：《社会信用体系建设顶层设计的问题与出路》，载《现代管理科学》，2016年第10期，第76~78页。

[160] 秦前红、陈芳瑾：《地方信用立法的探索模式研究》，载《法治社会》，2021年第4期，第81~90页。

[161] 邱本：《论市场监管法的基本问题》，载《社会科学研究》，2012年第3期，第70~76页。

[162] 邱德生：《如何理解马克思提出的"信用制度的二重性质"》，载《东岳论丛》，1998年第4期，第62~64页。

[163] 全林远、赵周贤：《论当代中国的诚信建设》，载《中国特色社会主义研究》，2011年第6期，第24~28页。

[164] 《社会信用体系建设规划纲要（2014—2020年）》，北京：人民出版社2014年版。

[165] 施建军：《简政放权背景下的市场监管模式创新——基于"互联网+信用+大数据"模式的工商监管》，载《中国工商管理研究》，2015年第6期，第23~27页。

[166] 石德生：《人性与社会自然的二重性及深刻意蕴——涂尔干社会学思想的核心问题之一》，载《南京社会科学》，2012年第4期，第83~89页。

[167] 石俊志：《中国古代的信用货币与货币政策》，载《清华金融评论》，2014年第3期，第77~79页。

[168] 石新中：《论信用概念的历史演进》，载《北京大学学报》（哲学社会科学版），2007年第6期，第120~126页。

[169] 宋朝龙、吴迪曼：《美国金融资本帝国的信用及其危机——基于马克思主义政治经济学的分析视角》，载《江苏大学学报》（社会科学版），2020年第22卷第6期，第1~11页。

[170] 宋立义：《信用监管的特点、意义及主要内容》，载《团结》，2019

年第 3 期，第 32~35 页。

[171] 宋丽红、李新春、梁强：《创业成长意愿的制度约束及缓解机制》，载《管理学报》，2015 年第 12 卷第 9 期，第 1351~1360 页。

[172] 宋林霖、陈志超：《深化地方市场监管机构改革的目标与路径》，载《行政管理改革》，2019 年第 9 期，第 65~71 页。

[173] 孙杰：《共建共治共享：构筑"中国之治"的社会基础》，载《科学社会主义》，2021 年第 2 期，第 139~144 页。

[174] 孙金阳、龚维斌：《中国社会信用体系建设 40 年》，载《社会治理》，2018 年第 11 期，第 31~37 页。

[175] 孙磊：《信用体系演化的经济学分析》，西南财经大学博士学位论文，2008 年。

[176] 沈岿：《社会信用体系建设的法治之道》，载《中国法学》，2019 年第 5 期，第 25~46 页。

[177] 沈荣华：《优化营商环境的内涵、现状与思考》，载《行政管理改革》，2020 年第 10 期，第 24~31 页。

[178] 沈苹、程同顺：《社会治理中政策分析的四维框架：基于完善共建共治共享的社会治理制度的视角》，载《学习论坛》，2020 年第 8 期，第 56~61 页。

[179] 谭笑：《Y 市商事制度改革背景下的市场主体信用监管研究》，扬州大学硕士学位论文，2021 年。

[180] 唐桂、陈昊洁：《中国特色新型行业信用体系建设创新性研究》，载《经济问题探索》，2020 年第 8 期，第 44~49 页。

[181] 唐贤秋：《论孟子的诚信思想及其对当代社会的影响》，载《石油大学学报》（社会科学版），2004 年第 5 期，第 69~73 页。

[182] 唐晓鹰、孙振华、王树韧、陈忠：《纳税信用与社会信用体系的融合》，载《税务研究》，2016 年第 10 期，第 112~114 页。

[183] 唐兴盛：《政府"碎片化"：问题、根源与治理路径》，载《北京行政学院学报》，2014 年第 5 期，第 52~56 页。

[184] 田禾：《推动信用体系立法需注意四个问题》，载《中国党政干部论坛》，2018 年第 7 期，第 87~88 页。

[185] 万君宝、王仁培：《中国古代信用观与当代企业管理之借鉴》，载《财经研究》，2001年第4期，第57~64页。

[186] 万俊人：《信用伦理及其现代解释》，载《孔子研究》，2002年第5期，第4~10页。

[187] 万岩、高世楫：《国家治理现代化视野下的监管能力建设》，载《中国行政管理》，2019年第5期，第6~14页。

[188] 汪育明：《信用信息共享支撑"放管服"的实践探索与改革建议》，载《宏观经济管理》，2020年第11期，第14~19、32页。

[189] 王琛伟：《增强市场主体活力必须解决三个核心问题》，载《中国经贸导刊》，2020年第9期，第25~28页。

[190] 王光华：《试论现代信用及其作用》，载《中山大学学报论丛》，2004年第2期，第73~75页。

[191] 王国强：《"重合同守信用企业"称号的法律保护》，载《工商行政管理》，1999年第21期，第37~38页。

[192] 王建红：《信用的内部特性研究——信用基础理论研究系列之三》，载《商业时代》，2012年第12期，第18~19页。

[193] 王健、王鹏：《新一轮市场监管机构改革的特点、影响、挑战和建议》，载《行政管理改革》，2018年第7期，第24~29页。

[194] 王静：《组织信任机制与社会信用体系建设路径》，载《社会科学家》，2018年第12期，第50~55页。

[195] 王珏：《现代社会信任问题的伦理回应》，载《中国社会科学》，2018年第3期，第59~65页。

[196] 王丽颖：《马克思恩格斯社会革命思想及其现实启示》，载《马克思主义研究》，2020年第4期，第105~116页。

[197] 王利明：《民法·侵权行为法》，北京：中国人民大学出版社1993年版。

[198] 王名、蔡志鸿、王春婷：《社会共治：多元主体共同治理的实践探索与制度创新》，载《中国行政管理》，2014年第12期，第16~19页。

[199] 王名、王春婷：《推位让治：社会组织参与社会治理路径》，载《开放导报》，2014年第5期，第7~11页。

[200] 王瑞娟、彭文英、刘丹丹：《共建共治共享视角下京津冀城市生态补偿研究》，载《生态环境学报》，2021年第30卷第5期，第1103~1110页。

[201] 王润稼：《中国传统信任模式及其现代转化》，载《学习与实践》，2018年第5期，第121~127页。

[202] 王淑芹：《社会诚信建设的现代转型——由传统德性诚信到现代制度诚信》，载《哲学动态》，2015年第12期，第77~82页。

[203] 王淑芹：《信用伦理研究》，北京：中央编译出版社2005年版。

[204] 王伟：《信用监管：商事制度改革的重要基础》，载《学习时报》，2016年5月16日。

[205] 王伟：《信用监管的制度逻辑与运行机理——以国家治理现代化为视角》，载《科学社会主义》，2021年第1期，第152~161页。

[206] 王贤彬、黄亮雄：《商事制度改革的经济学逻辑》，载《人文杂志》，2019年第7期，第47~56页。

[207] 王湘军：《商事登记制度改革背景下我国市场监管根本转型探论》，载《政法论坛》，2018年第36卷第2期，第141~149页。

[208] 王鑫：《人际交往诚信问题研究》，华东师范大学博士学位论文，2014年。

[209] 王雪珍：《增强社会治理多元主体合力的路径选择》，载《天津行政学院学报》，2017年第19卷第2期，第66~70页。

[210] 王艳华：《预付式消费模式的法律风险及防范对策》，载《行政与法》，2017年第12期，第122~128页。

[211] 王翊亮、郭文波：《协同治理模式下推进信用体系建设的思考》，载《宏观经济管理》，2018年第10期，第52~57页。

[212] 王作全：《论我国的商事制度改革：宗旨、内容与法制化进程》，载《青海社会科学》，2017年第4期，第141~149页。

[213] 文远华：《中国经济转型时期信贷配给问题研究》，中国社会科学院研究生院2003年。

[214] 吴昊、赵静：《古代诚信观对构建市场经济信用体系的启示》，载《黑龙江对外经贸》，2008年第5期，第95~96、113页。

[215] 吴弘：《诚信价值观融入信用立法研究》，载《东方法学》，2018年

第 1 期，第 81~90 页。

［216］吴建树、何炼成：《马克思主义经济学与西方经济学信用理论比较》，载《人文杂志》，2013 年第 4 期，第 40~44 页。

［217］吴晶妹：《信用：资源配置与社会治理》，载《中国信用》，2017 年第 1 期，第 94~96 页。

［218］吴埔琳、刘恒：《信用联合奖惩合作备忘录：运作逻辑、法律性质与法治化进路》，载《河南社会科学》，2020 年第 28 卷第 3 期，第 11~20 页。

［219］吴元元：《信息基础、声誉机制与执法优化——食品安全治理的新视野》，载《中国社会科学》，2012 年第 6 期，第 115~133、207~208 页。

［220］习近平：《决胜全面建成小康社会 夺取新时代中国特色社会主义伟大胜利》，北京：人民出版社 2017 年版。

［221］夏锦文：《共建共治共享的社会治理格局：理论构建与实践探索》，载《江苏社会科学》，2018 年第 3 期，第 53~62 页。

［222］夏丽杰：《商事制度改革背景下市场主体信用监管问题研究》，山东农业大学硕士学位论文，2017 年。

［223］肖丹：《打造共建共治共享的社区治理格局》，载《人民论坛》，2018 年第 16 期，第 78~79 页。

［224］肖丹：《共建共治共享的社区治理格局构建路径研究——以深圳市福田区为例》，载《中共成都市委党校学报》，2018 年第 3 期，第 87~91 页。

［225］肖磊：《中国传统信用文化对当今信用状况的影响》，载《生产力研究》，2004 年第 11 期，第 94~96 页。

［226］肖巍：《推动共同富裕的实质性进展》，载《思想理论教育》，2021 年第 11 期，第 4~11 页。

［227］肖振宇、孙阳、翁后茹、周雨：《从"门槛管理"到"信用管理"——以南京市江宁区为例》，载《征信》，2020 年第 38 卷第 7 期，第 45~51 页。

［228］谢丽春：《市场主体信用监管问题与完善措施探微》，载《商展经济》，2021 年第 2 期，第 83~85 页。

［229］谢新水、吴芸：《新时代社会信用体系建设：从政府赋能走向法的赋能》，载《中国行政管理》，2019 年第 7 期，第 31~35 页。

[230] 熊茂平：《推进"证照分离"改革全覆盖 深化商事制度改革 打造优质营商环境》，载《中国市场监管报》，2019年12月24日，第5版。

[231] 熊治东：《改革开放以来中国社会信用体系建设：成就、经验、问题与展望》，载《征信》，2020年第38卷第10期，第12~20、48页。

[232] 徐国冲、张晨舟、郭轩宇：《中国式政府监管：特征、困局与走向》，载《行政管理改革》，2019年第1期，第73~79页。

[233] 徐现祥、马晶：《商事制度改革与市场主体进入率——数量竞争还是质量竞争》，载《中山大学学报》（社会科学版），2019年第59卷第6期，第191~202页。

[234] 徐宪平：《关于美国信用体系的研究与思考》，载《管理世界》，2006年第5期，第1~9页。

[235] 薛峰：《国外市场综合监管的发展及其启示——以美国食品药品市场监管为例》，载《上海行政学院学报》，2018年第19卷第5期，第52~60页。

[236] 薛澜、李希盛：《深化监管机构改革 推进市场监管现代化——以杭州市为例》，载《中国行政管理》，2018年第8期，第21~29页。

[237] 薛瑞汉：《新时代打造共建共治共享的社会治理格局研究》，载《中州学刊》，2018年第7期，第68~72页。

[238] 闫佳铭：《关于对完善信用联合奖惩机制的研究》，载《信息系统工程》，2019年第12期，第117~119页。

[239] 闫淑萍：《中华人民共和国国民经济和社会发展第十二个五年规划纲要（摘选）》，载《河北化工》，2011年第34卷第4期，第1~5页。

[240] 颜克高、任彬彬：《共建共治共享社会治理格局：价值、结构与推进路径》，载《湖北社会科学》，2018年第5期，第46~52页。

[241] 杨逢银：《新时代共建共治共享社会治理格局的实践逻辑研究——基于新世纪以来杭州城市社会治理先行经验的分析》，载《浙江学刊》，2018年第5期，第29~34页。

[242] 杨磊、李云新：《谋利空间、分利秩序与违建现象的制度逻辑——基于中部地区M县的个案研究》，载《公共行政评论》，2017年第10卷第2期，第48~66、193~194页。

[243] 杨立新：《人身权法》，北京：中国检察出版社1996年版。

[244] 杨万东、李善民、李新春、储小平、张耀辉、罗必良：《信任、信誉与信用治理——与李善民等教授对话》，载《经济理论与经济管理》，2002年第9期，第36~40页。

[245] 姚树荣、周诗雨：《乡村振兴的共建共治共享路径研究》，载《中国农村经济》，2020年第2期，第14~29页。

[246] 应奇：《论第三种自由概念》，载《哲学研究》，2004年第5期，第52~57页。

[247] 于凤霞：《完善社会信用体系促进我国共享经济发展的思考与建议》，载《电子政务》，2018年第8期，第81~87页。

[248] 余源培：《对"信用"的经济哲学分析》，载《江南社会学院学报》2010年第12卷第2期，第6~8页。

[249] 俞思念：《对我国社会信用体系建设的再思考》，载《湖北社会科学》，2018年第1期，第26~30、44页。

[250] 袁名松、贾华格：《孟子诚信思想及其新诚信观建设的现实意义》，载《世纪桥》，2007年第7期，第92~93页。

[251] 袁文瀚：《信用监管的行政法解读》，载《行政法学研究》，2019年第1期，第18~31页。

[252] 袁跃华：《近代英国信用制度的构建与启示》，载《征信》，2020年第38卷第12期，第64~68页。

[253] 臧豪杰：《信任危机根源探究及对策建议》，载《领导科学》，2012年第7期，第4~6页。

[254] 臧姗：《深化商事制度改革问题研究——基于"放管服"的视角》，载《长春工程学院学报》（社会科学版），2018年第19卷第3期，第18~22页。

[255] 张聪、周瑾：《预付式消费乱象如何遏制》，载《人民论坛》，2020年第15期，第128~129页。

[256] 张国磊、张新文：《基层社会治理的政社互动取向：共建、共治与共享》，载《内蒙古社会科学》（汉文版），2018年第39卷第3期，第131~137页。

[257] 张国山、刘智勇、闫志刚：《我国市场监管现代化指标体系探索》，载《中国行政管理》，2019年第8期，第41~46页。

[258] 张国山：《综合性监管模式：市场监管体制建设的重要成果》，载《中国市场监管研究》，2018年第4期，第26~28页。

[259] 张俊浩：《民法学原理》，北京：中国政法大学出版社1997年版。

[260] 张丽丽、章政：《数字社会背景下我国公共信用制度的演进——由狭义信用向信息信用的制度变迁》，载《征信》，2020年第38卷第11期，第9~16页。

[261] 张丽丽、章政：《新时代社会信用体系建设：特色、问题与取向》，载《新视野》，2020年第4期，第62~67页。

[262] 张丽丽：《由组织信任到平台信任：平台经济中的信用制度研究——基于广义信用内涵分析的视角》，载《企业经济》，2020年第39卷第10期，第51~57页。

[263] 张莉、陈邱惠、毕青苗：《商事制度改革与企业制度性成本》，载《中山大学学报（社会科学版）》，2019年第59卷第6期，第167~177页。

[264] 张琳：《市场主体信用监管问题与对策研究》，重庆：西南政法大学，2019年，第24~28页。

[265] 张凌、朱匡宇、黄钰、刘华、刘平、彭文皓、刘晓明、吴祖强、刘明明、雷瑶、陈素萍、刘莹、韩冰、赵如松，《上海市预付式消费卡管理研究》，见上海市行政法制研究所：《2011年政府法制研究》，上海：上海市行政法制研究所2011年版，第36页。

[266] 张茅：《推进中国商事制度改革和市场监管将从五方面着手》，载《中国新闻网》，2018年3月19日。

[267] 张世君：《加强应收账款管理 提高企业竞争力》，载《辽宁经济》，2005年第1期，第98~99页。

[268] 张天萌：《政府部门间协作机制建构研究》，载《管理观察》，2016年第29期，第88~91页。

[269] 张挺、李闽榕、徐艳梅：《乡村振兴评价指标体系构建与实证研究》，载《管理世界》，2018年第34卷第8期，第99~105页。

[270] 张卫、成婧：《协同治理：中国社会信用体系建设的模式选择》，

载《南京社会科学》，2012年第11期，第86~90页。

[271] 张亦春：《中国社会信用问题研究》，北京：中国金融出版社2004年版。

[272] 章政、张丽丽：《商事制度改革与企业信用体系建设》，载《中国工商管理研究》，2015年第5期，第20~25页。

[273] 赵爱玲：《马克思信用理论初探》，载《齐鲁学刊》，2007年第5期，第117~121页。

[274] 赵博：《企业信用监管机制现状分析及建设研究》，天津大学硕士学位论文，2018年，第21~25页。

[275] 赵静：《古代诚信观对构建市场经济信用体系的启示》，载《黑龙江对外经贸》，2008年第4期，第95~96页。

[276] 赵平：《信用的产生与发展》，载《企业家天地》，2006年第3期，第112页。

[277] 赵震、任永昌：《大数据时代基于云计算的电子政务平台研究》，载《计算机技术与发展》，2015年第10期，第145~148页。

[278] 郑会霞：《打造共建共治共享的社会治理格局》，载《中国党政干部论坛》，2019年第4期，第70~73页。

[279] 郑洁、余丽霞：《成都市社会信用体系建设模式选择及政策建议》，载《农村金融研究》，2018年第3期，第38~42页。

[280] 郑天涯、田侃：《马克思信用理论及其当代价值》，载《福建论坛》（人文社会科学版），2020年第8期，第13~24页。

[281] 郑永旭：《我国企业信用现状及其成因分析》，载《企业技术开发》，2008年第27卷第12期，第114~115页。

[282] 《中共中央关于深化党和国家机构改革的决定》，北京：人民出版社2018年版。

[283] 《中共中央关于制定国民经济和社会发展第十四个五年规划和二〇三五年远景目标的建议》，北京：人民出版社2020年版。

[284] 中共中央文献研究室：《改革开放三十年重要文献选编》，北京：中央文献出版社2008年版。

[285] 中共中央文献研究室：《十二大以来重要文献选编》，北京：人民

出版社 1986 年版。

[286] 中共中央文献研究室：《十四大以来重要文献选编》，北京：人民出版社 2011 年版。

[287] 中共中央文献研究室：《习近平关于社会主义经济建设论述摘编》，北京：中央文献出版社 2017 年版。

[288]《中国共产党第十八次全国代表大会文件汇编》，北京：人民出版社 2012 年版。

[289]《中国共产党第十九次全国代表大会文件汇编》，北京：人民出版社 2017 年版。

[290]《中国共产党第十六次全国代表大会文件汇编》，北京：人民出版社 2010 年版。

[291]《中国信用评级业大事记》，载《中国金融》，2006 年第 16 期，第 32 页。

[292]《中华人民共和国国民经济和社会发展第十四个五年规划和二〇三五年远景目标纲要》，北京：人民出版社 2021 年版。

[293] 钟瑞栋、刘奇英：《商事登记制度改革背景下的行政管理体制创新》，载《管理世界》，2014 年第 6 期，第 176~177 页。

[294] 钟芸：《城市治理中多元主体的平等参与意识探析》，载《老字号品牌营销》，2021 年第 10 期，第 57~58 页。

[295] 周佳怡：《治理理论视角下行政审批事项事中事后监管研究》，华东师范大学硕士学位论文，2016 年。

[296] 周进萍：《共建共治共享：社会治理的中国话语与行动体系》，载《中共福建省委党校学报》，2018 年第 7 期，第 88~94 页。

[297] 周荣华、张明：《社会信用科学的发生逻辑与建构进路》，载《东吴学术》，2021 年第 2 期，第 63~73 页。

[298] 周望：《如何"由点到面"？——"试点—推广"的发生机制与过程模式》，载《中国行政管理》，2016 年第 10 期，第 111~115 页。

[299] 朱从玖：《浙江商事制度改革实践》，载《行政管理改革》，2015 年第 5 期，第 14~18 页。

[300] 朱光磊、张梦时：《"放管服"改革背景下的审管关系演进逻辑》，

载《南开学报》（哲学社会科学版），2021年第6期，第1~10页。

［301］朱国英：《马克思政治经济学视角下的信用关系研究》，中国政法大学硕士学位论文，2019年。

［302］朱荣恩、徐建新：《现代企业信用分析》，上海：上海三联书店1995年版。

［303］祝健、张传良：《我国村镇银行信用风险防范对策分析——马克思金融风险理论的视角》，载《当代经济研究》，2010年第12期，第7~11页。

［304］祝丽丽、周雨、吴瀚然：《强化行业自律 完善市场信用监管》，载《宏观经济管理》，2019年第7期，第28~33、46页。

［305］祝丽丽：《社会信用体系建设的城市路径探索——以首批12个信用建设示范城市为例》，载《征信》，2019年第37卷第3期，第47~51页。

［306］曾光辉：《促进我国信用服务业发展的思路研究》，载《现代经济信息》，2016年第10期，第360~363页。

［307］曾康霖、王长庚：《信用论》，北京：中国金融出版社1993年版。

后　记

本书系 2018 年国家社会科学基金一般项目（项目批准号：18BGL213）的结项成果。课题组成员大多为高校教师，也邀请了市监局等单位的高层次实务人员给予政策指导。课题负责人曹向为总执笔人，负责全书整体框架思路的设计，并对全书进行撰稿、统稿和定稿；课题组成员印剑、叶秋志、江少波、韦佳欣、朱锦参与了部分章节的撰写工作；蒋相之、黄聪、李春友、熊方军、莫磊、唐振达、季柳辰、庾煜昕、蒙珂亦、秦凯羚为本书的调研工作给予了大力支持，并对书稿的修改完善提供了宝贵意见。

本书得以顺利出版，有赖于各方面的大力支持，在此表示诚挚的谢意！另外，因本人水平有限，错漏在所难免，敬请读者给予批评指正。

曹向

2022 年 12 月 26 日